極耐力

ENDURE

解密心智、身體與人類表現的極限彈性

Mind, Body, and the Curiously Elastic Limits of Human Performance

Alex Hutchinson

艾力克斯・哈欽森 著｜林麗雪、吳盈慧

目錄

第二部分 極限

第三部分 突破極限

突破極限，必須從「心」開始

徐國峰（運動作家暨跑步教練）

本書的作者哈欽森是位中距離跑者，從十五歲起就為了打破一千五百公尺的四分鐘界線而努力，經過好幾年的努力一直無法突破，始終在四分零一到零二秒中徘徊，但卻意外在一場舍布魯克市的小比賽裡跑出三分五十二秒七的成績，比他當時的個人最佳成績快了九秒。他在書中寫道：「我擺脫了賽前給自己的期望，跑出沒人料想到的好成績。」這是五年來首次大幅度的突破，接著他的個人紀錄就一破再破，緊接著下一場跑出三分四十九秒，再下一場跑出三分四十四秒。他隱約看到「心靈」在運動表現中扮演「戲分吃重」的角色。

當作者以三分四十四秒抵達一千五百公尺的終點線後，他說他當時「感覺既困惑又興奮」，他不知道自己是怎麼突破的，這也讓他開始研究「耐力」這個主題，成就了這本書。

這本書讀起來很過癮，第一部在探討成績突破的關鍵來自心智還是肌肉。接著第二部從「內在」疼痛感與肌肉疲勞度連結身心，再從人類生存所需的「外部」元素——氧氣、氣溫、水與食物切入，引用眾多「忍耐力」的例子，使我認識「耐力」的各種面貌，也見識到人類如何在各種外在環境的限制下不斷突破生理與心理極限的過程，以及科學研究的結果。

但身心之間的角色誰比較重要呢？這一直是本書辯證的論題。到了本書的第三部，主題圍繞在「大腦」與「信念」，似乎說明了作者對於突破耐力極限的見解從一開始在身、心之間的游移，最終更偏向「心」的這一方。

貫穿哈欽森這本《極耐力》的是「馬拉松破二計畫」（Nike Breaking2）的主角埃魯德・基普喬格，他是馬拉松世界紀錄保持者，也是目前最有機會在兩小時內跑完馬拉松的跑者。破二計畫的首席科學家在採訪中說道：「埃魯德有著最強大的心靈，我從沒看過這麼厲害的人，老實說，我完全不知道如何描述。他讓我知道『心靈』對運動表現的重要性……。我們算各種生理上的數據，也算出空氣阻力、跑鞋的效率等數據，這些數據都可以精準測量，但還有個未知的領域，那就是該如何量化心靈的強大程度，又該如何量化一個人超越極限的決心，去突破生理學家認為人類身體做不到的事。」（以上出自破二計畫的紀錄片）

東西方對運動表現的典範人物的想像很不一樣，從藝術品和文學作品中皆可看出差異。西方所追求的「外在」優美肌肉線條與極致運動表現的美感，東方追求的是「內在」心靈成長與境界的提升。在中國傳統的武俠小說中，最強的高手絕不是肌肉虯結的外家高手，而是像《天龍八部》中「精通佛法、長鬚已然全白的枯瘦僧人」（掃地僧）一樣，武功比所有高手都厲害，但從外表卻看不出身具絕世武功。雖然這只是小說家虛構的人物，但這代表東方文化對於「強者」的定義通常不在外在身體或表現，而在強大的心靈。

強大的心靈有一個很顯著的特徵是「沉穩平靜」。基普喬格正有著強大心靈的各種特徵：內斂、安靜、自信且散發出強大的氣場。作者在書中提到在採訪基普喬格時描述道：「他講話非常柔和，小聲到感覺得靠近一點，瞇著眼認真聽才聽得到，另外我和威利都同意，他散發出來的態度和氣場（aura），有一股『沉著冷靜』的自信。我很好奇，是不是贏得了奧運金牌就會有這種『氣場』？還是要先有這種『氣場』才能贏得了金牌呢？」

只要去你網上搜尋書中提到的各種耐力挑戰者的影片，都能從神情與行為中感受到他們的氣場。我自己就曾親身體驗過。二〇〇七年在日本授課時曾與幾位亞洲頂尖的跑者有過交流（課堂上有在一九九八年打破超馬一百公里世界紀錄的砂田貴裕，以及五千公尺個人最佳是十三分三十七秒的八木勇樹、一萬公尺最佳成績是二十八分十五秒的三田裕介）。這三位跑者的背景都相當驚人，授課前還不知道他們何許人也，但透過翻譯交流時，明確地感受到這些跑者有著非常「深沉渾厚」的眼神，從眼神中可以感覺到他們的氣場非常強大。那是無法量化的強大。

除了長期自律下所鍛鍊出來的「氣場」，「信念」也是突破耐力極限的關鍵。作者把它放在本書的最後一章很妙。當作者在破二測驗前打電話問基普喬格最近的訓練狀態如何時，他說：「體能訓練和過去幾年一樣，但我的心態有些改變了。破二的挑戰主要是在心理層面，因此很多人對這次嘗試的懷疑，是一種缺乏想像力的表現。」

想像力，是心的能力。哈欽森從科學的角度出發告訴我們：極限，是人心所想像出來的。

想突破極限，不只是身體的訓練，也必須從「心」開始。

極限，真的存在嗎？

羅譽寅（耐力運動教練、RunningQuotient 共同創辦人）

艾力克斯・哈欽森（Alex Hutchinson）是一名出色的記者與部落客，他專門撰寫有關耐力運動的科學文章，並長期為《戶外探索》（*Outside*）雜誌以及《跑者世界》（*Runner's Worlds*）雜誌撰寫「汗水科學」（Sweat Science）專欄。之所以會知道哈欽森，是因為我經常在網路上閱讀許多耐力運動相關的文章，每當我看到喜歡的內容時，都會習慣看一下作者是誰，而哈欽森這個名字出現次數之多，讓我對他留下深刻的印象。

作為一名耐力運動的愛好者、作者、教練，我幾乎被《極耐力》這本書中的全部內容深深地吸引著。哈欽森整理出所有會影響人類耐力的面向，從科學的觀點出發，全面且深入地剖析人體在不同條件與刺激下的反應。無論是從古至今運動生理學與心理學的研究資料、作者與運動科學家或頂尖耐力選手間的交流、抑或是作者對自身訓練及比賽的描述，每一個部分都能輕易融入到自己的經驗當中，讓我對耐力運動有了更深入的瞭解，甚至產生出更多不同的想像。

耐力運動之所以會吸引人，我認為其中很大一個原因是人類本身就屬於地球上數一數二最耐跑的動物。雖然我們在爆發力（速度）上輸給很多其他動物，但憑著出色的散熱能力（毛髮較少、會出汗）、可自行調節呼吸、能忍受暫時性脫水等，造就出絕佳的長跑耐力，讓我們的祖先有辦法在殘酷的大自然中存活下來。書中就有提到南非薩恩族獵人是如何在沙漠中捕獵鹿羚：在溫度超過攝氏三十七～八度的卡拉哈裡沙漠裡，獵人一路追趕鹿羚，最終跑了三十二公里才把這頭鹿羚逼到筋疲力盡，而這段追趕過程歷時六個鐘頭，獵人卻只喝了一公升的水；非凡的耐力正是上天給予人類最珍貴的禮物。

另外，人類還有一個祕密武器，是其他物種都望塵莫及的，它存在於我們的大腦裡——意志力。在地球上，只有人類會為了未來的目標而作出規劃，比如為半年後的馬拉松安排訓練計劃、為幾個月後的一場旅行而開始計劃存錢、為了達到更輕的體重而節食減重等等。你不會看到家裡的狗為了跑得更快而自行安排跑步訓練，也不會看到大象為了鍛練出更強的肌力而進行重訓。只有人類會願意（有能力）制訂各種目標，並忍受一定程度的痛苦去完成計劃，達到許多原本無法觸及的境界。

作為耐力運動員，其實都有一個共同的目標，就是想要在每一場比賽中持續地進步，突破「PB」（Personal Best，個人最佳成績）。假如這場馬拉松跑三小時三十分，下一場就會希望跑進三小時十五分，接下來就會思考著要如何訓練才能「破三」（在三小時內跑完四十二・一九五公里）。更直白地說，我們都很想知道自己的極限在哪裡，到底自己能跑多快，而且會願意無止境地追尋。

在我指導的選手當中，大多都能順利突破自己的最佳成績，但其中一位讓我印象特別深刻，他是一名鐵人三項選手。二〇一五年時他在夏威夷科納島上完成了人生第一場二二六公里超級鐵人賽（游泳三・八公里，騎車一百八十公里，跑步四十二・一九五公里），比賽舉辦在每年十月，毒辣的太陽與強勁側風是這場比賽的特色，賽道本身的難度也不低，最終他以十小時五十三分完成這場耐力挑戰。那時候的他覺得自己就像耗盡了身體所有能量一樣，全身上下所有肌肉都在痠痛，感覺沒辦法再快了。

然而，經過了一年的訓練，他再次來到同一場賽事，並將完賽時間推進到十小時之內，以九小時五十五分的成績通過終點線。又過一年，比賽過程同樣艱辛，但成績再一次被改寫，來到九小時四十四分。到了二〇一八年，他再次以驚人的耐力，大幅改寫了自己的完賽時間，成績推進到九小時十分，創下華人在此賽道的最佳紀錄，並成為中國超級鐵人的紀錄保持人。而在二〇一九年，當大家都以為他已經在去年登峰造極的時候，竟然再一次以九小時零一分打破個人最佳紀錄，距離九小時大關只差一分鐘。同樣是完成二二六公里的賽程，每一次他都是竭盡所能、毫無保留地通過終點，而相比起四年前的第一次挑戰，四年後的他將完賽時間縮短了接近兩個小時。

我相信這也是很多耐力運動員曾經有過類似的經驗，每一次比賽都覺得自己已經是用盡全力去完成，每次都覺得好像已經到達了自身生理的極限，沒辦法再快了。但隨著日復一日的訓練，這個曾經的極限卻總是被不斷地打破，彷彿所謂的極限，並不存在。

也許，就正如馬拉松世界紀錄保持人埃魯德・基普喬格的名言：「沒有人類是受到限制的。」（No human is limited.）即使部分專家說近期內人類都還沒有辦法在兩小時內跑完馬拉松，但經過二〇一七年破二計畫中僅差二十五秒就跑進兩小時（因不符合規定而不被承認為正式世界紀錄）、二〇一八年在柏林馬拉松更一舉將世界紀錄縮短至二小時一分三十九秒、並成功在二〇一九年以一小時五十九分四十秒達成史上首位馬拉松「破二」這個目標之後，我開始明白到，找出極限在哪裡，好像並沒有那麼重要；真正重要的，是那份對於突破極限的自信與決心。

《極耐力》並不是我們在書店中常看到的跑步訓練書藉，它不是在教你如何去訓練，也沒有任何訓練計劃提供給你。這本書是在探討人類耐力的極限到底是什麼？我們該如何達到、甚至不斷去突破這個極限？生理跟心智在這當中又是扮演著什麼樣的角色？只要你是耐力運動的愛好者，無論是想要挑戰更遠距離的比賽，或是想突破個人最佳成績，這本書都將滿足你對於耐力極限的疑問與好奇，並帶領你衝破心中原本所以為的邊界。

各界讚譽

如果你想深入洞察偉大運動員、冒險家與最佳表現者的心智狀態，一定會對哈欽森的《極耐力》深深入迷。

——珠穆朗瑪峰委員、美國國家廣播公司（NBC）荒野求生全明星節目主持人
貝爾・吉羅斯（Bear Grylls）

哈欽森的《極耐力》不只是一本運動書。從北極拓荒隊努力不要被凍死，到黃金採礦人在高熱的礦井中不要被熱死，它其實是航向人類體能外部極限的一趟旅程。不過到最後，它是航向偉大內在的旅程，也就是人類的心智，這也是最吸引人的部分。不管是因為炎熱、寒冷、高海拔、疼痛或只是失去意志力，任何曾經感受過筋疲力竭的人，都將在本書中發現自己的體驗。

——《運動基因》（*The Sports Gene*）作者　大衛・艾普斯坦（David Epstein）

從珠穆朗瑪峰、馬拉松世界紀錄到全球鐵人比賽，我們都對人類耐力的驚人壯舉深深著迷。他們是如何做到的？哈欽森的《極耐力》從每一個想得到的角度探討這個主題，書中披露了最新的科學研究，也踢爆了偽科學，並深入探討肌肉機能、運動營養、大腦控制，以及更多因素最吸引人的面向，同時也維持著娛樂性與實用性。本書是每一位耐力運動員的必讀之作。

——一九六八年波士頓馬拉松冠軍、《跑者世界跑步全書》（*Runner's World Complete Book of Running*）主編　安比・伯富特（Amby Burfoot）

謹慎研究，並以跑步科學的最新看法為基礎，哈欽森的《極耐力》寫作流暢，讓所有的跑者都能輕鬆閱讀。任何想要更瞭解心智如何影響最終表現的人，這是一本絕佳的資訊來源。

——南非開普敦大學榮譽教授　提姆・諾克斯（Tim Noakes）

有趣探討了心智與身體連結的奧祕。哈欽森有寫出吸引人的運動故事，並結合尖端研究靈活分析的真正天賦……非常扣人心弦，也經常感動人心。

——《科克斯書評》（*Kirkus*）

前言

暢銷書《異數》（Outliers: The Story of Success）作者
麥爾坎・葛拉威爾（Malcolm Gladwell）

回想一下，所有的跑步運動員都經歷過不合理的比賽。我就遇過兩場。第一場是在我十三歲的時候，當時我是高一生，剛受訓不到一個月，就決定去參加加拿大安大略省劍橋的越野賽跑，和一群大我兩歲的男孩競賽，其中有一個人是安大略省同齡跑者中，數一數二的長跑者。四十年後的今天，我依然記得比賽當天的情形；我一開始就緊貼著領軍跑者，追得非常緊，跑到自己徹底衰竭，結果莫名其妙拿到第二名，而且很接近冠軍的時間。我會說莫名其妙是因為，我原本可能因此成為高中中距離跑者明星，但是這場比賽真的就是我唯一跑出好成績的賽事，因為我後來每一場一千五百公尺以上的比賽，成績都不甚理想。

這種情形就是「特例」。兩年前，我五十一歲，以專家的謹慎態度認真練跑，然後到美國紐澤西州的小鎮去跑五公里的賽事，結果成績居然足足進步了一分鐘，是認真練跑以來的最佳成績。比賽當時，我突然覺得自己變回四十年前在劍橋比賽十三歲的自己，我大膽發夢，並跑出令人驚奇的傑出能力。可是，然後呢？又再度回到平凡的自己。

就跟執迷的人一樣，特別是執迷的跑者，我對這兩場異常比賽感到困惑不已。青少年時期，我有寫運動日誌的習慣，所以我回去翻找查看，企圖找出蛛絲馬跡：早期的訓練方式，是否隱藏著激發特殊表現的祕密？還是我的跑法有比較特別？至於紐澤西的五公里比賽，相關資料就非常多了，從比賽前數個月開始，Garmin 跑錶每次都會記錄我的配速、步頻和分段等訓練資料，賽後當然也有繼續記錄。我不只一次重複跟紐澤西一樣的賽前準備方式，因為想要奇蹟再現，但是，並沒有發生第二次。所以我開始苦思，最後找到的原因就是，我不懂如何展現耐力的技巧。讀到這裡，你也知道我要說什麼了吧！我就是最需要閱讀艾力克斯・哈欽森《極耐力》一書的讀者。

來談一下哈欽森吧！我和他都是加拿大人，也都有在跑步，可是他是比較好的加拿大人（因為他還住在加拿大，但我沒有），而且他的跑績比我好上太多了。有一個星期六，哈欽森找我跟他的朋友一起去節奏跑，地點在北多倫多鎮的墓地。我記得當時我跑最後一名，又或許是倒數第二名，因為其中有個跑友貼心降速陪我，倒是哈欽森，第一道轉彎後就已不見人影。閱讀本書後你就會瞭解，哈欽森是以一個學科學的人、運動迷，以及對人類表現敏銳觀察的角度，來描寫耐力的神祕之處，而且他也是深深參與其中的運動員，自己就有許多異常比賽可以談。

不過，在此要強調一下，這本書不是講述跑步的書籍。市面上已經有非常多跑步相關的書籍，我自己身為跑者，也讀過很多本，許多都是專家寫給專家的書籍，像是跑步時，要腳尖著地還是腳跟著地？該不該著重每分鐘跑一百八十步？這些問題對於那些從頭到腳都很講究的跑者才有意義。《極耐力》這本書的（眾多）有趣之處，在於哈欽森延伸說明了相關好處。我最喜歡的一段話落在講述疼痛感的章節，哈欽森描述簡斯・沃依特（Jens Voigt）突破「一小時」單車紀錄的過程。沃依特是個出了名不怕痛的傢伙，但哈欽森形容創了新紀錄的沃依特下單車時，陷入極度的痛楚：「一直被推到意識邊緣的疼痛感忽然爆發！」這是一段單車運動的故事，但在哈欽森筆下成了探尋生理與心理如何交互作用的深層提問。人類的各種活動中，如果沒付出一點苦力是不會有成就的，那麼人類和痛楚的關係是什麼呢？大腦的訊號如何阻擋生理的意志繼續運動呢？就算你不是瘋狂單車手，你也會受益良多；其實比較有可能的是，你可能會因為本書而決定不要成為瘋狂單車手。沃依特說：「全身上下都痛個半死！為了保持符合空氣動力學的姿勢，要一直把頭壓低，所以我的脖子非常痛！也是為了保持姿勢，我的手肘得稱住上半身，也是痛！我的肺一直在搶氧氣、燃燒氧氣，也是痛得不得了！我的心臟一直瘋狂跳動，所以也是痛的！我的背也在燒，然後我的屁股也是痛得不得了！貨真價實的痛，全世界都在痛的那種痛！」我的天呀！光是閱讀文字就已經感覺痛到不行了！

那《極耐力》這本書是否有解開異常賽事的謎團呢？某個程度來說，是有的。我現在理解了，我的問題是用可笑的簡單耐力模型來解釋自己的表現。跑步的時候就是我的表現輸出，因此我要往回計算，試著找出產生這個結果的相對輸入。例如：賽前一、兩天我有休息嗎？上週的爬坡鍛鍊有多快呢？我有從最近一組的間歇訓練學到什麼嗎？此外，GPS 運動手錶搜集的資料能幫助我們做相關的檢討，並幫助我們瞭解身體如何律動。我敢說，當你讀完《極耐力》這本書後，你絕不會再想得那麼簡單了，因為有太多事情 Garmin的數據根本就沒有透露，還好還有哈欽森幫我們補上這些資訊！

兩小時　二〇一七年五月六日

義大利國立蒙莎賽道隱身在米蘭東北方的林地裡，前身是皇室公園，現為一級方程式賽車的重要賽道。轉播室橫跨賽道之上，宛如一座懸在半空的水泥小島，居高臨下，視野極佳。我努力提供詳盡的客座賽事評論，給全球估計多達一千三百萬名[1]觀看轉播的觀眾，他們多是在半夜硬把自己挖起來看比賽的熱情球迷。可是呢，我卻越來越感到心神不寧、坐立難安。

幾個月來，賽前的熱烈討論和預測都沒料想到，在我底下展開的這場挑戰賽會有這般爆發性的發展。埃魯德．基普喬格（Eliud Kipchoge）是稱霸奧運馬拉松的冠軍，此時已經繞著賽道跑了一小時又四十分鐘。他跑在隊形經過仔細安排的領跑者後方，剛好順勢擋風。照著這節奏，他有望在兩小時內跑完二十六・二英里。馬拉松的世界紀錄可是二小時二分五十七秒，而紀錄刷新往往就是靠那硬擠出來的幾秒鐘了。

基普喬格的比賽表現完全出乎大家意料，連我也不知如何表達驚訝與欽佩之情。縱使前方的超大螢幕閃爍著基普喬格跑步的各項數據資料，但我的心思卻已飄離身為評論員的軀殼，因為我很想開溜，直衝賽道旁，到群眾裡感受神經緊繃的情緒，聽聽基普喬格跑過我面前時急促的呼吸聲，以及看著他鞭策自己跑向未知時的眼神。

※　※　※

一九九一年，前亞利桑納大學的大專跑者邁克爾・喬伊納（Michael Joyner），在美國明尼蘇達州梅約醫院完成住院醫師訓練時，提出了一個頗具爭議的思想實驗。首先，依據生理學家的說法，耐力跑的極限可以套用三個量化參數：有氧能力（aerobic capacity），又稱為最大攝氧量（VO2max），就像車子引擎的大小；跑步經濟性（running economy，又稱跑步效率），就像汽車的里程油耗量一樣，是一種效率測量指標；乳酸閾值（lactate threshold），這是指你的引擎可以維持多久的動力。研究人員在很多菁英選手身上測量這三項量化數值，發現都非常出色，還有人在其中一至二項上表現特別突出。因此，喬伊納很想知道，如果有個選手的三項數值都特別優異，而且還算是人類可及的能力，那會跑出什麼樣的成績呢？[2]喬伊納自己計算出來的結果，指出這種跑者可以在一小時五十七分五十八秒，跑完全程馬拉松。

喬伊納把想法發表在《應用生理學期刊》（*Journal of Applied Physiology*），但得到的回應多為質疑，他回憶說：「很多人都無法理解。[3]」畢竟那時候的世界紀錄為二小時六分五十秒，是衣索比亞跑者拜萊寧・丹西莫（Belayneh Densimo）在一九八八年締造的成績。其實，喬伊納早在一九八〇年代中期就首度提出這個想法，但當時根本沒有人覺得兩小時以內跑完馬拉松很重要，因此被視為可笑荒誕的想法，文章投稿一下就被拒絕了。不過，這看似無法達到的成績並非只是預測，喬伊納強調：這是送給科學家夥伴的挑戰。從某個角度說來，喬伊納的估算是人類得花上一個世紀才有辦法量化人類耐力極限的神級成績；計算公式是說明人類可以跑多快，那麼又該如何解釋理論與實際之間的差距呢？單純只是等待一個完美的跑者誕生嗎？還是得等跑者跑出最完美的一場比賽呢？又或者是我們對耐力的瞭解還不夠清楚呢？

時間來到一九九九年，摩洛哥跑者卡利得・卡努奇（Khalid Khannouchi）成為破二小時零六分的第一人。四年後，肯亞跑者保羅・特卡（Paul Tergat）破二小時零五分。又五年後，衣索比亞跑者海勒・格布列塞拉希（Haile Gebrselassie）再破二小時零四分。到了二〇一一年時，喬伊納和兩位同事修改先前文章再次投稿[4]《應用生理學期刊》，題目為〈馬拉松兩小時：是誰？在何時？〉這次沒有再被認為荒謬可笑了，期刊甚至首次刊出共得到三十八則文章回應，許多研究人員也在推測各種可能可以破除障礙的因素。二〇一四年末，肯亞跑者丹尼斯・金梅托（Dennis Kimetto）成為第一個創下低於二小時零三分成績的跑者後，英國運動科學家亞尼斯・比茲萊迪斯（Yannis Pitsiladis）帶領的研究機構隨即宣布，要在五年內突破兩小時門檻的計畫。

不過，距離馬拉松兩小時還有兩分五十七秒，依舊可以說是相當遙遠的差距。二〇一四年時，《跑者世界》雜誌社要我[5]就生理學、心理學和環境因素，全面分析欲達成馬拉松兩小時所需的要件。閱讀成堆的資料後，我還諮詢了喬伊納和多位專家，最後完成了長達十頁的圖表、示意圖和論點表述，文末還預測要到二〇七五年馬拉松才會破兩小時！

二〇一六年十月，《跑者世界》當時的總編輯大衛・威利（David Willey）突然打電話給我，說全球最大運動品牌[6]Nike 準備推出「極機密」計畫，預計要在六個月內實現馬拉松兩小時計畫，頓時腦海立即浮現當年寫下的預測內容。Nike 邀請雜誌社去為這項名為「馬拉松破二」計畫做幕後採訪和報導活動起源，我真不知該大笑還是該翻白眼，但無法推辭，所以還是同意數週後飛往位於美國俄勒岡州波特蘭的比佛頓市近郊的總公司，去聽聽他們如何包裝這場行銷活動。要是說需要有個人去揭穿過度行銷，憑著當年《跑者世界》那篇文章報導所做的研究，我算是夠資格了。

電視轉播客座評論工作結束，基普喬格已經跑了二十三英里。這天是二〇一七年五月六日，正好是羅傑・班尼斯特（Roger Bannister）首次在四分鐘內跑完一英里後的整整六十三年。我著急地想衝到賽道旁，卻不知該如何從位於高處的轉播室下去。我倚著欄杆朝外窺視，心裡閃過冒一下墜落的風險，把自己從欄杆上盪出去的念頭，但附近保全一個嚴厲眼神望過來，我趕緊打消念頭退回連接通道。通道連接轉播室到主建築各樓層，樓層裡充斥著沒有出口的走廊和沒有標示的門扇，猶如迷宮一般，但我沒時間等導覽員來帶我們，索性直接狂奔。

PART 1

大腦與肌肉

第一章　追不回來的一分鐘

如果你能把追不回來的每一分鐘，
都用長跑者的六十秒鐘來填補；
那麼，你的修為就會如天地般博大。[1]

——魯德亞德．吉卜林（Rudyard Kipling）

一九九六年二月，一個寒冷的週六晚上，人在加拿大魁北克舍布魯克市的我，再次陷入沉思，我不理解為何有些跑者可以擁有超強耐力，其中一位是訓練有素的澳洲跑者約翰．蘭迪（John Landy），他是歷史上第二位一英里破四的跑者，可說是運動場上出了名的「配角」。一九五四年的春天，蘭迪只花了四十六天，就破了班尼斯特的破四紀錄，但背後包含數年來的努力、幾世紀以來的計時賽事累積和千年來的人類演化。同年夏天的帝國運動會[2]上，全球唯二一英里破四的跑者首次正面交鋒；賽後沒多久，蘭迪耐力持久的不朽形象就出現在無數的海報上，加拿大卑詩省溫哥華更為其立起雄偉的紀念銅像。其實這場比賽一開始都是蘭迪保持領先，但剛進入最後一圈時，蘭迪朝左肩方向瞥了一眼，此時班尼斯特便從蘭迪的右邊直接切過；被超越的瞬間畫面確認蘭迪是英國報紙標題中典型的「千年老二」[3]，就是成不了最後的贏家。

我不解的點不是蘭迪不夠優秀，反之，他其實非常優秀。成功破四之前，蘭迪已經先後六次在不同的賽事裡，跑出四分零二秒的成績，但他卻說：「老實說，我想一英里破四已經超出我的能耐[4]。雖然兩秒鐘聽起來很短，但這兩秒對我而言就像是要我穿過磚牆一樣困難。」可是，班尼斯特在賽道上亮麗破四後不到兩個月，蘭迪也破四了，成績為三分五十七・九秒（官方紀錄為三分五十八秒，因為當年秒數計算是取到最近的〇・二秒），比前一次的最好成績大幅縮短四秒，換算起來就是比四分鐘整的成績多跑了十五碼。速度蛻變之迅速，是苦裡帶甜的滋味，但卻無法理解。

我和許多跑者一樣追著班尼斯特的新聞，床邊總會擺上一本已經看到熟爛、滿是摺痕的班尼斯特自傳，可是到了一九九六年冬天，我發現照鏡子時看到的人卻越來越像蘭迪。我十五歲起就以一千五百公尺少於四分鐘為目標，這距離約比一英里短了十七秒左右。高中時我就跑出四分零二秒的成績，不過後續四年就跟蘭迪一樣遇到撞牆期，每次的成績都差不多。二十歲時，我就讀加拿大麥基爾大學三年級，開始問自己是否有使出身體的全部潛能來縮短每一秒鐘。有次賽季初期，我和隊友要去參加一場不大重要的比賽，是全加拿大平均成績最慢的比賽之一。在蒙特婁前往舍布魯克市的長途客運上，我記得自己望向窗外，看著外頭滿滿的雪，心裡想著我的蘭迪式蛻變何時會出現？

或許我們聽到的故事可能是假的，但據說舍布魯克市的室內賽道是委由大學工程學院的學生設計，主要是設計成適合二百公尺短跑的賽道，所以跑道角度參照了世界級二百公尺短跑好手的向心加速度，卻忘了其他跑者一次不只跑一圈。結果，田徑賽道竟成了室內自由車道。這賽道不像是給跑步用的，因為最外圈陡到連短跑選手都跑不了，只會一直往內滾。跟我一樣的中距離跑者就算跑在最內圈，也很難應付踝關節彎折的角度。而且，超過一英里的比賽也只能辦在賽道內側，平時跑暖身圈用的區域了。

為了破四，我得精準計算每圈的配速，只要比我最好的成績四分零一七秒快上〇・二秒就可以了。不過，舍布魯克市的賽道跟遊樂園一樣，而且也沒有什麼像樣的對手，所以我決定不使上全力，只要輕鬆跑就好，然後把力氣保留到隔週的賽事。後來，先上場的女子組一千五百公尺，我看到隊友塔姆布拉・鄧恩（Tambra Dunn）毫不畏懼地邁步向前，先是規律地跑，接著爆發衝刺，一路大幅領先，最後意外跑出個人最好的成績，還因此取得參加全國大學錦標賽的資格。頓時，我對於自己執著的精算和不斷的策略盤算，感到很神經、可笑；我是來這裡比賽的，何不就放手全力一跑呢？

達到「耐力極限」是一個似乎再簡單不過的概念了，但要解釋其中的涵義時，就會發現其實一點也不簡單。若是在一九九六年問我為何無法破四，我會碎念說是因為最大心跳率、肺活量、慢縮肌纖維、乳酸堆積等關係；這些都是我狂讀許多跑步雜誌學來的時髦用詞，但仔細研究就會發現這些都不是原因。撞牆期就是乳酸濃度適中，肌肉仍可順利收縮，但就是達不到最大心跳率。生理學家非常沮喪地發現，耐力的意志無法與任何一種生理變因產生可靠的關聯。

另外還有一個不解的地方：耐力彷彿萬能的瑞士刀。想跑完全程馬拉松，你會需要耐力；搭乘經濟艙還得跟一群哭鬧的幼兒長途飛行，但不想被搞瘋，那你也會需要耐力。另外，當耐力二字以標楷體呈現時，似乎就起了比喻作用[5]。不過，生理耐力和心理耐力之間的差異，並未如字面上看來那樣清楚。試想恩斯特・薛克頓（Ernest Shackleton）命運詭譎的南極探險[6]，「堅忍號」（*Endurance*）在一九一五年撞上冰山毀壞後，探險隊仍奮力求生了兩年。讓隊員堅持下來的耐力，和要從幼兒哭鬧的長途飛行全身而退的耐力是一樣的嗎？難道純粹是因為探險隊員的體格強健？如果只擁有生理耐力或心理耐力其中之一，可以嗎？

在此借用山謬・馬科拉（Samuele Marcora）的通用定義：耐力是「和越來越想停下來的渴望不斷對抗的一種掙扎」[7]。其實馬科拉的定義是用來解釋「努力」而不是耐力（第四章會進一步探討耐力和努力的差異），但也清楚描述耐力的生理與心理層面。關鍵點在於能夠拒絕直覺傳達的訊息（慢一點、停止、放棄），並忽略流逝時間的感知。正面迎拳但卻不退縮，需要的是自我控制，而耐力指的是有持續性的作用：例如，把手指放在火焰中直到感覺燙為止；用長跑者的六十秒鐘來填補追不回來的每一分鐘。

流逝的時間可以用秒計算，也可用年計算。二〇一五年美國職籃延長賽中，儘管金州勇士隊的後衛安德烈・伊古達拉（Andre Iguodala）是可敬的對手，但勒布朗・詹姆士（LeBron James）的頭號對手[8]其實是疲勞。詹姆士在前五季裡，共計打了一萬七千八百六十分鐘，比其他聯賽球員多出兩千多分鐘。準決賽時，詹姆士意外地主動要求從戰況激烈的延長賽下場，但隨後又改變主意回到場上，先是跑投進分，又在時間剩下十二秒八時，投出三分球，贏得勝利。鳴響結束之際，只見詹姆士昏厥倒地，一動也不動。到了決賽第四場比賽時，他幾乎動彈不了，第四節得分數掛零後，他自己也承認：「我已經筋疲力盡了。」這不是說詹姆士真的玩完了，而是說因為連續數日、數週、數個月以來，疲勞一點一滴累積，已經把詹姆士逼到耐力極限。

相反的，即使是世界級的頂尖短跑好手，也得克服前一百公尺世界紀錄保持人莫里斯・格林（Maurice Greene）的教練約翰・史密斯（John Smith）所謂的「負面加速期」（Negative Acceleration Phase）[9]。比賽可能十秒就結束了，但短跑選手大多要跑到五十到六十公尺後，才能短暫達到最快速度，隨即使會開始降速。那為何尤塞恩・波特（Usain Bolt）在比賽結束前，能夠闊步超前其他對手呢？見證波特的耐力：他降速的幅度比其他選手小（或是降速的時間點比較晚）。波特在二〇〇九年柏林世界錦標賽裡，創下九秒五八的世界紀錄[10]，但他在最後二十公尺其實比前一段二十公尺的速度慢了〇・五秒，不過波特依舊拉開領先幅度。

同一場比賽裡，波特繼續創下二百公尺十九秒一九的世界紀錄。關鍵細節就是：上半段比賽裡，波特只花了九秒九二；試想二百公尺比賽是在有斜度的賽道上舉行，這可以說是相當驚人的成績，不過還是比一百公尺成績慢了一些。雖然很難察覺，但波特其實刻意在調整自己的節奏，平均消耗自己的體力，以求能在整場比賽裡達到最好的表現。這就是為何耐力心理學和耐力生理學是緊密相關的了：所有耗時超過十二秒左右的動作都要決定，要使出多少力氣，以及該何時使力，不管是有意識或無意識的。即使是重複全力舉重[11]，只舉短短五秒鐘，你以為只是單純靠肌肉的力氣，但研究發現，其實我們仍會調整自己的節奏，「最大的」力量取決於自己認為還剩下幾次要舉。

調整節奏的重要性不容忽視，所以耐力運動員都執著於分段安排。約翰・帕克（John L. Parker Jr.）在其廣受歡迎的著作《雨中的三分五十八秒》（*Once a Runner*）寫道：「一個賽跑選手就像是守財奴，對於自己的精力總是斤斤計較，他時時刻刻都想知道自己花費了多少精力，接下來還要付出多少。他一心只想在自己正好不再需要用錢的那一刻破產。」在舍布魯克市的那場比賽裡，我清楚知道，每一圈二百公尺都只要跑在三十二秒之內，就可以破四了。我一直在訓練自己去習慣應有的節奏，所以當計時員喊出我的秒數時，我實在嚇了一大跳，眼睛睜得好大，因為我第一圈的成績是「二十七秒」！

真沒想到調整節奏其實是門複雜的學問（後續章節會再討論），判斷的依據不只是自己的感受，也得和比賽到目前為止所預期的感受相比較。剛進入第二圈時，我有兩個相互衝突的念頭得調節：大腦儲存的知識判斷我的起步太草率、跑太快了，但主觀感受卻是意外舒服、非常自在，所以我排除想降低速度的不安感，以五十七秒的成績完成第二圈後，我仍感覺非常好！此刻，我確信體內起了特殊的作用。

比賽繼續進行，但我不再去注意分段時間，因為自己已經超越了記憶中破四的節奏，所以分段時間了無幫助。我單純就是跑，期望可以在地心引力殘酷拉住我的雙腿前，跑向終點。我抵達終點的成績是三分五十二秒七，比我當時個人最好的成績足足快了九秒鐘。我在這場比賽中進步的程度，遠遠超過從五年前第一季賽季開始累積的進步幅度。當晚我隨即嚴查訓練日誌，之後還反覆看了多次，但都沒有發現成績將會突破的跡象，充其量就是我的鍛鍊比前幾年增加罷了。

比賽結束後，問了幫我分段計時的隊友，結果他手錶的紀錄完全不同。他計到的第一圈是三十秒，不是二十七秒，然後第二圈是六十秒，也不是五十七秒。或許在終點喊分段時間的計圈員晚了三秒開始計時，又或許是為了我匆忙把法文翻譯成英文，所以延遲了幾秒。無論實情為何，計時員讓我誤以為自己跑步變快，而且跑完還莫名其妙感覺精力十足。總之，我擺脫了賽前給自己的期望，跑出沒人料想到的好成績。

「班尼斯特的故事傳開之後……」很多作者都這樣寫道。二〇〇六年，金・布勞特（Jim Brault）和凱文・希曼（Kevin Seaman）的心靈成長書籍《贏家心態》（*The Winning Mind Set*）正是當時的典型寫法，以班尼斯特破四的故事為譬喻，藉以說明自我信念的重要性，書中寫道：「一年之內，另有三十七位跑者也破四了；一年之後，有三百多位跑者都在四分鐘內跑完一英里。」此外，激勵人心的演講和網路文章，也都以類似的偉大訴求（但都不是真的）為主題：班尼斯特做到了，其他人也可以立即排除心理障礙，發揮真正的潛能。

隨著大家對於馬拉松可能可以在兩小時內完成的興致[12]越來越濃厚，上述內容常被用來佐證馬拉松兩小時也是屬於心理層面的挑戰。反之，持懷疑看法的人則主張和信念無關，人類目前的狀態就是無法持續快跑那麼久。兩方爭論的情況其實就跟六十年前一樣，不過真實世界倒也因此成為有說服力的測試平臺，可以探索各種有關耐力與人類極限的理論，而這恰巧也是科學家想調查研究的方向。但是，若要獲得有用的結論，那就得先取得正確的數據。班尼斯特破四後，蘭迪是唯一一位，在一年之內加入破四俱樂部的跑者，另外在第二年內只有四位跑者加入。過了二十多年後，一九七九年時，西班牙跑者荷西・葛薩亞斯（José Luis González）才成為第三百位破四的跑者[13]。

在許多場比賽卡關之後，蘭迪能夠突然破紀錄，除了單純讓心智凌駕肌肉之外，還有其他原因。其實，蘭迪前後六場只差一點點就可以破四的比賽，都是低調的澳洲賽事，那裡的競爭都不大，而且當時的天氣條件也不好。一九五四年的春天，蘭迪終於千里迢迢來到歐洲，這裡的賽道平均成績都很好，競爭也很多。蘭迪才抵達歐洲四天，就被班尼斯特追上、超越，搶先衝到終點。接著在芬蘭赫爾辛基的比賽，蘭迪首次和配速員合作，這位當地的跑者以輕快步伐跑了第一圈半，重要的是，蘭迪在此遇到真正的對手——克里斯・查塔威（Chris Chataway），他是班尼斯特破四那場比賽的兩位配速員之一。查塔威一路緊追著蘭迪，直到最後一圈才開始稍微落後。因此，即使沒有班尼斯特，相信蘭迪這天也會因為查塔威這位勁敵參賽，而創下破四紀錄。

不過，體驗過自己的突破後，我也不能完全否決心智所扮演的角色，而且還是個戲分重的角色。舍布魯克比賽之後，我在下一場同樣距離的比賽裡，跑出三分四十九秒的成績。再下一場比賽裡，抵達終點的我既困惑又興奮，因為我跑了三分四十四秒，還因此取得資格參加當年的夏季奧運資格賽。不知道什麼原因，但我在這三場比賽中蛻變了。YouTube 有一九九六年奧運資格賽的報導[14]，我在一千五百公尺決賽的起跑點上（排在當時紀錄保持人加拿大籍選手葛姆・霍德〔Graham Hood〕的旁邊），攝影機停留在我身上時，可以清楚看見我一臉疑惑，不知自己是如何跑到現場的。我不安地移動目光，四處打量，一副擔心自己低頭一看，會發現自己其實穿著睡衣在做夢的樣子。

接下來的十年間，我花了許多時間力求新突破，但成績仍是起起伏伏。就算腦袋知道（或是相信）自己的終極極限是由心智決定的，也不代表比賽時就感受不到現實極限的存在，也不代表能輕易改變自己的極限。最讓我沮喪、不解的是，過去幾年來，大腦牽制我和逼我進步的次數是差不多的。美國奧運跑者伊恩・多布森（Ian Dobson）曾如此描述他努力探索成績表現上下起伏的原因：「應該就是數字計算可以搞定的事[15]，但卻不是這樣。」我也曾到處找尋數學公式，好讓我可以一次就算出自己的極限，因為我覺得要是能跑出身體極限所能達到的速度，就可以無所牽掛，離開運動圈了。

二〇〇四年奧運資格賽前三個月，二十八歲的我不巧因骶骨壓力性骨折（又稱「疲勞性骨折」），不得不轉換跑道，回到學校念新聞系，接著到加拿大渥太華的報社擔任一般記者。不過，我發現我又陷入同一個懸而未解的疑問：為何無法靠數學計算得知成績呢？為何我花了這麼久的時間才破四？破四後，我有什麼轉變呢？後來，我離開報社，成為自由作者，專門撰寫有關耐力運動的議題，著墨比較多的是為何會輸或為何會贏，比較少談論誰贏誰輸。在翻找各種科學文獻資料後，我發現這些疑問其實早已是引發熱烈討論（有時還有點針鋒相對）的議題。

身體疲勞是很大的議題，二十世紀的生理學家花了大半世紀在研究人體如何變疲勞。研究人員切下青蛙的後腿以電擊讓它震動，直到不再收縮為止；搬運笨重的實驗器材到安地斯山脈考察；逼上千名志工上跑步機、進烤箱、吃各種想得到的藥，操練到疲勞不堪狀態為止。最後的結論是把人類的極限比喻為機械裝置（和數學公式很接近），就像是擺一塊磚塊在車子的油門上，你可以一直跑到沒有油或是水箱過熱為止。

但這樣的結果並無法全面解釋人體的極限；隨著精密技術的發展，現在已經能夠測量和操控大腦，研究人員終於可以一探神經元和突觸對於人體逼近極限時的反應了。結果發現，無論是熱或冷，餓或渴，又或者是「乳酸」累積到肌肉會有大力反應的程度時，關鍵在於大腦如何解讀當下的求救訊號。對大腦功能有了新的認識後，帶來了新的契機，但有時也不免令人擔憂。紅牛能量飲料在其位於美國加州聖塔莫尼卡總部，做了一項「經顱直流電刺激」（transcranial direct-current stimulation, tDCS）實驗，經由電極片輸電，刺激優秀的鐵人三項菁英運動員和單車好手的大腦。另外，英國軍方為了加強軍隊的耐力，贊助研究大腦訓練的程式語言，並獲得非常好的成果。即使是潛意識裡的訊息也能幫助或阻礙你的耐力，像是以十六毫秒的速度播放笑臉照，會比放愁眉苦臉照更能提升單車表現，幅度可達十二％。

過去這十年，我拜訪了歐洲、南非、澳洲、北美各處的實驗中心，也和數百位和我一樣想解開耐力的神祕面紗的科學家、教練、運動員交流。一開始有股直覺告訴我，大腦扮演的角色遠比一般所認知的多出許多，結果還真是如此，但不是像心靈成長書籍裡寫的那樣，因為並不是單純都由大腦控制。基本上，大腦和身體的關係非常緊密，要瞭解人體在特定情境下的極限，必須同時把大腦和人體一併納入考量。後續章節裡會說明科學家所做的相關研究，而且科學家的研究結果讓我理解到，當我們開始逼自己到極限的時候，其實只是個開始而已。

第二章　人體機器

亨利・伍斯萊（Henry Worsley）奮力滑雪的第五十六天旅程[1]，他低頭看了看 GPS 螢幕後便站在原地。接著把滑雪杖插入成堆的雪裡開懷大笑地說：「很好！我們做到了！」此時是二〇〇九年一月九日的傍晚，正好是英國探險家薛克頓，奉英國國王愛德華七世之名，把英國國旗插在南極高原後的一百年。因此伍斯萊也特別選在南緯八十八度二十三分，東經一百六十二度插入雪仗，這是人類在一九〇九年時抵達地球最南端的地點，距離南極只有一百一十二英里[2]。伍斯萊是個魁梧的硬漢，從英國特種空勤隊退役的軍人，薛克頓一直都是他的偶像。伍斯萊在護目鏡後的雙眼流下了「欣慰和喜悅的小淚珠」，這是他十歲以後第一次流的眼淚。（他後來解釋是因為身體疲倦，所以比較脆弱。）接著，伍斯萊和夥伴威爾・高（Will Gow）、亨利・亞當（Henry Adams）打開帳篷，煮上一壺熱茶，此刻的溫度為華氏負三十一度（約攝氏零度）。

對薛克頓來說，南緯八十八度二十三分是一次難以釋懷的失望。因為六年前，薛克頓加入了羅伯特・史考特（Robert Falcon Scott）領軍的「發現號」（*Discovery*）探險隊，隊員共有三人，最遠曾走到八十二度十七分，但因史考特認為薛克頓體能太弱會拖累團隊，他才蒙羞退出。為此，薛克頓再加入一九〇八至一九〇九年的探險旅程，渴切證明自己可以比前輩史考特先抵達南極。但是，薛克頓的四人探險隊，打從旅程一開始就很不順利。遠征進入第六週時，探險隊的第四匹也是最後一匹滿洲小型馬薩克斯，掉進比爾德摩爾冰川的裂縫消失無蹤後，他們得再度調降食物配給量。眼見越來越不可能走到目的地，但薛克頓堅持要再繼續走下去，要盡可能走到最遠的點才行。最後，一月九日，薛克頓不得不在日記本裡宣布：「我們已經盡了全力了！終於要回家了！儘管可能會有些遺憾，但我們已經竭盡所能了。」

一百年後，回顧讓薛克頓成為典型領導人物的那一刻，伍斯萊認為：「那個掉頭的決策[3]肯定是探險史上最艱難的決定。」伍斯萊其實是薛克頓「堅忍號」船長的後代，威爾・高是薛克頓的外侄孫，而亞當的曾祖父則是薛克頓一九〇九年遠征隊的副司令。為了向祖先致敬，一行三人決定在沒有外界的協助之下，按原路走完這趟八百二十英里的旅程。接著還要完成先人未能達成的目標，那就是走完剩下的一百一十二英里抵達南極，最後會由雙水瀨飛機接大家飛回家。反觀在薛克頓那個年代，要回營地就得再走八百二十英里，所以說在偉大的探險時代，回程旅途往往就是與死神搏鬥的競賽。

困住薛克頓的極限是什麼？除了連鬍子都會結凍的酷寒之外，還有就是他們已經爬到海平面一萬英呎以上的高地，每一口冰凍的吸氧量只有平地的三分之二，以及他們一開始就失去載運物資的小馬，所以改由人力拖拉雪橇，這可是一開始放滿重五百磅（約二百二十七公斤。一磅約為〇・四五公斤）貨品的雪橇，而拉雪橇前行等於一直在拉扯肌肉。研究發現，現代極地旅行家只需拖行以前一半的物資量，但一天仍會消耗六千到一萬大卡[4]。因此，薛克頓和隊員歷經四個月的嚴峻旅程後，總共消耗掉的卡路里應該很接近一百萬卡路里，這個數字相當於史考特後來在一九一一至一九一二年探險之旅所消耗的總熱量。南非科學家提姆・諾克斯（Tim Noakes）認為，薛克頓和史考特的這兩次探險，可說是「有史以來，最能展現出人類體能耐力的偉大表現。」

薛克頓對於上述內容的認識非常有限，他自己和隊友當然都得節制進食，不過他們體內如何運作對抗極地的部分，隨著人深埋入土後更無從得知了。不過，在一九〇七年八月，薛克頓的「寧錄號」（*Nimrod*）從懷特島出發前往南極洲之前的幾個月，英國劍橋大學學者發表了有關乳酸的研究報告[5]，因此長期以來運動員都非常熟知乳酸，視乳酸為肌肉耐力的頭號敵人。不過一百年後的今天，對乳酸已有了全然不同的解讀（初學者要知道，在人體內的是乳酸根離子[6]，這是一種負離子，而非乳酸）。然而，劍橋大學這篇研究報告可說是揭開了研究人類耐力的新時代，也就是瞭解機器如何運轉後，我們也能計算出人類的終極極限。

十九世紀的瑞典化學家永斯・貝吉里斯（Jöns Jacob Berzelius），其最廣為所知的成就是發明了化學元素符號，例如H_2O、CO_2等等，但他其實也是在一八〇七年，第一位提出肌肉疲乏，與近代在酸奶中發現的一種物質有關的學者。貝吉里斯發現，在被捕捉的成年雄鹿的肌肉群[7]裡含有大量的「乳」酸，而酸的含量取決於動物死之前逃得有多疲勞而定。（持平一點來說，化學家是在一個世紀之後[8]，才瞭解什麼是「酸」。如今我們已經知道，血肉之軀裡的是乳酸根離子，從體內抽取出來後，再結合質子，才會成為乳酸。因此，貝吉里斯與其後繼學者確實測量到乳酸，才會認為是乳酸造成疲乏，而非乳酸根離子。本書後續章節會沿用乳酸根離子一詞，但解釋歷史背景資訊時除外。）

由於當時還不夠清楚肌肉的運作方式，所以並不是很確定雄鹿肌肉裡出現乳酸代表的意義，貝吉里斯認為是「活力」（vital force）[9]讓生物體活下來，可是這玩意並不存在於普通化學裡。後來，活力論（vitalism）之說逐漸被「機械論」（mechanism）取代。機械論認為，人體基本上就是一臺機器，縱使這臺機器非常複雜，但仍跟鐘擺、蒸汽引擎一樣，有基本定律可以遵循。十九世紀有一連串的實驗，多為粗糙甚至可笑的實驗，但也逐漸解開人體機器驅動的可能解答；譬如一八六五年，有兩位德國科學家，只為了證明單靠蛋白質無法提供長時間勞動所需的能量，所以爬上位於瑞士伯恩阿爾卑斯山脈，高八千英呎的法魯峰，沿途搜集自己的尿液[10]，以測量氮含量；這類的實驗結果越來越多，也挽救了曾被否決掉的論點：人體極限終究只是化學作用與數學運算罷了。

現代運動員在訓練的時候，只需要簡單刺一下，就可以測得乳酸根離子的含量（有些公司甚至聲稱，透過汗水感測貼片，就可以即時測量乳酸根離子含量[11]），但是以前光是要確認乳酸的存在，就已經是非常艱難的任務了。一八〇八年，貝吉里斯在其著作《動物化學講堂》（德〔*Föreläsningar i Djurkemien*〕，英〔*Lectures in Animal Chemistry*〕），寫了滿滿六大頁實驗步驟。從切肉、放到亞麻袋擠壓、把擠出來的汁液加熱至蒸發，接著還要做多種化學反應測試，直到溶解鉛和乙醇沉澱後，會剩下「深褐色的濃稠汁液，最後會變成漆狀物質，這都是乳酸會有的特性。」

大家照著這幾個步驟，會得到莫名其妙的結果，但也不意外就是了。一九〇七年，弗雷德里克・霍普金斯（Frederick Hopkins）和華特・弗萊徹（Walter Fletcher）因此決定要找出答案。兩人在發表的論文序言裡寫道：「有位學者提出肌肉乳酸生成的想法，如此重大的發現卻沒有人跳出來質疑，這種事情怎麼會發生……這真是太離譜了。」霍普金斯是位一絲不苟的實驗主義者，因為協同發現維他命的存在而榮獲諾貝爾獎；弗萊徹則是位傑出跑者，一八九〇年代時，成為第一批完成英國劍橋三一學院庭院三百二十公尺繞圈跑的學生[12]。比賽時，學校裡歷史悠久的時鐘正好敲了十二下，這場景還成為電影《火戰車》（*Chariots of Fire*）的經典畫面（但據說弗萊徹有抄捷徑）。

霍普金斯和弗萊徹的作法，是取想要測試的動物肌肉部位，做完想做的試驗後，立即放入冰酒精裡。最重要的是後續的實驗步驟，也就是要盡可能留住乳酸含量，包含用臼研磨肌肉後，再測量肌肉酸度。為了要研究肌肉疲勞問題，他們採用的是新型準確技法，把青蛙腿掛在有十到十五對鋅銁的鏈子上，並在鏈子的一端接上電流，讓全部的蛙腿同時收縮。經過兩小時的間歇收縮後，肌肉已經疲勞不堪，即使無法產生微弱的抽搐。

實驗結果很清楚：疲勞肌肉的乳酸含量是健康肌肉的三倍。這麼一來，似乎也證實了貝吉里斯所猜想的：乳酸是肌肉疲勞附帶的後果，甚至是引發肌肉疲勞的原因。另外有個插曲，把疲勞的青蛙肌肉群放入有氧環境時，乳酸含量會降低；但若抽走氧氣，乳酸含量就會增加。最後，肌肉疲勞的現代說明逐漸成為討論焦點，並迅速累積各項新研究。

隔年，英國倫敦皇家醫學院生理學家利歐納・希爾（Leonard Hill）在《英國醫學期刊》（*British Medical Journal*）發表文章，實驗讓跑者、游泳選手、工人和馬匹吸取純氧後再運動，成績相當驚人，也驗證了氧氣的重要性[13]。馬拉松跑者是打破自己預跑距離四分之三英里的紀錄，縮短了三十八秒之多；馬匹原先要花三分半才能把馬車拉上陡坡，但後來只花了二分八秒，還不會氣喘吁吁。

希爾有位同事甚至還陪長距離游泳好手約貝・霍夫（Jabez Wolffe），挑戰成為第二位橫渡英吉利海峽的泳者。當霍夫已經游超過十三個小時準備要放棄時，就趕緊透過一根長膠管吸些氧氣，於是立刻恢復活力。希爾回憶道：「那時我們得取出船槳用力划船，才能趕上霍夫的速度，但他先前幾乎只是跟著潮水在飄而已。」（雖然事先全身上下都有塗抹威士忌和松節油，頭部也抹了橄欖油，但霍夫最後還是因為太冷而被拉出水面，當時距離法國岸邊只剩四分之一英里。霍夫前後共試了二十二次[14]，終究沒能成功橫渡英吉利海峽。）

謎樣的肌肉收縮原理逐漸被解開，但隨之浮現另一個問題：終極極限是什麼？十九世紀的學者認為是「自然律」決定每個人的潛在體能。一八八三年，蘇格蘭生理學家湯姆士・克勞斯敦（Thomas Clouston）指出：「每個生命體在出生時，各面向的發育生長極限，即已注定[15]，無法突破。……鐵匠的手臂不可能長超過某個極限，板球運動員的速度也不可能達到無懈可擊的程度。」但是，極限的點在哪裡呢？弗萊徹在劍橋大學的學生阿奇博爾德・希爾（Archibald Vivian Hill，他很討厭自己的名字[16]，所以要大家都叫他 A. V.），他在一九二〇年代，進行了第一個最大耐力測量的可靠實驗。

或許你認為測量最大耐力的最好方式很明顯：比賽就好了，但是比賽成績容易受到各種可變因素影響，例如配速。你可能是世界上擁有最大耐力的人，但因為你是無可救藥的樂觀主義者，決定一頭栽入短跑職涯（又或者是個膽小鬼，每次路跑比賽時都很焦慮），那麼出賽成績就永遠無法反映出你的實力。

反之，可以排除部分變數，改以疲勞時間來測量：在跑步機上以固定速度一直跑，你可以跑多久呢？或者，在固定式訓練臺自行車上，持續踩踏出某個指定功率，你能騎多久呢？其實，這些方式都是許多耐力研究採用的測量方法，但仍有瑕疵，因為最重要的是，你把自己逼到極限的動機有多強，另外還有其他影響因素，像是昨晚睡得好不好、測量前吃了什麼、穿的鞋子是否舒適，以及各種潛在的動機和害你分心的理由。所以，這種測量方式只能測出你當天的表現，無法測出你的終極能耐。

一九二三年，希爾[17]與同事哈特利・勒普頓（Hartley Lupton）任教於英國曼徹斯特大學，一同發表名為「最大吸氧量」（maximal oxygen intake）的一系列研究，現今較常使用縮寫VO2max。（當代科學家稱之為「最大攝氧量」，maximal oxygenuptake，因為是用來測量肌肉實際消耗了多少氧氣，而非身體吸入多少氧氣。）一九二二年，希爾的肌肉生理學研究，取得肌肉收縮產生熱能的詳盡測量數據，因而榮獲諾貝爾獎。就和許多位生理學家一樣（本書後續會談到），希爾也熱衷於跑步，有關氧氣使用情形的實驗，他自己就是最好的實驗對象。在一九二三年發表的研究論文裡，希爾表示，三十五歲的他採取「很普通的訓練方式，主要就是每天早餐前會先跑一英里。」另外，他也熱愛田徑比賽和越野賽跑，希爾說：「說實話，我在田徑賽裡非常難熬，也很常輸[18]，有時還會感到疲勞不已和肌肉痠痛，害我不禁想問自己，到底來參加田徑賽是想證明什麼。」

希爾和同事親自做的實驗，是在自家庭院的草地繞圈跑，每圈八十五公尺[19]（一般標準跑道是四百公尺），跑步時背上綁著裝有空氣的袋子，並連接上測量呼吸氧耗量的儀器；他們跑越快，氧耗量就越多，但到某個臨界點之後，就會固定不再增加，因此該研究認為，吸氧量「達到最大值後，便無法再增加。[20]」但重點是，即使吸氧量沒有再增加，但他們的跑步速度仍然可以繼續加快。此外，無法再擴大的吸氧量稱為最大攝氧量，可以客觀單純測量耐力的本事，理論上該數值不會受到跑步的動機、天候、月亮盈缺等原因的影響。希爾推測，最大攝氧量可以說明心臟與循環系統的最終極限，該測量常數顯然可以揭露運動員與生俱來的「引擎」尺寸大小。

有了上述發現，希爾便可以估算出跑者各項距離的最佳成績。慢速跑時，出力的主要是有氧系統，因為人體儲存的食物轉換成肌肉的可用能量，最有效率的方式就是使用氧氣，此時最大攝氧量就代表你的有氧限度。快速跑時，有氧作用無法提供雙腿所需的能量，所以人體會改用快速燃燒的無氧系統，此時依據一九〇七年霍普金斯和弗萊徹提出的證明，無氧肌肉收縮會有乳酸產生的問題。為此，希爾的結論主張，肌肉可以承受大量乳酸的能力（現稱為無氧能力），特別是短於十分鐘的活動中，是決定耐力表現的另一項重要因素。

希爾說自己二十多歲時，四分之一英里的最快成績是五十三秒，半英里是二分零三秒，一英里則是四分四十五秒，另外二英里是十分半，這樣的成績在當時算很厲害，但他卻謙虛說不算是「一流」的表現。（更精確的科學說法：這些好成績歸屬於一位代號為「希」的匿名受試者，該受試者的年紀和跑速恰巧和希爾一樣。）自家後院的詳盡測試顯示，希爾的最大攝氧量為每分鐘四公升氧氣，而其乳酸耐受度可以讓他再累積約十公升的「氧債」（oxygen debt）。有了這些數據和跑步表現測量值，就可以製作圖表，並以令人意外的精準度預測出希爾最佳的比賽時間。

希爾興高采烈地公布研究成果，並於一九二六年為《科學人雜誌》（*Scientific American*）撰文，題目為〈運動員的科學研究〉，文中指出：「人體其實就是一部機器，可以直接測量到能量消耗數值。」希爾還公布了各項運動世界紀錄的分析資料[21]，包括跑步、游泳、單車、划船和溜冰，距離從一百碼到一百英里都有。希爾在美國康乃爾大學任職期間，曾把磁化鋼鋸片綁在跑者胸膛，然後追跑者跑去經過一連串的電磁線圈，這可以說是早期精準的電子計時系統。最後得到的結論指出，顯然是「肌肉黏性」（muscle viscosity）決定了距離最短的短跑世界紀錄曲線。距離較長時，由於乳酸和最大攝氧量的緣故，世界紀錄的跑步曲線彎了，這也符合實驗預期的結果。

不過，最長距離的測試有個難以解釋的現象。根據希爾的估算，若跑步速度夠慢，心臟和肺臟應該能夠供給足夠的氧氣給肌肉，以便完全發揮有氧系統。換句話說，應該有某個跑步節奏，可以讓跑者一直不停跑下去，可是測量數據卻出現穩定下降的趨勢：大體上來說，一百英里的跑步紀錄會比五十英里慢，而五十英里又比二十五英里慢。希爾承認：「只用最大吸氧量和氧債，還無法充分解釋曲線持續下滑的原因。」希爾用鉛筆點了一條近乎水平的線，說明這是超長距離跑步會出現的紀錄曲線，並指出距離越長紀錄越慢，主要原因是「最偉大的運動員把自己的能耐侷限在十英里以內了。」

伍斯萊和隊友一路拖著一開始就重達三百磅的雪橇，在雪地上總計滑行了九百二十英里，終於在二〇〇九年抵達南極點。伍斯萊在旅途的最後一週，清楚自己能失誤的空間幾乎是零。他四十八歲，比亞當和高爾都大上十歲，每天完成滑雪進度後，伍斯萊都覺得自己很難跟上亞當和高爾的步伐。這天是元旦，距離目的地還有一百二十五英里，亞當提議幫伍斯萊載些物資減輕重量，但被婉拒了，伍斯萊選擇把備用的緊急物質配給量埋到雪裡，賭上可能的風險，以換取減輕十八磅的重量。他回憶：「沒多久我就發現，每一個鐘頭都很煎熬，也開始意識到自己越來越虛弱的身體。」伍斯萊開始落後，抵達營地的時間都比隊友晚十到十五分鐘。

抵達南極點的前一晚，伍斯萊按著每天的慣例，在鑽進睡袋就寢前，獨自一人走出帳篷散步。在整趟旅途中，伍斯萊都會利用這段寧靜的時光，回想他們穿越有尖銳鋸齒突出的高聳冰川，也遙想遠方還有更多冰山在等著他們，有時候就只是靜靜欣賞「空空蕩蕩、毫無邊際的遼闊感」。這是最後一晚了，伍斯萊歡喜地見到壯麗的極地暮光：太陽的外型像極了鑽石，周圍有白熾的光環繞，兩側都襯著「幻日」景象，這景象是太陽光折射角柱冰晶的霧氣所形成的；這可是整趟旅程以來，第一次如此清楚地見著幻日景象！伍斯萊告訴自己這必然是個好預兆，感覺南極終於要放他一馬了。

隔天的旅程顯得輕鬆許多，是這趟艱難且漫長旅程的最後五英里，一行人即將進入阿蒙森—斯科特南極站的溫暖懷抱，而且他們最後都做到了。伍斯萊既欣慰又有成就感，不過南極也沒因此就放過他。他過去在英國陸軍待了三十年，這支菁英部隊等同於美國的海豹部隊和三角洲部隊，曾經隨著特種空勤隊去過巴爾幹半島和阿富汗。他平時騎哈雷機車，曾在波斯尼亞遭暴民亂石攻擊，也去教過獄中囚犯刺繡[22]；但是，伍斯萊這回卻成了極地旅行的俘虜：這趟旅行耗盡了他的每一滴精力，但也擴大了對自己能耐的認知。在挑戰自己的耐力極限時，總算是找到了一個可敬的對手。伍斯萊從此迷上了極地旅行。

三年後的二〇一一年底，為了紀念羅伯特・史考特（Robert Falcon Scott）和羅爾德・阿蒙森（Roald Amundsen）南極點探險競賽滿一百週年，伍斯萊再度回到南極，決定重現當年的探險之旅。阿蒙森的隊伍走東邊的路線，於一九一一年十二月十四日搶先抵達目的地，他們有五十二隻狗負責拖行雪橇，後來就變成食物補給。史考特這一隊是走薛克頓踏過的絢麗路線，距離比較長，還遇上機械雪橇故障，而且滿洲小型馬不敵冰天雪地，所以一行人晚了三十四天才抵達阿蒙森的營地，帳篷上還留下一張文情並茂的紙條：「你可能會是在我們之後，第一支抵達本區的探險隊[23]，所以我懇請你把這封信轉給挪威哈康七世國王。帳篷內的物品，請隨意取用，留在外頭的雪橇，也歡迎你拿去用。最後，預祝你們回程一路平安……。」阿蒙森回程安穩順利，但史考特回程卻充滿磨難，命運岌岌可危；天氣惡劣、設備劣質粗糙、運氣也不好，外加上胡來的「科學」[24]卡路里估算，史考特和隊友虛弱到未能成功返回基地：外頭持續下著雪，他們躺在帳篷裡十天，飢寒交加，最後因沒有食物，沒能走完最後十一英里。

因此，滿百年之際，伍斯萊帶領六位士兵重現阿蒙森的旅途，成為第一位完成兩條具代表性的南極探險路線的人，但探險之旅並未就此打住。二〇一五年，伍斯萊又再重返南極，慶祝薛克頓知名的「大英帝國橫越南極遠征之行」滿一百年。

一九〇九年，薛克頓在快抵達南極點前決定掉頭，一行人也全因為薛克頓的謹慎，才得以活命。薛克頓事先指示大船要等到三月一日，所以當他們在二月二十八日回到大船附近時，就放火燃燒木製氣象站，好讓大船看到後來接他們。這小意外發生後幾年，外加上一九一一年阿蒙森炫耀南極點遠征成功，薛克頓原本決定不再回南極洲，但就跟伍斯萊一樣，薛克頓對南極也很難完全忘懷。

薛克頓的新計畫是從鄰近南美洲的威德爾海出發，前往紐西蘭附近的羅斯海，打算成為橫渡南極大陸第一人。旅程一開始，薛克頓的「堅忍號」就被威德爾海的浮冰困住，迫使一行人在冰凍大地裡熬過一九一五年的冬季。後來，浮冰還是撞壞了「堅忍號」，薛克頓和隊友被迫展開漫長驚險的傳奇旅程。探險旅程最精采的一段，是薛克頓帶領隊友在毫無遮蔽的救生船上航行八百英里，途中還行經地球上海況最差的海域，最後抵達南喬治亞島，島上有個小小的捕鯨站，一行人才得以對外求救。其實，這一趟偉大的旅程得歸功於領航員法蘭克・伍斯萊（Frank Worsley），也就是亨利・伍斯萊的祖先，更是亨利・伍斯萊著迷於南極的原因。雖然沒能完成原本的探險計畫，但這段長達三年的冒險傳奇故事，成為偉大探險時代最扣人心弦的耐力故事。征服珠穆朗瑪峰的艾德蒙・希拉里（Edmund Hillary），形容伍斯萊這段冒險故事是「有史以來最棒的求生故事」，而薛克頓則是極力讚賞他平安把隊員帶回家。（前半段旅程中，有三名隊員因長途跋涉到預定的捕魚點儲放補給品，但意外身亡。）

伍斯萊決定再一次挑戰未完成的英雄計畫，不過這一次會有點不一樣。先前兩次的探險，伍斯萊回程都是在南極點搭乘飛機，所以兩段極地跋涉旅程只能說是實際距離的一半而已。但要走完來回整趟旅程，不只是增加距離和物資重量，相對的也更難判斷堅持與魯莽的界線。一九〇九年，薛克頓決定回頭的原因，不是因為他到不了南極點，而是擔心一行人無法回到家。一九一二年，史考特選擇堅持下去，最後卻付出最大的代價。這回伍斯萊決定要橫渡南極洲，整趟旅程達一千一百英里；他要一個人走，不要後勤資源，也不打算使用動力機器，就是自己一個人把物資拖行在身後。十一月十三日[25]，伍斯萊拖著重三百三十磅的雪橇，從伯克納島南端出發，橫越冰凍的海面，前往一百英里外的南極海岸。

伍斯萊的整趟旅程都有上傳語音日誌，這天晚上，他形容所有的聲響都和上一趟探險旅程似曾相似：「滑雪杖插入雪地裡，發出嘎吱短促的聲音，雪撬行經顛簸處就會發生砰的一聲，還有滑雪板滑行時發出咻咻的聲響……但只要一停下來，瞬間一切就變得寂靜無聲。」

一開始，阿奇博爾德・希爾打算估算出人體極限，卻把大家搞糊塗了。一九二四年，他到費城富蘭克林研究院演講，題目為〈肌肉的機械運作〉。他回憶：「演講到最後，有位年長的聽眾帶著幾分怒氣問我說的這些研究打算做什麼用。」一開始，希爾努力解釋研究可以為運動員帶來的實質好處，但很快就發現誠實才是上上策，於是就直接承認：「實情是，我們不是為了什麼實用目的才做這項研究[26]，而是因為人體真的很神奇奧妙。」此話一出，居然成了隔天報紙的新聞標題：「科學家因為覺得很神奇，所以就做了研究。」

不過，事實上，希爾的研究打從一開始就具有實用性和商業價值。英國工業疲勞研究委員會（Industrial Fatigue Research Board）[27]資助希爾的最大攝氧量研究，還另外雇用了兩位共同作者。估算人體極限，瞭解該如何擴大人體極限，這不就是壓榨出勞工最大生產量最好的方法嗎？後來，全球各地的實驗室也相繼設立類似目標。舉例來說，美國哈佛疲勞研究室（Harvard Fatigue Laboratory）成立於一九二七年[28]，專注於研究「工業衛生」，旨在瞭解疲勞的徵兆和導致疲勞的各種原因，「以利裁定疲勞與工作影響之間的關聯性。」該研究室後來的創新研究對象是以刷新紀錄為目標的運動員，都是相當出名的研究，至於與創立宗旨中改善生產力的相關部分，就只剩下研究室的辦公室位置有相關了，因為辦公室就位在哈佛商學院的地下室。

受到希爾研究的啟發[29]，哈佛疲勞研究室負責人大衛・狄爾（David Bruce Dill）發現，如果能瞭解頂尖運動員為何能特別優秀，就可以瞭解一般人的極限了。一九三〇年，《哈佛深紅報》（*Harvard Crimson*）刊出一篇文章〈疲勞研究室挖掘出克瑞思・迪馬爾（Clarence DeMar）的耐力祕密〉，報導指出，有項研究邀請十二位志願者到跑步機上慢跑二十分鐘，然後測量分析其血液內的化學組成。測試結果顯示，擁有七次波士頓馬拉松冠軍的迪馬爾，幾乎沒有產出乳酸——當時狄爾認為，乳酸會「釋出並流入血液，讓人體變得疲勞」。後來，狄爾與同事又測試飲食對哈佛橄欖球隊員在賽前、賽中和賽後的血糖濃度影響[30]。另外，在一篇名為〈人類能耐的新紀錄〉[31]的報告裡，他們也研究了一英里和二英里的世界紀錄保持人格蘭・康寧漢（Glenn Cunningham）和唐・拉什（Don Lash），發現兩位跑者的氧處理力特別好。

探究田徑場和橄欖球場上運動員的耐力後，真的可以套用到工作場所嗎？狄爾和同事確信可以，並在以下兩件事中找到清楚的連結關係：一為像迪馬爾這樣的運動員，其體內化學組成「狀態穩定」，可以長時間快跑而不會感到疲倦，二為訓練有素的員工可以長時間在緊張的環境中工作，績效也不會變差。

當時勞動力專家對於疲勞持相反看法，也不停爭論。美國麻省理工學院歷史學家羅賓・薛弗勒[32]（Robin Scheffler）解釋，效率大師弗雷德里克・泰勒（Frederick Winslow Taylor）認為，勞工生產力真要達到極限時，會變得毫無效率和意志力，此處的意志力等同於和嬰幼兒長途飛行時所需要的意志力。另一方面，勞工改革者堅稱，人體就像是具引擎，在休假（例：週末放假）之前，只能貢獻有限的工作量。哈佛疲勞研究室的實驗結果算是折衷的看法，認為疲勞是確實會出現的生理現象，但勞工可以藉由維持「生理化學上」的平衡來避免疲勞，就像迪馬爾一樣，長時間跑步也不會累積過多的乳酸。

狄爾把這些意見與想法，放在極端的環境中進行實驗，例如在海拔二萬英呎的智利礦坑，還有在熱帶叢林的巴拿馬運河區。其中最著名的實驗就是美國胡佛水壩的勞工研究。水壩工程是大蕭條時代的大規模工程，雇用了數千名勞工到莫哈韋沙漠工作。一九三一年是工程的第一年，共有十三名勞工因熱衰竭死亡[33]。狄爾和同事隔年抵達工地，他們在勞工上工前，和在艱辛的八小時高溫工作下工後，都進行了測量。結果顯示，勞工耗損了鈉和其他電解質含量，也說明勞工的生理化學失衡了。解決辦法就是：狄爾有位同事說服公司醫護單位，把員工餐廳原有的標語「醫生建議要大量喝水」，加入「還要在食物中多加點鹽巴」。後來的四年施工期間，再也沒有勞工因熱衰竭死亡，這個結果廣為人知，也顯示出鹽分在對付高溫脫水的重要性。不過，狄爾晚年一再堅稱，一九三一和一九三二年之間的最大差異是勞工的住宿，從在爆熱峽谷搭建營地，遷移到高原上有冷氣的宿舍。

一九三九年，二次世界大戰爆發，進一步釐清希爾「人體機器」觀點的疑點。同盟國的士兵、水手、空軍士兵到世界各地打戰，哈佛大學和其他機構的研究人員都在研究，高溫、濕度、脫水、飢餓、海拔與其他壓力來源對軍人表現的影響，並尋求在這樣的環境條件下，提升耐力的實際作法。為了評估些微的體能變化，研究人員需要客觀的耐力測量方法，而希爾的最大攝氧量理論正好符合需求。

最為臭名昭著的戰期研究[34]是在美國明尼蘇達大學的生理衛生研究室（Laboratory of Physical Hygiene），實驗對象為三十六名本來應該要去軍中服役的男性，但選擇自願來做這項辛苦的實驗，而且全都非常認真負責。主導這項研究的是安賽爾・基斯（Ancel Keys），他是位富有影響力的研究員，他開發出軍人K口糧（K-ration），還提出脂肪攝取與心臟疾病之間的關聯性。明尼蘇達大學的飢餓研究中，加入實驗的志願者皆歷經六個月「半飢餓」計畫，每天平均攝取一千五百七十大卡，分為兩餐進食，而且每週要工作十五小時以及走路運動二十二英里。

先前的最大攝氧量研究中，研究人員相信為了取得最大值，他們可以直接要求受試對象跑到疲勞為止。但是，基斯的同事亨利・泰勒（Henry Longstreet Taylor）半開玩笑地暗示指出，對於歷經數個月飢餓感在生理與心理上的折磨後，「可以合理相信，這群實驗對象不會想要把自己逼到可以發揮最大吸氧量的極限[35]」。泰勒和兩位研究員接下這個難題，發展出一套測試介面，「可以同時排除動機和技能，成為限制因素」，以利客觀評估耐力。他們的跑步機測量會逐步加快跑步機的速度，並嚴謹管控暖身區間和室內溫度，而且讓實驗對象受測多次，結果顯示，即使隔了一年，測試數值依舊相當穩定。意即，無論你今天身體感覺如何，也不管你是否有盡全力跑，最大攝氧量不會變動。此套測試介面於一九五五年發表，並被視為正式開啟最大攝氧量的時代。

到了一九六〇年代，越來越多人相信科學可以測量耐力，卻也引起微妙的轉變：研究員不再測量運動好手，也不再研究運動好手的生理狀況，而是運用生理測試來推測誰可以成為優秀的運動選手。南非研究員西里爾・溫德姆（Cyril Wyndham）認為，「能闖進奧運決賽的選手，必定已經具備了最低的生理要件[36]」。與其把南非跑者送往世界另一端，結果發現選手的能力不足，溫德姆認為，應該要先在實驗室測量跑者的條件，接著「才能確定南非共和國的頂尖運動員，是否有足夠的『馬力』與世界的頂尖好手競賽」。

從某個層面來看，把人體看成機器的觀念已經大幅發展，甚至超過了當初希爾所預想的。希爾開心地承認：「當然，運動員本身牽涉的比較多，而非完全是化學。[37]」同時也認為「道德」因素很重要，所以他說了：「決心[38]和經驗有助於選手『逼出自己的實力』，達到比其他選手更大的疲勞程度。」但是，捨棄抽象的概念，專注於量化方法，這種渴望也是可以理解的強大。科學家逐步微調耐力模型，加入其他生理特性，譬如經濟性（效能）、「氧氣使用率」、最大攝氧量，也就是把人體想成車子的燃料經濟性（即油耗效能）、油箱大小，以及基本馬力。

喬伊納就是在這樣的時空背景中，於一九九一年提出著名的思想實驗，即推論馬拉松最快可能可以達到的時間。一九七〇年代後期，閒不住的大學生喬伊納面臨從亞利桑納大學輟學的命運[39]。他身高六呎五，體能耐力佳，所以馬拉松跑出二小時二十五分佳績，自己甚至還覺得有機會成為非常棒的消防員。在一次十公里路跑比賽中，喬伊納最後跑輸同校的健身與競技運動科學研究室的研究生。比賽結束後，這名研究生說服喬伊納自願成為其研究室實驗的小白老鼠。此項實驗結果證明，可以讓跑者跑出最快速度，卻不會大幅增加血液中乳酸濃度的乳酸閾值，也能夠精準預測出馬拉松成績。參與實驗的經歷在喬伊納心中種下了新的種子，他繼續在研究室當志工，也因此意外開啟新的職涯發展。後來，喬伊納加入梅約醫院擔任內科醫師研究員，直到今天都待在梅約。當代全球有關人類機能的極限研究，最常引用的就是喬伊納的專業意見。

這個針對乳酸閾值的率先研究，讓喬伊納有機會一瞥生理學的預測力。這個神祕的實驗室測試，能夠從一群耐力運動員中挑出冠軍，或至少排出完賽順序，這實在是前景誘人。十年之後，喬伊納邏輯推演各種想法至極端條件，最終得到一個精確的數字：一小時五十七分五十八秒，這個數字荒誕至極，也充滿挑釁意味。其論文結論指出，極少人擁有能夠跑出這個成績需要的優異基因，「又或者說，對於決定人類機能的因素，我們的相關知識仍嫌不足。」

獨自橫跨南極之旅的第五十六天，嚴峻的體能考驗開始讓亨利・伍斯萊感到不適。這天一早起床，伍斯萊就感到非常疲勞，是整趟旅程以來最虛弱的感覺，因為前一晚他整夜感覺「腹部疼痛」，沒能好好休息，因此元氣大傷。伍斯萊一如往常，整頓後出發，但一個小時後，他隨即放棄再往前走，乾脆睡上一天。他在影音日誌中坦承：「有時候，你就是得聽身體的話才行。」

伍斯萊已經走了二百英里，但仍落後原訂行程。當天半夜，伍斯萊硬爬起床，收拾好帳篷，於午夜十二點十分，在高掛的極地陽光相伴之下重新出發，邁向此趟旅程高度最高的區域。他辛苦跋涉爬上海拔一萬英呎，名為「泰坦冰穹」的巨大冰脊。這裡空氣稀薄，伍斯萊得頻頻停下來調整呼吸，而且這一帶的雪質如沙粒一般蓬鬆，阻礙雪橇前進，所以又耽擱了數小時的進度。下午四點，總共花了十六個小時，走了十六英里之後，伍斯萊再次感到體力透支。原先是計畫從最接近南極點的南緯八十九度，進入到南緯八十八度，但是被迫停在離目標一英里的地方。伍斯萊說：「油箱已經空了，我的油箱徹徹底底淨空了。」

隔天是一月九日，薛克頓就是在一九〇九年的這一天，下了重大決定，掉頭返回出發地。薛克頓回到英國後對妻子說：「活著的驢子總好過死獅吧！」伍斯萊距離薛克頓的折返緯度只有三十四英里，他點了支小雪茄，接著從杜瓦瓶倒出一點皇家柏克萊蘇格蘭威士忌，以慶祝週年。他咬著雪茄咧嘴一笑，就發現缺了顆門牙，原來是前幾天吃冰凍的能量棒時弄斷了。至於這瓶威士忌，在橫跨南極的一路上，他都拉著這瓶酒。

伍斯萊比薛克頓具有多項優勢，最強大的優勢應該就是背包裡的銥星（Iridium）衛星手機了，因為他可以隨時拿起手機打電話請求空援撤離。但是，這個優勢也成了詛咒。估算極限時，薛克頓因為無法預測回程的情況，所以得保留誤差範圍。相對的，伍斯萊因為擁有幾乎是立即性的支援後勤，所以總把自己逼到臨界點[40]，每天都在雪中搏鬥十二、十四、甚至十六個小時。他耗盡體力，因此忽略了自己掉了五十磅，已經變得越來越虛弱，卻仍孤軍奮戰，沒有察覺到情勢對自己越來越不利。

終於，伍斯萊理解到，自己無法如期趕上事先安排好的接駁直升機。雖然為了趕上原訂行程，每天都試著走上十六小時，但是鬆軟的雪和蒼茫景象，加上體能持續惡化，處處都在阻撓伍斯萊的進度。他中途曾打算把目的地換到近一點的地方，也就是以自己偶像命名的「薛克頓冰川」，但後來仍舊發現無法抵達。一月二十一日，旅程的第七十天，伍斯萊還是撥了電話。他在影音日誌裡說了：「一九〇九年一月九日早晨，我的偶像恩斯特・薛克頓站在離南極點九十七海里的地方，說他已經盡了全力了。今天呢，我得告訴你們一個不好的消息，那就是我也已經盡了全力了。這趟旅程在此結束，因為我耗盡了時間和體能耐力，也徹底喪失把一隻腳的滑雪板往前滑的能力了。」

隔天，直升機接到了伍斯萊，飛行六小時後，抵達負責南極探險後勤的聯合冰川營地，接著再搭乘飛機到智利普塔雷納斯市，治療衰竭與脫水情形。這趟旅程或許讓人失望，但伍斯萊倒也完整遵從薛克頓的建議，做一頭「活著的驢」。但後來，人在醫院休養的伍斯萊，健康突然急轉直下，並被診斷出有細菌性腹膜炎，這是一種腹腔感染的病症，緊急被送進手術室。一月二十四日，亨利・伍斯萊死於多重器官衰竭，留下妻子和兩個孩子，享年五十五歲。

雪崩奪走滑雪客的命、鯊魚攻擊衝浪客、一陣突來的怪風注定要吹走飛鼠裝飛行員，這些消息都會登上新聞版面。正如同其他「極限運動」的致死案例一樣，世界各地都報導了有關伍斯萊過世的哀痛消息，也引發各界討論。不過，伍斯萊的情況有點特殊；他沒有遇到雪崩，也沒有遇到飢餓的巨型猛獸，更沒有遭受高速撞擊；他不是被凍死，也不是迷路，而且還有充沛的儲糧。雖然無從得知，到底是什麼原因讓伍斯萊把自己逼過臨界點，但基本上，是他把自己搞到不省人事的地步，可以算是非常罕見的情況，因此伍斯萊的逝世消息也引起一些疑問與好奇。英國《衛報》（*Guardian*）在報導中就提問：「探索耐力的外在極限時，伍斯萊沒發現已經超過自己的能耐了嗎？[41]」

就某種意義上來說，伍斯萊的死似乎應證了可以用數學來估算人體極限。一九二七年，希爾的推測指出：「人體的機械運作皆與化學和物理有關，因此有朝一日便可用化學與物理詞彙說明。[42]」此外，不管有多厲害，每臺機器都有其最大能耐。伍斯萊嘗試獨自橫越南極州，可以說是踏上一趟超出自己體能的旅程，不管心智多麼強大堅韌，都無法改變體能計算的結果。

如果真如此，那麼耐力致死的情況為何如此少見呢？為什麼不常聽說奧運馬拉松跑者、橫渡英吉利海峽的泳者，還是美國阿帕拉契山徑的長途健行客突然倒下？一九九六年，南非籍的年輕醫師提姆·諾克斯（Tim Noakes）在美國運動醫學會的年會上，準備講述人生最重要且備受推崇的一場談話時，他給了自己一道謎題，他回憶道：「我開口說：等等！運動的有趣之處，不是因為有運動員會因為中暑或其他原因死亡，也不是因為爬珠穆朗瑪峰而死亡的人數不只一、兩個人，其實多數運動好手都不會因運動而死亡，這才是運動的有趣之處。[43]」

第三章　中樞調節

黛安・凡戴倫（Diane Van Deren）若想趕上渡輪，就得在八小時多一點點的時間內趕完三十六英里[1]的路程。對於這位經驗豐富的超馬選手來說，這個距離和時間算是稀鬆平常。只不過凡戴倫已經跋涉美國北卡羅來納州的山海步道十九天，翻越了九百英里艱困地形，還歷經了貝里爾熱帶暴風帶來的傾盆大雨和超級強風，加上連日的疲勞感與嚴重水泡，情況就不同了。凡戴倫的嚮導查克・謬薩斯（Chuck Millsaps）在當地經營一家戶外裝備公司。這時候，右手邊的暗處突然傳來「野蠻又殘暴」的吼叫聲，她嚇了一大跳，趕緊大聲問謬薩斯：「那是什麼聲音？」謬薩斯保證那只是飛機的引擎聲，但為了安全起見，兩人準備穿越狂風吹襲的小橋之前，還是決定相互綁在一起。

凡戴倫會冒著這樣的混亂與危險，是想打破健行一千英里的紀錄；要是他們沒有搭乘下午一點由錫達島開往歐克拉科克市的渡輪，就完成不了二十四天三小時五十分鐘的紀錄了。凡戴倫是科羅拉多州人，現年五十二歲，是經得起節奏緩慢磨人的超級耐力挑戰行家。她曾參加加拿大育空北極超級長跑，拖著四十五磅的雪橇，走了四百三十英里，成功橫越北極凍原（獲得第二名，而且是唯一一位完賽的女選手）。也曾參加梅約醫院為研究人體極限所做的遠征探險隊研究，攀登海拔二萬二千八百三十八英呎的阿根廷阿空加瓜峰。還多次到全球各地參加一百英里以上的艱苦耐力賽，名列前茅。現在，為了趕上渡輪，等於是叫她那雙累壞了的雙腿使出全力衝刺短跑。凡戴倫每日天剛破曉就開始跑步，一路跑到天空又快黎明之際才歇息，每晚只睡一到三小時，連續近三週之久，鮮少停下來讓戶外運動用品公司「The North Face」的後勤組員幫她在起水泡的雙腳貼上大力膠帶，和塞食物到嘴裡。

幸運的是，凡戴倫有項優勢，就是擁有不同於常人的特點，幫助她熬過了許多想跑超級馬拉松的跑者所撐不下去的身體極限。因為長年以來，凡戴倫就飽受癲癇之苦，每週會發作兩、三次。三十七歲時，為了徹底解決癲癇問題，她接受選擇性腦部手術，移除顳葉皮質中一顆約高爾夫球大小的腫塊。雖然手術後癲癇不再發作了，但因手術傷及神經，所以凡戴倫記憶力變差，方向感受損，時間感也出現障礙。二〇一一年時，《跑者世界》稱凡戴倫為「失去方向感的閃電俠」，報導還說：「凡戴倫跑上好幾百英里，卻常常渾然不知自己到底跑了多久。」或許你會認為，凡戴倫的身體狀況顯然是有缺陷，但其實凡戴倫的跑步生涯是術後才展開的。換句話說，想瞭解凡戴倫優異的耐力表現，就得先從研究她的腦袋開始。

在運動科學領域裡，大腦在耐力中扮演的角色也許是最具爭議性的議題。但這並不代表大家認為大腦不重要。阿奇博爾德・希爾和其他幾位推崇「人體就像機器」的先驅一直都理解，比賽不一定要快速，特別是如果快速做了糟糕的戰術決策、沒有好好調整自己的節奏、或單純不想承受痛苦等。這種觀點認為，身體會自行設定能耐極限，而且大腦會下令，告知你有多接近極限的臨界點。但到了一九九〇年代後期，南非科學家暨醫師提姆・諾克斯，認為前述說明不夠完整，並指出長時間運動時，單靠大腦就可以確立和下令告知身體達到極限的感覺。諾克斯的說法帶來深遠且意想不到的結果，但此說法的正確性，在二十年後，依舊是運動生理學領域中最具爭論的議題。

有個特別的爭議點與諾克斯本人有關，他天生就是個反傳統的人，會拿自己的想法和其他科學家激烈爭論，至今大概已經吵了四十年了。前美國運動醫學會主席卡爾・福斯特（Carl Foster），現為威斯康辛大學洛克斯人體機能研究室主任，把諾克斯當成朋友，並說道：「提姆最大的敵人可能就是他自己了，因為他個性強悍，做事井然有序，常有非常新穎的想法，所以他吐出來的話不會是：『哇！我找到一個比較好的解釋了！』他會說：『其他人都錯了！』」（諾克斯本人則否認說過這樣的話，他在電子郵件裡解釋道：「我的確覺得他們都錯了，但沒打算講出來，只是把我認為對的道理表達出來而已。」）無論如何，福斯特也認為，若要顛覆沿用長達百年的教科書內容，「或許引起騷動是必要的」。

諾克斯之前其實是南非開普敦大學的划船選手[2]，但這項興趣到了一九七〇年代初期起了轉變。有天早上的划槳練習因為風太大而取消，其他隊員因此返家，但諾克斯決定留下來，到附近的河邊跑步。跑了四十分鐘後，諾克斯感到無比亢奮，這是典型而難以捉摸的跑者的愉悅感。部分由於大腦化學的奇怪變化，諾克斯很快就愛上這項新運動，工作領域更從臨床醫學轉到跑步的相關研究。後來，諾克斯共計參加超過七十場馬拉松和超級馬拉松比賽，包括完成七次南非著名的五十六英里同志馬拉松賽（Comrades Marathon）。

而在此同時，在研究室裡的諾克斯，很早就顯露出福斯特所謂的「反傳統」偏好。一九七六年，紐約馬拉松[3]舉行之前，當時正處於路跑發展的第一次高峰。許多運動科學家聚集在一場重大會議中。多數科學家在探討跑步對健康的各種好處時，諾克斯卻提出個有多年經驗的馬拉松跑者心臟病發的案例，戳破當時普遍認為馬拉松跑者不會發生動脈阻塞問題的說法。一九八一年，諾克斯提出報告指出，四十六歲的跑者愛蓮娜・薩德勒[4]（Eleanor Sadler），於同志馬拉松比賽中昏倒，後來診斷出低血鈉症，原因是喝太多水，和跑者常見的喝太少水問題不同。但過了二十年，累積大量死亡案例[5]後，科學界才完全承認，運動時喝太多水會有危險。

同年，諾克斯和同事在開普敦大學生理學系大樓的地下室，一起創立專門的運動科學部門，設備有一座固定式訓練臺自行車和一部幾近廢棄的跑步機，並邀請運動員來測試最大耗氧量。諾克斯解釋：「因為在一九八一年，身為運動科學家，就必須要有一臺最大攝氧量的測量機器，來測量最大攝氧量。」不過沒多久，諾克斯就越來越不滿意阿奇博爾德・希爾出名的測量報告與見解。運動科學部門成立初期，諾克斯有一天在先後一小時內，測量了瑞奇・羅伯森（Ricky Robinson）和同志馬拉松賽冠軍伊莎貝爾・凱利（Isavel Roche-Kelly）。結果發現，雖然兩人的比賽成績差距非常大，但測量出來的最大攝氧量卻是一樣的。諾克斯的結論是：「顯然最大攝氧量毫無意義，因為我們這位一英里四分鐘以下跑者的最大攝氧量，根本沒有比和一英里五分鐘跑者的數值好呀！」

接下來的十年裡，諾克斯持續尋找能夠測量和推估耐力更好的方法，也尋求可以解釋像羅伯森和凱利兩位跑者，在跑步機上跑到疲勞程度成績明顯差距很大的原因。希爾與其後繼學者的研究主要聚焦在氧氣：達到極限時，心臟便無法再打出更多氧氣到肌肉裡，又或者是肌肉無力從血流中攝取更多氧氣。一九八〇年代晚期，諾克斯是第一個想到可以用肌肉纖維收縮限度，[6]取代最大攝氧量方法的人，但這個想法後來卻不了了之。

到了一九九〇年代，諾克斯因《跑步聖經》[7]（*Lore of Running*）一書，成為國際知名的跑步權威專家。此書第一次出版於一九八五年，有九百四十四頁，厚到可以當門擋用了，儼然是經典的科普書籍。一九九六年時，諾克斯贏得運動生理學領域的最高榮譽，獲邀於美國運動醫學會年會上，負責霍夫紀念講座[8]的演講。正如諾克斯久聞的名聲，他斥責在場個個有卓越表現的聽眾，罵他們倔強地嚴守過時的理論，批評那都是「問題很多的陋習」，因為都沒有「實證科學」的驗證。準備演講期間，諾克斯有了重大頓悟，「他發現原來像亨利・伍斯萊那樣因衰竭而死的案例非常稀少。不論我們的極限在哪，肯定有某樣機制在預防我們超出極限太多。至於是什麼機制，諾克斯認為一定是大腦。

從某些角度來看，大腦研究的歷史可以說是一段受傷與疾病的不幸故事。舉例來說，一八四八年時，搭建鐵道的二十五歲領班費尼斯・蓋吉（Phineas Gage），因工地意外發生爆炸，被一根長四十三英吋用來埋炸藥的鐵棍，高速射穿臉頰和頭顱。蓋吉能夠活下來已經相當不可思議了，不過他性格轉變之大更是令人難以置信。由於腦額葉受損，蓋吉從原本的斯文幹練，轉變成粗俗、不可靠，朋友和醫師說他完全變成「另一個人[9]」。自此以後，藉由觀察傷及不同大腦部位後的轉變差異，我們認識了許多大腦的運作方式。已故的神經學家奧立佛・薩克斯（Oliver Sacks）記錄了許多溫柔而人性的人所發生的各種奇怪，但大部分是不幸的改變。

以黛安・凡戴倫的例子來說，其實第一次的徵兆出現在她十六個月大的時候，她因為持續癲癇而被送去醫院。雖然全身冰敷了，但仍持續痙攣約一個小時之久。當時似乎沒留下什麼後遺症，凡戴倫長大後成為明星網球選手，也順利結婚生子。不過，到了二十九歲，凡戴倫肚裡懷著第三個孩子的時候，癲癇痙攣又再次找上門，跟著後續幾年，病情越發嚴重。凡戴倫在美國科羅拉多大學的神經學家協助下，為了移除誘發癲癇的大腦部位，決定要切除部分右顳葉。手術很成功，癲癇也不再發作，但也不能說沒有付出任何代價。

其實在動手術之前，凡戴倫就已經發現跑步具有療效作用。每當感覺到癲癇快發作的「預感」時，這是一種超乎肉體的奇特感知，凡戴倫常能藉由出門跑步來預防癲癇的發作，而且有時一跑就是好幾個鐘頭。術後她繼續跑步，也開始挑戰住家附近丹佛南邊的山徑步道，沒過多久她跑的距離已經可以嚇倒一票勇腳。二〇〇二年時，凡戴倫參加生平第一場五十英里超級馬拉松，參賽者只有她和另一位跑者。後來，五十英里的比賽變成了一百英里的踏板，凡戴倫又參加了必須跑上數天的育空北極超級長跑，並於二〇一二年前往北卡羅來納州，參加為期三週的山海步道賽事，這是非常硬的一場比賽。

凡戴倫努力要打破紀錄的最後幾天，雙腳已經乏力至極。其實，她每天都是先用爬的方式出發，等到腦內啡開始麻痺知覺，雙腳才能用力，接著站起來，然後一英里一英里開始跑。到了第二十天，中午十二點二十分，為了要趕上下午一點鐘開往歐克拉科克市的渡輪，凡戴倫和謬薩斯還有四英里的路得趕，所以只好趕緊加快腳步。最後趕在開船前幾分鐘抵達，渡輪駕駛解開他們稍早聽到的「飛機」怪音謎團，吃驚說道：「你們一定是在那裡遇到龍捲風了！[10]」兩天後，凡戴倫在騎師嶺州立公園，爬上高八十五英呎的沙丘後，順利完賽，並創下二十二天五小時三分鐘的新紀錄。她對一群支持者說：「這是我所參加過最困難的比賽！[11]」

《跑者世界》的人物簡介裡，曾在丹佛克雷格醫院協助過凡戴倫的神經心理學家唐・葛柏（Don Gerber）猜測，凡戴倫可能是因為動了腦部手術，才成為一名優秀的跑者，這應該要歸功於她大腦受創的區域，葛柏說：「凡戴倫大腦解讀痛楚的訊息，和一般人不同。」

凡戴倫自己則否定了這樣的說法，並在後續報導中提出看法：「他們都以為：『喔，你感覺不到痛！』但，天殺的，我怎麼會感覺不到痛？[12]我會痛呀！但就是硬撐過去嘛！」確實，凡戴倫在北卡山海步道賽事裡所承受的痛楚，大家都看得很清楚。

不過呢，很難不去思考，凡戴倫熬過長時間耐力挑戰的體驗，可能與多數人的經歷不同。在過程中，凡戴倫無法看地圖，無從得知自己現在到哪裡，所以她的專注力不是放在前方有什麼難題等著她，另外也因為短暫記憶不佳，所以不會老是想著已經耗費多少力氣。凡戴倫有一次開玩笑說：「我可能已經在外頭跑了兩星期了[13]，但如果有人跟我說今天是比賽的第一天，我會回說：『太好了！那開始來跑吧！』」因此，凡戴倫別無選擇，只能專心處理眼下必須往前進的動作，一步一腳印。此外，對於時間流逝的察覺力只有一半，所以凡戴倫在調整節奏時，也沒有被認知挑戰束縛的問題。套用伊索寓言悄悄傳遞的道理：凡戴倫的優點正如龜兔賽跑裡不躁進的那一位！

想真正感受心智與肌肉之間的相互牽制與搏鬥，一定得在時間接近嚴格的十二小時關門時限之際，來到同志馬拉松賽的終點線。這是全球規模最大、歷史最悠久、最富聲望[14]的超級馬拉松（意即距離超過標準馬拉松的二十六・二英里）。選手在南非炙熱的陽光照射下，一路跑過五十六英里上下起伏的嚴峻地形。上坡路段嚴酷考驗心肺功能，下坡路段會有撕裂四頭肌的感覺，所以上下坡同樣艱困，最後會進入位於海港市德班的板球體育館（奇數年採相反路線，終點是內陸城市彼得馬利茨堡）。

二〇一〇年時，我與數千名觀眾一起在體育館裡關門倒數。賽事理事長已經在終點線就定位，他背對著陸續抵達終點的跑者，高舉發令槍朝向天空。只有在十二小時一到，鳴槍前抵達終點的跑者才算是正式完賽，才能拿到思思念念的完賽獎牌。在抵達終點前這段磨人的距離裡，可見選手們拿出僅存的意志力，逼迫虛弱疲頓的雙腿，發狂展開最後衝刺。鳴槍之際，一名男性跑者在十一小時五十九分五十九秒蹣跚抵達終點，他後方差幾步路的另一名男性跑者，一個跳躍就越過糾察員在終點線環扣手臂築起的彪漢肉牆，此時巫巫茲拉（號角，南非的加油神器）聽起來像是在嘲笑失敗者的噓聲。

這次來到南非是幫雜誌《戶外探索》，撰寫有關提姆・諾克斯對大腦提出全新看法的報導，故事賣點就是來自美國的賈許・考克斯（Josh Cox）首次參加同志馬拉松賽。考克斯是在美國創下五十公里二小時四十七分十七秒優異紀錄的跑者，所以我在想，如果他能征服這場比賽，我就能生動分析他要克服的極限本質（諾克斯本人也在德班觀看這場賽事），但如果是他被征服了，這篇故事應該會更精采。賽前一天，我和考克斯約了喝咖啡，他篤定地說：「這種比賽一定會出現的就是痛楚，我只能欣然接受，甚至還可以打招呼說：『嗨！我的朋友，你來啦！』」比賽才來到前幾英里，考克斯就因為一陣陣的胃痙攣和腹瀉，不得不開始用走的，他的機會越來越渺茫了。馬拉松跑者對於這種一敗塗地的情境都不陌生，更不是我希望可以報導的極限議題（最後這則報導只好無疾而終了）。

不過，也因為這場比賽，我有絕佳的藉口去現代運動生理學的殿堂朝聖。比賽隔天，我飛往南非另一岸，花了一週在開普敦大學拜訪諾克斯的研究室。諾克斯當時六十歲，鬢角都白了，不管是表示不認同或是開心，幾乎都是露齒笑著，而且講話時不斷穿插可以代表各種含義的感歎詞「嗯」。位於四樓的辦公室可以一覽開普敦桌山的著名稜線，宛如明信片才有的美景。諾克斯還擁有博物館等級的運動收藏品，像是加框剪報、簽名英式橄欖球衣、破爛的鬼塚虎舊跑鞋擺滿牆面，也塞滿陳列櫃。頭一天拜訪時，諾克斯講著「中樞調節」理論的源頭和發展歷程，我們一口氣就聊了四個鐘頭。（當我提議要休息一下時，諾克斯帶著些許歉意的口吻回說：「我平時不大吃午餐，你可以去吃。」）

諾克斯在一九九六年美國運動醫學會年會的專題講座裡，指出阿奇博爾德・希爾的最大攝氧量一說，基本上是瑕疵重重。諾克斯解釋，身體會疲勞並不是因為心臟無法供給足夠的氧氣給肌肉，而是心臟本身，或許大腦也是，其實都缺氧了，所以身體才會陷入困境。他點出南非馬拉松跑者喬西亞・特赫瓦內（Josia Thugwane）贏得一九九六年奧運馬拉松時的知名畫面，就在跑到終點後沒多久，特赫瓦內就和險輸三秒的銀牌得主李鳳柱（Lee Bong-Ju）繞著跑道慢步跑，諾克斯指著李鳳柱問我：「你有發現他沒倒下嗎？這代表什麼意思？他其實可以跑更快！」

如果希爾的氧氣一說是錯的，還有其他解釋嗎？諾克斯認為，大腦必然牽涉其中。在一九九八年發表的文章裡，他首次用了一個新詞「中樞調節」[15]，但這其實是向阿奇博爾德・希爾借來的詞，因為希爾七十年前就用過了，不過諾克斯並未進一步解釋這個新詞的含義。接下來的十年間，諾克斯與協作者共同合作，包含開普敦大學的艾倫・吉普森[16]（Alan St. Clair Gibson）、澳洲查爾斯特大學的法蘭克・馬利歐[17]（Frank Marino）、研究室裡的學生和博士生，逐漸整理出有條理的論述和兩大論點。第一，我們運動會遇到極限的困擾，並不是因為肌肉太弱，而是大腦為了預防身體真的垮掉，所以預先抑制肌肉的功能。第二，大腦強行設下極限的方式，乃是在特定使力程度時，藉由控制限制所能運用的肌肉量（本書第六章會進一步討論）。

就第一點來說，諾克斯和同事稱為「預期性調節」，這並不容易被察覺到，所以在此解說一下。在諾克斯之前的研究員早就提出過，大腦可能會接收身體其他部位的求救訊號，當症狀超出危急程度時，身體就會關閉運作。在高溫下運動便是一個典型的例子：如果身處高溫的室內，並在跑步機上跑到疲勞不已，在核心體溫達到約華氏一百零四度[18]（約攝氏四十度。攝氏一度為華氏三十二度）的臨界值時，大腦就會停止推動肌肉運動。諾克斯進一步指出，實際在大熱天跑十公里時，大腦早在身體達到臨界溫度之前就已介入，所以身體溫度不會升溫到華氏一百零四度然後突然倒下，而是會降慢速度，好讓身體維持在體溫低於此臨界值的速度跑步。

最具爭議的主張是，大腦會在身體真的求救前強迫你放慢速度，這個速度調節的本能，並不是完全自願的。諾克斯的學生羅斯・塔克（Ross Tucker）主導的一項研究顯示，自行車騎士體溫升高後，一開始以較慢的速度騎[19]，接著幾分鐘內，關鍵點出現後，大腦下令用到的肌肉量就變少了。在意識層面上，騎士拚命的程度未減弱（這是根據騎士回報的使力程度），但雙腿收縮的肌肉纖維硬生生變少了，這就是中樞調節天生的謹慎機制。拜訪開普敦期間，塔克解釋傳統看待的大腦角色與修正後觀點的差異：「以前他們視為關閉開關，但我們認為是調節控制。」

在雜亂的爭辯討論中，很容易迷失方向。這段拜訪期間，我花了數小時訪問許多學生、博士生、諾克斯的同事，以瞭解支持大腦主導耐力觀點的大小證據。有些長期存在的不尋常狀況，也和希爾模型的推測結果相反，例如在高海拔地區運動到疲勞時的乳酸濃度是低的[20]。另外，還有其他新發現：漱一口碳水化合物飲品[21]吐掉，就可以騙過大腦，立即提升體能表現；即使是嚴重脫水了[22]，馬拉松跑者仍可以刷新紀錄；像是泰諾（Tylenol）這類藥品，可以改變大腦機能[23]，在未改變肌肉或心臟機能之下提升耐力。

當被問到最能夠支持自己理論的證據時，諾克斯毫不猶豫地回應：「最後爆發」。同志馬拉松賽的選手歷經五十六英里的苦行後，最後為了趕十二小時的時限，為何還能拚出力氣在終點前衝刺呢？依據傳統生理學，跑步過程中，身體持續累積疲勞感，肌肉纖維會變弱，體內燃料也會燃燒殆盡。可是一看到終點，身體卻能夠加速衝刺。顯然在前面幾英里時，肌肉是有能力跑更快的，那麼為何沒有呢？諾克斯說：「這表示我們對疲勞的理解全是錯的。」想必是在長時間必須使力的過程中，大腦讓身體退縮了，但快到終點時，代表危機快要過去了，所以會釋放僅存的能量。

每當要評估科學理論時，我都盡量保持冷靜的態度，提醒自己要依據證據而非奇人軼事。但這一次，每當諾克斯解說時，我總會不自主地點頭。大腦的現象不僅很熟悉，而且從某層面看來，也可以說是我的勁敵。二十多歲時，我因為受傷困擾了幾年後，競賽項目從一千五百公尺轉換到五千公尺，距離更長了，但我的配速在比賽後段就是會逐漸減慢，但接著最後一圈時又可以飛快衝刺。包含我自己在內，每個人都疑惑為何後段那幾圈的速度會掉這麼多。一開始我怪罪於經驗不足，後來又怪罪自己缺乏注意力。或許這兩個理由都有幾分真實性，但感覺還有更深層的原因。

二〇〇三年，在我跑出後來證明是我最好的五千公尺成績之後，有個美好的晚上，我在加州帕羅奧圖市決定給自己新的心理戰術：要假裝只是跑四千公尺，完全不去擔心最後一公里是否只能慢跑。我希望每公里都能跑出二分四十五秒，而且我的前三公里表現分別為二分四十五秒、二分四十五秒、二分四十七秒。真相揭曉的時刻是，我開始努力跑第四公里，並發誓要使勁全力跑，但仍然一點一點落後其他同批跑友，只跑出令我失望的二分五十三秒。這已經是我能移動雙腿的最快速度了，但到了最後一公里，我的速度居然變得更慢。我太自不量力了，而且也付出了代價。

在大多數的賽道比賽中，跑者在進入最後一圈四百公尺時，工作人員會在他們耳邊敲響牛鈴，像是一個便利的巴夫洛夫式制約，告訴你痛苦幾乎快要結束了。這晚在史丹佛賽道上，一聽到牛鈴聲，我再次感覺雙腿不尋常卻熟悉的轉變。我超越了十位選手，最後一圈只花了約五十七秒，整整比其他圈數平均時間快了十秒鐘，而且雖然我只在最後一圈衝刺，但最後一公里的成績二分四十二秒也是當天自己最好的成績。我得慎重強調，在倒數第二圈時，我真的盡了全力加快速度。有個來看比賽的朋友還問我，是不是為了讓她驚喜，所以比賽後段故意放慢速度，然後最後再來個全力大衝刺？我回說：不是不是，我只是……。其實也無從解釋起，因為我也搞不懂呀！

結果，原來我不是唯一一個遇到這種問題的跑者。諾克斯給我看他和塔克、麥可・蘭伯特（Michael Lambert）在二〇〇六年發表的研究，是有關現代男子組八百公尺、一英里、五千公尺和一萬公尺比賽中，幾乎每一個世界紀錄的配速模式[24]分析。在這三種距離比較長的賽事裡，選手的配速模式意外一致。刷新紀錄的跑者先以快跑開始，後來配速會變穩定，直到比賽最後才會再變快。此外，雖然選手的跑速都比以前更快，而且缺氧的肌肉想必也充斥著誘發疲勞的代謝物質，但他們卻都能夠再加快速度。從一九二〇年代初期開始，五千和一萬公尺賽事中，共有六十六次新的世界紀錄，選手在最後一公里不是跑出最快的速度，就是跑出倒數第二快（僅次於第一公里）的速度。我自己配速不穩怪罪給能力不足自然不成問題，但這群選手都是在人生最出風頭的這一天，成為歷史上跑最快的人，因此他們的配速模式是根深蒂固的，並非配速失誤。

依據二〇〇六年《國際運動心理學期刊》（*International Journal of Sports Physiology*）的分析報告，長跑賽事世界紀錄的配速模式都相當一致，最後階段都會出現衝刺。較短距離的八百公尺賽事中，顯然沒有最後衝刺，本書第六章會探討原因。左圖中，兩種短距離賽事的區間分段為每四百公尺，而另兩種長距離賽事的分段則為每一千公尺。

根據英國艾塞克斯大學研究員多明尼克・米可瑞（Dominic Micklewright）的說法，配速是本能也是可以自行控制的能力。其實，米可瑞高中畢業後先加入英國皇家海軍，在核動力潛艇擔任潛水員七年，後來在倫敦當了九年警察，之後才開始研究運動心理學，所以並非循正規道路踏入學術圈。會對配速有興趣乃源自於軍中潛水工作，當時和其他學員在英國南部侯曦島

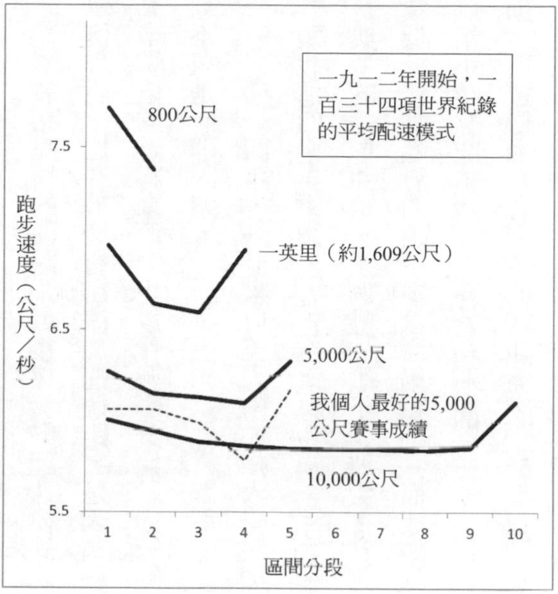

的一處鹽水湖，練習不吸完氧氣瓶就潛入水深一千二百公尺的湖底。米可瑞回憶說：「要是犯規被抓到，就會被槳猛敲頭，直接在水底被嚴厲斥責。」[25]因此，他們必須十分謹慎，盡可能節省體能與氧氣。

二〇一二年，米可瑞請來一百多位五到十五歲的孩童做一系列測試[26]，先是評估孩童的認知發展，按照瑞士心理學家尚・皮亞傑（Jean Piaget）提出的四個發展階段逐一分組後，再賽跑約四分鐘。屬於皮亞傑兩個早期階段的孩童年紀比較小，一開始都快跑，後來速度會逐步變慢，而且傾向不全力衝刺或死命衝。相較之下，屬於皮亞傑兩個晚期階段的孩童，已經出現跟世界紀錄選手一樣的U型配速特性：一開始快跑，逐漸變慢，最後會衝刺。換句話說，到了約十一、十二歲，我們的大腦就已經學會預測未來的能量需要，所以會先慢下來讓身體儲備能量。米可瑞推論，這是人類演化獲得的神聖禮物：獵食與儲存能量之間的微妙平衡。

對於諾克斯的論點：最後爆發的配速模式說明了中樞調節的作用。但並非每個人都採信。舉例來說，比賽最後有辦法加速快跑，是因為終於能夠使用寶貴但有限的無氧能量，這是一種高辛烷值的燃料來源，可以作為一分鐘以內短跑的能量來源。只是還有其他意見，認為最後衝刺不只是心理因素。

二〇一四年，一群來自美國南加州大學、加州大學柏克萊分校、芝加哥大學的經濟學者，一頭栽進四十年來超過九百萬名馬拉松選手的完賽時間[27]數據資料庫。完賽時間分布看起來像是典型的鐘形曲線，不過疊加了不少波尖。在每個關鍵的三、四、五個鐘頭時間障礙附近，成績低於鐘點臨界的選手數量多過預期，而成績只超出鐘點臨界一些些的選手數量則少於預期。以半小時為間距時，一樣有類似的波尖，但幅度比較小。至於十分鐘的間距，幾乎看不到波動。馬拉松過程有辛苦的代謝需求，必然會消耗原本儲存的燃料，這表示到最後幾英里，大多數跑者的速度都會變慢。不過，如果有合適的誘因，有些跑者就可以提升速度。而且，只有大腦能回應抽象的誘因，譬如在四小時內跑到任何距離，像是二十六・二英里。

該資料庫還發現另一個引人好奇的地方：跑越快的選手，越難在最後衝刺。三小時內完賽的選手中，有三十%的人在最後一・四英里加速；四小時內完賽的，有三十五%的人成功加速；而五小時內完賽的，有超過四十%的人順利加速。可能的解釋是，選手歷經長時間以來的訓練，比較有決心的跑者已經調適了中樞調節的作用，學會儲存能量盡量留少一點。或許還有另一個解釋，那就是放慢版的「只為眼下而跑」，也就是讓凡戴倫能夠逼近到極限的力量。我曾在五千公尺比賽裡，試著騙自己沒有要跑第五公里，而凡戴倫不用騙自己也會忘記，也算是因禍得福。

中樞調節的想法從一出現就頗具爭議。諾克斯回憶一九九六年演講後，「很多人都非常非常生氣！」一再有反駁聲浪出現，直到二十年後的今天，還是有反對意見。二〇〇八年，諾克斯發表於《英國運動醫學期刊》（*British Journal of Sports Medicine*）的論證指出，生理學家把重點放在最大攝氧量，「提出的是愚蠢的人類運動表現模型[28]」。隔年，加拿大多倫多大學榮譽退休教授羅伊・薛柏特（Roy Shephard）於《運動醫學期刊》（*Sports Medicine*）發文反擊，文章標題為〈「中樞調節」一說該退休了吧？〉。之後，又經過幾次交鋒，薛柏特下了個結論：「套用北美地區學者的說法[29]，對於提倡這個假定學說的人，現在時機是成熟了，『要不就繼續發展，不然就閉嘴』。」

諾克斯在二〇一四年從開普敦大學退休後，與他相關的爭議有增無減；諾克斯關於水分補給的著作《都要淹死了》（*Waterlogged*），幾乎把全球各地相關領域的頂尖研究員都批評了一遍，還包含前同事和合作夥伴，因為這些人為了運動飲料的商業利益背叛專業；諾克斯現在提倡，一般健康的人和運動員都適合低碳、高油飲食，等於否定了自己在《跑步聖經》一書，對營養與碳水化合物攝取量的看法。此外，他有一次發推特，建議哺乳媽媽讓嬰兒斷奶，改餵低碳、高油飲食，懲戒聽證會[30]因此威脅要取消諾克斯的醫療執照。

正當各種爭論持續交鋒之際，中樞調節的爭議性也逐漸淡化。雖然老一輩的生理學家，也就是和諾克斯的同輩學者，顯然不相信中樞調節一說，但他們也都退休了。另一方面，深受諾克斯影響的美國運動生理學會共同創辦人羅伯特・羅伯斯（Robert Robergs）說：「我們把自己歸類為新一代的運動生理學家，而且我們多數認為，諾克斯提出的一些質疑都很有道理呀！」到底大腦是否限制了人體耐力，已經不再是個疑問，現在的討論重點是，大腦是如何設限的？

要回答這個問題的一個方法，是觀察正在拚命運動的人的大腦，這個方法也是到近期才能完全實現。不過，雖然腦部影像技術是進步了，但依舊困難重重。藉由功能磁振造影（fMRI）技術，研究人員可以觀察到大腦不同區域的血流改變，雖然空間準確度高，卻無法捕捉到一、二秒內的變化。而且，待在有強烈磁場的隧道裡時，身體得維持穩定才行，但對運動研究來說，難度實在太高。我在開普敦拜訪期間，諾克斯給我看一段影片[31]，有一臺像是魯布・戈德堡[32]（Rube Goldberg）會有的鬼機器，是巴西合作夥伴打造的；受試者仰臥躺在滾筒隧道裡，腳踩十英呎的驅動軸去帶動安裝在外頭的自行車（因為核磁共振的房間裡不可以有任何金屬），同時為了確保靜止不動，頭部還塞滿大大小小的枕頭。二〇一五年，這臺機器的初步實驗成果出爐，結果顯示，受試者無法達到疲勞程度，而且觀察到的大腦活動情形也不清不楚。

也有研究人員試了腦電圖[33]（electroencephalography, EEG），在頭皮上佈滿電極，測量大腦帶電活動的情形。腦電圖的優點是可以即時測量大腦的真實變化，缺點是該技術對身體或頭部動作太過敏感，只要稍不留神或是眨眼就會影響測量結果。針對與疲乏有關的大腦區域，相關研究已經能夠提出解釋（本書第十二章會討論），此外還有研究利用電刺激相對應的大腦區域，嘗試增強耐力表現。

不過，這樣的作法恐怕很難準確描述中樞調節作用。塔克跟我說：「最大的一個問題是，中樞調節一開始是指特定的某個點，但現在看來好像是一整套的運作系統，接著學者就會說：給我看整套系統。」只不過，塔克推測，耐力不是大腦裡某個簡單的旋鈕，而是涵蓋大腦幾乎每個區域的複雜行為，所以要證明耐力存在（或不存在），是一項令人怯步的抽象挑戰。

說到底，想證明中樞調節存在最有說服力的方式，可能就是大家初次聽到該理論時最想知道的答案：可以改變耐力的運作方式嗎？是不是至少可以動用一點點大腦保護住的緊急能量儲存呢？有些運動員確實能夠從身體多擠出一些儲備能量，在最後衝刺時能擠出最多儲備能量的選手，自然樂意見到比較低的安全備用量。但是，這個結果真的是因為大腦的潛意識決定抑制肌肉的使用量嗎？還是對立理論所指出的，單純要看選手本身有多想贏？

第四章 知難而退

從馬可・波羅時代以來，絲路從來就不是容易達成的旅程。二〇一三年，山繆・馬科拉（Samuele Marcora）從倫敦騎著重機前往北京，橫跨歐洲大陸，行經一萬三千英里[1]，當然也不是趟輕鬆的路程。但不像馬可・波羅，馬科拉路上既沒有遇到龍，也沒遇到狗面人。不過，他們一行人搭乘蘇聯時代留下來的鏽損貨輪，花了十七個鐘頭越過裡海（位於亞洲與歐洲交界），還挺過破碎的道路以及土庫曼、烏茲別克、塔吉克、吉爾吉斯等國令人窒息的官僚作風（馬科拉暱稱為「斯坦」國家，因為這些國家的英文國名都有stan）。到了海拔最高達一萬六千七百英呎，空氣稀薄的青藏高原，機車就在看不到盡頭的細沙泥地上一路打滑。到了最後一站中國，時值雨季，只好在濕透的路面上破水前行。還有，馬科拉在烏茲別克傷了腳踝，離開尼泊爾珠峰基地營的路上又弄斷了肋骨，所以行經中亞會把骨頭震得嘎嘎作響的高低起伏地勢時，其痛楚更是加倍了。

從某種意義來說，這些苦差事本來就是預料之內的事，而且英國肯特大學耐力研究中心（University of Kent's Endurance Research Group）的運動科學家馬科拉，也正是因此才決定加入的。主辦這次旅行的是重機冒險旅行用品店「全球橫行重機車隊」。馬科拉的 BMW R1200GS Triple Black 三黑重機後頭，設有裝滿各種科學器材的「車籃研究室」，以便每日測量自己和十三個夥伴日益加劇的心理和生理煎熬。可吞式膠囊溫度計可以用來測量核心體溫、「bioharness」牌子的監測背帶可以記錄心律和呼吸速度、指夾式血氧儀可以測量血液中的含氧濃度、握力測量儀可以測量肌肉疲乏程度、可攜式反應時間測量儀可以評估認知疲勞程度等等。

馬科拉生長於義大利北部，青少年時期就開始對重機冒險旅行感到興趣。十四歲時展開第一趟長途旅行，從家鄉米蘭出發，獨自一人騎了超過一百英里，到瑞士邊界的馬焦雷湖市找女友。馬科拉在 50cc Fantic Caballero 越野摩托車的油箱上，貼了一張地圖，以研究各地的小路，因為依法他不能騎上高速公路。他也喜歡沒有動力的自行車，但廣義來說，他感興趣的是長期以來的人體耐力之謎。馬科拉成為運動生理學家後，早期在義大利馬貝運動服務研究中心（Mapei Sport Service）擔任顧問，發表了有關登山單車和足球運動的研究。從一九九〇年代到二〇〇〇年代初期，又在該機構為全球頂尖公路車隊提供科學優勢顧問建議。如同全球數千名的生理學家，馬科拉致力於釐清如何提升人體極限的一%，或只是一點點也好。

馬科拉半開玩笑說，義大利男人背後都有一個重要的女性——母親，所以是母親在他的職涯推了關鍵的一把，才有了全新的發展。二〇〇一年，馬科拉母親被診斷出「血栓性血小板低下性紫斑症[2]」，屬於罕見的自體免疫失調病症，全身的小血管裡都有微小的血凝塊聚集。發病一次後，馬科拉母親的腎臟受損，做了七年血液透析，最後還是做了腎臟移植。馬科拉不解的是，母親跟其他有類似病症的病患一樣得忍受極度的疲勞感，這個看似主觀的感受卻會快速劇烈波動，而且無法與人體任何一個根本原因扯上關係，因此也無法讓人聯想到其他像慢性疲勞一樣難以捉模的症狀。從運動生理學家只探究脖子以下的角度來說，疲勞的感覺會讓人感到虛弱，這個問題似乎令人完全無計可施。

為了解開謎團，馬科拉想到了大腦，並決定要向腦科專家的研究取經。二〇〇六年，馬科拉向任教的英國威爾斯班戈大學提研究休假，然後到該校的心理學院上課。幾年後，馬科拉整合運動生理學、動機心理學、認知神經科學，設計出全新的「心理暨生物」耐力模型，他認為運動的加速、減速、放棄都是自發的決定，而不是肌肉衰竭失去作用；換句話說，終究是大腦在操控著身體的疲勞感。這個想法不僅關係著重機騎士，也和馬拉松跑者有關。絲路之旅中，馬科拉轟隆騎著重機，沿路搜集車友的心理和生理狀況，為的就是要佐證自己的論點——即心智和肌肉是分不開的，也就是耐力是以大腦為中心。這與提姆．諾克斯的中樞調節想法有些相似，但仍有幾處主要差異。

二〇一一年，當時住在澳洲雪梨的我開了一百二十英里的路，經過藍山[3]，來到昔日的掏金熱點，但現今是人煙稀少的內陸城市巴瑟斯特。當地的查爾斯特大學正在舉辦「疲勞的未來：定義疲勞問題」國際研討會，該主題反應出當時的耐力研究領域，甚至對最基本的概念還是充滿爭議與疑惑。研討會一位主持人開玩笑說：「每次我要講『疲勞』這個詞的時候，我一定要括弧起來，因為我實在不確定這個詞的意思。」全球各地的科學家齊聚一堂發表想法，努力摒除歧見，達成共識。其中有一位特別的講者，也是我決定要開車來參加的主要原因，他的大名就叫做山繆・馬科拉。

研討會的前兩年，馬科拉不僅在研究圈聲名大噪，連閱讀《紐約時報》（*New York Times*）的一般大眾[4]也對他耳熟能詳，這全都是因為一項有趣的精神疲勞研究成功而引發討論。在研究中，他找來十六位志願者，測量這兩次騎乘固定式訓練臺自行車直到疲勞所需的時間。兩次測量之前，一次受試者得先花九十分鐘處理耗費精神的電腦作業，例如看閃過螢幕畫面的一大串字母，隨即打出相對應的字母，雖然不是特別困難的作業，但必須持續集中注意力，所以連續做九十分鐘的確非常累人；另一次則是要觀看兩段超級無趣的紀錄片（《世界級火車——威尼斯辛普隆東方快車》〔*World Class Trains—The Venice Simplon Orient Express*〕和《渡輪的歷史——最完整的故事》〔*The History of Ferrari—The Definitive Story*〕），都是特別挑選過的，「不帶有一絲情緒渲染」的作品。

從生理學教科書的觀點來看，實驗結果不是完全符合預期，就是完全無法解釋。完成消耗精神的電腦作業後，受試者會提早放棄繼續踩固定式訓練臺自行車，相較於另一組乏味紀錄片的十二分三十四秒，平均提早在十分四十秒就放棄了，時間縮短了十五．一％，但原因並非來自可以偵測的生理性疲勞，因為包含心跳率、血壓、耗氧量、乳酸、其他代謝測量值在內的數值，在兩次測量實驗裡都是一樣的。而且，表現最佳的人可以得到五十英鎊獎金，所以動機水平也是一樣的。兩次測量唯一的差異是，精神已經耗損的受試者表示，從第一腳踩下單車時，感覺就比較費力。當大腦疲勞時，踩腳踏車也感覺變難了。

馬科拉採用瑞典心理學家古納．博格（Gunnar Borg）於一九六〇年代發明的博格量表（Borg Scale），來測量運動自覺程度。該量表有許多版本，最初一版為六（「完全不費力」）到二十（十九是倒數第二個數值，表示「非常非常努力」），其實量表等級大約就是相對應的心跳率除以十。舉例來說，多數人在等級十三到十四表示「有些努力」，相對應的心跳率就是每分鐘一百三十到一百四十次。不過，博格認為，該自覺量表不單只是心跳率監測儀器沒電時的替代工具，他寫道：「我認為自覺程度評估最能描述身體用力的程度[5]」，因為評估過程涵蓋了肌肉關節、心血管以及呼吸系統、中央神經系統傳遞的訊息。

在巴瑟斯特研討會中，馬科拉進一步提出論證。自覺用力強度（〔Perceived exertion〕本書稱為「努力的感受」〔sense of effort〕）不只可以反映出身體其他部位的情形，更是最後的仲裁機制，這是最重要的。如果努力感覺得輕鬆，就可以跑更快；反之就會停下來。這聽起來很簡單，甚至有點像是廢話，但卻是相當深奧的一番說詞，因為我們發現，有很多方法可以調

傳統模式：

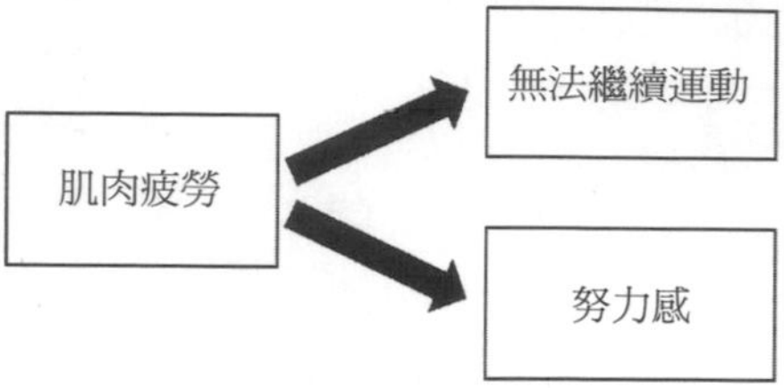

心理與生物耐力模型：

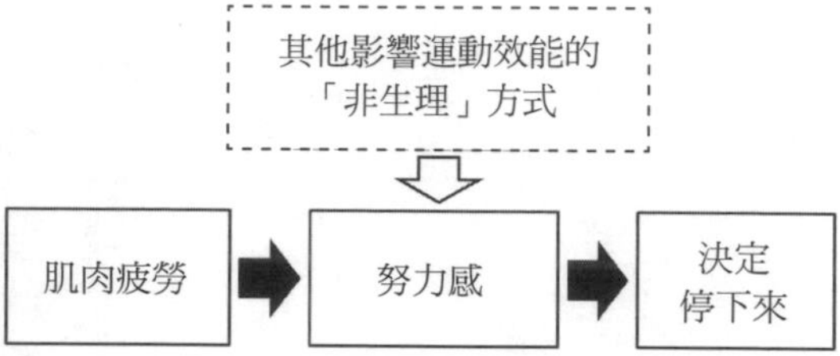

整努力的感受，進而改變身體的極限，卻沒有動到肌肉裡的變化，這部分本書之後會討論。例證：精神感到疲勞會增加努力的感受（介於馬科拉使用的博格量表等級一到二之間），所以耐力就會降低。根據定義，單車手的自覺用力強度達到等級二十時，就會決定放棄；而且當他們精神疲勞時，很快就會達到該等級。

傳統「人體機器」看待耐力的觀點（表格上）中，肌肉疲勞會讓身體直接變慢或停下來，至於身體感覺有多努力，其實只是伴隨的附加結果。山繆・馬科拉的心理與生物耐力模型（表格下）中，努力程度關係著疲勞與身體表現，意即改變自覺感受（例如潛意識的訊息、精神疲勞等）就能轉變耐力，所以和肌肉群毫無相關。

如果說馬科拉的心理與生物耐力模型中，努力程度是「陰」，那動機就是「陽」了。我們未必每一次都願意把自己逼到努力等級二十，這也是為何運動員久久才會創新紀錄，還有為何最好的成績常出現在練習的時候。馬科拉的演講提出法國研究員米歇爾・卡巴奈克（Michel Cabanac）在一九八六年的實驗案例[6]，該實驗已經是現代的經典案例；實驗找來志願者，測量他們倚著牆壁半蹲，最久可以撐多久，而且每二十秒就會給予不同的獎勵。若獎勵是每撐到二十秒就可以得到〇・二法郎，受試對象的股四頭肌平均在兩分鐘出頭就會投降了；但當獎勵增加到七・八法郎時，受試者的耐力就會翻了一倍，相當神奇。如果受試者倒下是因為肌肉撐不住了，那麼肌肉是如何知道獎勵變多了呢？

為了說明心智凌駕肌肉，馬科拉自己也有做類似的實驗[7]。他找來英式橄欖球菁英選手，測量騎單車的疲勞時間。騎乘目標是要踩踏出二百四十二瓦功率，大約是選手峰值功率的八十%，另外還提供現金獎品，以確保選手有盡全力騎到疲勞。選手大約可以撐到十分鐘。不過選手放棄後約三到四秒鐘，就再要求他們使出五秒爆發力踩單車。有趣的是，選手雖然才剛說放棄了，無法再踩出二百四十二瓦，但在後來的五秒衝刺中，卻平均踩出七百三十一瓦。研究人員認為受試者先前會放棄，並不是因為身體肌肉無法再踩出所需功率，而是被自己感覺到的努力程度所影響的結果。

巴瑟斯特的運動生理學研討會裡，馬科拉以其特有的熱情態度，清楚說明自己的研究案例。在一票幾乎都穿著寬鬆運動服的前運動員中，馬科拉勇猛的體格顯得出眾；他的襯衫沒有塞進去，下巴有鬍渣，講話偶爾會離題，還告訴大家他打算研討會結束後去騎澳洲大洋路。他在報告時，放了一張從近期發表的文章中，擷取下來的傳統耐力疲勞模型投影片[8]，內容複雜到讓人困惑。這是一張連結四十四個方格的流程圖，從心跳率到「粒線體密度／酵素活性」都有，並且還與廣義相對論和量子力學的方程式相比較。馬科拉說：「物理學家可以用兩個理論假設整個宇宙，但他們並不感到滿足。而耐力的表現很複雜，但並不會比整個宇宙複雜！」

馬科拉認為，另一個簡單的解釋就是，任何能讓你腦袋中的「努力調節器」（effort dial）轉上或轉下的東西，就會影響你可以跑多遠、跑多快。而身體的所有訊號，像是脫水、疲勞的肌肉、砰砰跳的心臟，則可以說明感覺有多努力。運動員訓練身體去習慣這些訊號，過一段時間後，要跑出某個配速的努力程度就會降低了。然而，像精神疲勞這類較不明顯的要素，其實也會影響跑步時的感覺，譬如說連續好幾個小時跑馬拉松，對大腦的負擔就很大。因此，馬科拉在研討會裡點出一個重要想法：就跟訓練身體一樣，如果可以把大腦訓練成更習慣於精神疲勞，那麼持續做某件事就會覺得容易多了。另外他還指出：「如果我跟你說：『好！你只要坐在電腦前打鍵盤，我就可以幫你精進耐力表現！』那你一定會覺得我很神經！不過，如果你做某件事會感到疲勞，只要有系統地一再重複做幾次，你就會適應了，也會做得更好。這其實就跟體能訓練一樣，因此我的論述很簡單：我們也可以利用精神疲勞達到同樣的效果。」

這套膽大的推測真是出乎我的意料，所以發表結束後，我利用休息時間跑去找馬科拉，希望瞭解更多。馬科拉當時在設計一項研究，想瞭解在沒有改變體能訓練計畫之下，只靠「大腦耐力訓練」，也就是會讓精神疲勞的數週電腦操練，是否可以讓受試者跑更快。只要逮到機會，我就纏著他問問題，馬科拉也很有耐心地回答我，最後還順加提醒：「參與過精神疲勞研究的受試者都沒有很喜歡，其實是很不喜歡！最後，大家都很討厭再做那些電腦操練了。」

一八八九年六月，義大利都靈大學期末即將結束之際，生理學家安傑羅・莫索（Angelo Mosso）針對同校教授，在期末口試結束前與後做了一系列的實驗[9]。每一位教授的中指都綁了一條掛了兩公斤砝碼的線，每兩秒就要動一下中指舉起砝碼後放下，接著用電擊強迫中指收縮。實驗發現，口試學生三個半小時後，教授能舉起砝碼的次數遠低於原本的次數，顯示老師的肌肉耐力因「腦力工作」衰減了。

一八九一年的《疲勞》（*La Fatica*）收錄了莫索的研究結果，成為第一份應用科學說明精神疲勞對體能影響的文獻，而且還起了重要作用。莫索和後來的研究學者阿奇博爾德・希爾和大衛・狄爾一樣，都是因為關心工業工作環境，所以才從事相關研究。莫索的兒子是名木匠，非常貧窮。當時硫礦礦區和西西里地區農場的工作條件極差，童工更差，曾被形容為「比奴隸還慘，比地牢還糟」，簡直不公不義。莫索認為，就像精神疲勞會使體能變衰弱，兒童礦工因為超時工作，身體疲勞阻礙其心理發展，因此「品行變壞、個性變殘酷的童工，才能一路撐過來」。藉由嚴密測量疲勞的影響，莫索希望能推動通過保護弱勢族群的法案，譬如：限制九到十一歲的兒童，在工作日最多只能工作八小時。

不同於一百二十年後馬科拉的研究結果，莫索的精神疲勞研究在當時並沒有特別撼動世界。那是在「人體機器」概念成為刻板觀念之前的時代，所以當時自然認為，人體能耐應該同時取決於意志力與肌力。隨著時間發展，莫索的看法逐漸被遺忘[10]，運動生理學教科書也不再談大腦在耐力裡扮演的角色，但卻傳入心理學的領域[11]，而心理學家也於一八〇〇年代晚期開始研究運動相關議題。

一八九八年，美國印第安納大學心理學家諾曼・崔比特（Norman Triplett）[12]，探討為何比起一個人騎單車，單車手有伴一起騎的時候，就會騎得比較快，這個研究被視為競技運動心理學成為獨立專業科目的起點。在空氣動力學發展初期，崔比特把它稱為「吸力理論」（Suction Theory）和「遮蔽理論」（Shelter Theory），他曾經考慮過心理學的解釋，例如連結心智和肌肉的「大腦焦慮」（brain worry），以及大量運動會讓血液「中毒」，進而「麻痺大腦，並削弱大腦指揮與刺激肌肉的能力」的觀念。崔比特甚至懷疑，騎在別人後方時，會被前車輪胎的律動催眠，「肌肉受到激勵」，因此提升騎車速度。不過，這個領域並未開始發展起來；一九二五年，第一所專門研究競技運動心理學的中心成立於美國伊利諾大學，但因為未能吸引關注，缺乏資金，於一九三二年逐漸停擺。不過，到了二十世紀下半葉，競技運動心理學獲得認可而成為相關的子領域，並在與大腦對耐力有關的影響議題上，自行發展出一套理論。

一九九〇年代，我還在念大學時，我們學校田徑隊請來一位競技運動心理學家，介紹一大堆可以幫助我們達到最佳表現的技巧，像是意象訓練、放鬆訓練等等，但我們整個課程中都在嬉鬧。不過我們記住了一個五步驟的自我對話技巧，這是為了預防比賽時出現負面想法的技巧。這五個步驟是：辨識、拒絕、放鬆、重建、（中斷後）繼續（Recognize, Refuse, Relax, Reframe, Resume）。以前在做時間較長且耗勁的操練時，我們就會對開始沒力的隊友大喊這五個步驟，但其實都是鬧著玩罷了，我們沒有真的套用這些技巧，因為我們清楚知道，想贏得勝利就是想辦法擠出最多的氧氣給最健壯的肌肉群就對了。

馬科拉身為運動生理學家，會利用研究休假期間去上心理學的課，為的就是要拉近心理學和運動生理學之間的分裂。他認為，真正通用的耐力理論要能夠用一套理論架構，同時解釋心理與生理層面的因素，譬如：自我對話和運動飲料如何影響你的運動表現。馬科拉提出的心理與生物耐力模型裡，傳統競技運動心理學技巧和實際生理表現之間的連結，突然好像可以成立了。畢竟，以馬科拉的觀點來看，主要掌控耐力的就是努力程度，基本上就是心理學的概念。

舉例來說，一九八八年，德國曼漢姆大學和美國伊利諾大學的心理學家做了一項著名的研究[13]。志願的受試者要像狗狗咬骨頭那樣用牙齒咬住筆，這樣就動用到了部分微笑肌肉群，另外也要像含吸管一樣用嘴唇含住筆，藉以啟動皺眉肌肉群；接著給受試者觀看一系列《遙遠的一方》（*Far Side*）卡通，並依據好笑的程度給分。當然就是（某種程度）有在微笑的受試者容易覺得卡通好笑，以十刻度的量表來說，約高出了一個刻度。實驗驗證了「臉部回饋機制」的假設。這個想法可以回溯到查爾斯・達爾文（Charles Darwin）：就像情緒會誘發身體反應一樣，身體反應也可以加劇或甚至引起相對的情緒感受。後續相關實驗進一步擴展到一連串的相關心理狀態實驗，譬如：微笑會讓你更開心，增強安全感；而且有趣的是，還能改善與努力有密切關係的認知放鬆度（cognitive ease）。

這也可以套用在運動的努力上嗎？馬科拉運用肌電圖（Electromyography, EMG），記錄受試者的腿舉起啞鈴或是騎單車時的臉部肌肉活動情形[14]，並發現在劇烈運動時，受試者表示努力和啟動皺眉肌肉之間有很大的關聯性。後來，還有位臺灣的研究員[15]發現，咬緊下巴的肌肉群和努力程度也有相關性。因此，教練長久以來都告訴跑者要「臉部放鬆」、「下巴放鬆」，還真不是巧合而已。提倡臉部放鬆技巧最出名的人就屬短跑教練巴德・威特[16]（Bud Winter）了，他是在二次世界大戰期間訓練引航員時，磨練出這項訓練技巧的。一九五九年，《運動畫刊》（*Sports Illustrated*）採訪威特訓練跑者的情形，當短跑愛徒疾馳而過時，威特向記者解說：「你注意他的下唇，要是他下唇放鬆，跟著跑步晃動，那麼他的上半身就是放鬆的。」威特還直接示範跑步時的最佳臉部表情給記者看，一邊用手指輕彈自己放鬆的下唇，一邊說道：「要像這樣鬆鬆的才行。」

根據馬科拉最為引人注目的實驗發現，其實微笑與其他臉部表情具有更細微的影響力。這項實驗是馬科拉和在英國威爾斯班戈大學的同事安東尼・布蘭西菲爾（Anthony Blanchfield），以及詹姆士・哈帝（James Hardy）一起合作的。他們預先設定車速，然後付費請來十三名受試者踩固定式訓練臺自行車，直到踩不動為止。這類的疲勞時間測量方法，已經是體能測量的成熟方式，不過這個實驗中卻暗藏了一項心理元素研究。當受試者踩踏板時，前方螢幕固定每十六毫秒就輪番播放開心和哀傷的表情，這個頻率比一般眨眼的速度還要快上十到十二倍。若前方出現的是不開心的表情[17]，受試者平均可以騎差不多二十二分鐘多一點點，但若看到的是開心表情，則可以多騎三分鐘，而各個時間點的努力程度也比較低。見到一張笑臉甚至會下意識喚起放鬆的感覺，然後影響當下像是騎單車，或是其他工作困難程度的感受。

有了以上研究結果為基礎，運用競技運動心理學以扭轉努力的感受，似乎不再遙不可及。為了進一步證明，馬科拉和同事做了一項自我對話技巧介入的簡單實驗[18]，正好就是二十年前我和隊友打鬧開玩笑的心理技巧。他們找來二十四位志願者測量疲勞時間，並在兩週後的第二次測量前，讓一半的志願者學習簡單的正向自我對話技巧，練習各種不同的短句，包含從剛開始運動時（「我感覺很好！」）到運動後期階段（「撐過去吧！」）並在練習時找出對自己最有效、最適用的短句。果然不出所料，在第二次測量中，有學習自我對話技巧的受試者比控制組多騎了十八秒，而且全程中自覺用力強度的爬升速度也比較慢。所以，在腦海裡的文字就跟笑容和皺眉一樣，具有帶出相應感受的影響力。

隨著馬科拉和車友一路轟隆騎過歐洲和中亞，他們的體格日益健壯，體重減輕，握力變強，而且有氧適能也增強了，可是他們也越來越疲倦。每天出發前和結束後，馬科拉都會做「精神動作警覺度測驗」，車友必須看著不規律的閃燈，在小小的手持裝置上快速按下按鈕。平均來說，早上的反應時間約為三百毫秒，但騎乘超過九小時後，反應時間會增加到三百五十毫秒。對於在山裡快速通過死角，或是得緊急轉彎閃過閒逛的山羊，這五十毫秒足以構成重大影響。當行經青藏高原時，稀薄的空氣加劇大家的精神疲勞程度，因此時間增加的幅度最明顯，每天騎乘結束後的平均警覺度測驗激增到四百五十毫秒。

還好馬科拉有強力對策——塞在車籃研究室裡的還有私藏的軍方咖啡因口香糖，每顆含有一百毫克的咖啡因，可以由口腔內膜快速吸收。不過，其實只有一半是能快速能量補給的軍規口香糖，另一半則是作為安慰劑的一般口香糖。每天午餐過後，馬科拉會吃六顆口香糖，但這些口香糖都事先處理過了，所以連他自己也不知道放入嘴裡的是安慰劑還是真含有咖啡因。旅程結束後整理資料時，結果相當明顯：有吃咖啡因口香糖的那幾天，當日騎乘結束後的反應時間完全沒有變長。

咖啡因能夠提升力氣並不是祕密，運動員甚至不用靠喝咖啡，而是直接服用咖啡因錠[19]來攝取咖啡因，不僅合法還是廣為普及的作法。在馬科拉眼裡，這說明了為何一切終究與自覺努力程度有關。解釋咖啡因能提升力氣與耐力的理論有許多種，有些理論認為是咖啡因直接增強了肌肉收縮，有些則認為咖啡因可以強化脂肪氧化（即燃燒脂肪），所以代謝產生額外的能量。馬科拉認為最富說服力的解釋是，咖啡因能夠關閉大腦偵測腺苷的感受器，而腺苷正是與精神疲勞有關的「神經調節物質」，因此身體避開了生理疲勞感，努力感減輕，就能再使力，運動更久。

馬科拉指出，或許騎重機看起來不像是典型的耐力測試，卻能模擬軍人遇到的需求。兩者皆是穿戴厚重不透氣的裝備，從事中度體能活動，但要持續好幾個鐘頭保持高度注意力和專注力，而且也都可能會因為一個閃神而致命。因此，馬科拉的許多研究，像是咖啡因口香糖以及「大腦耐力訓練」，經費多來自英國國防部，因為該單位相當關注如何擊退心理與生理疲勞的議題。

另外還有一種與重機騎士和軍人的持久專注力有高度相關的認知作用，稱為「反應抑制」（response inhibition），意指用意識去壓抑衝動的能力。一九六〇年代，美國史丹佛大學心理學家沃爾特・米歇爾（Walter Mischel）著名的「棉花糖實驗」[20]，測試的就是反應抑制能力。在實驗中，學齡前孩童被告知有兩個選擇，一是直接吃掉眼前的一顆棉花糖，二是等待十五分鐘後，可以吃到兩顆棉花糖。經過數十年的追蹤發現，可以抗拒誘惑最久的孩童，後來的學業成績表現比較好，學歷較高，身體質量指數也比較低。還有其他研究發現，反應抑制力較低的人，與可能會離婚甚至對強效純古柯鹼成癮的人具有關聯性。

沒有人觀察過棉花糖實驗中表現出色的孩童，是否比較可能成為耐力運動的冠軍，不過應該是比較有可能才對。重機騎士和軍人的衝動抑制能力非常重要，因為他們得忍住不讓心智飄走，這和馬拉松選手與耐力運動員面對的挑戰很相似。試想把手指頭放到蠟燭火焰中，一般人的直覺反應是，感覺熱的時候就會迅速抽回手指；然而耐力運動極限的本意，就是要控制直覺反應，這樣手指頭才能更接近火焰一點，然後待著不動幾秒鐘、幾分鐘，甚至好幾個小時。

二〇一四年，馬科拉和同事運用史楚普實驗（Stroop），測試受試者的反應抑制能力[21]。在實驗中，螢幕會出現彩色文字，受試者要根據出現的顏色按下所屬按鈕，其中的困難點在於，文字本身其實就是顏色的名稱，譬如看到以藍色字體出現的「綠色」兩個字，就要克制想按下綠色按鈕的衝動，因為藍色按鈕才是正確答案。受試者前後作答兩次，一次是字意和顏色不相搭配，所以需要反應抑制能力，另一次是字意和顏色互相搭配，以作為控制參照結果。兩次認知作答後三十分鐘，受試者必須上跑步機，以最快的速度跑完五公里。

實驗結果相當明顯，在做了需要反應抑制能力的測驗後，即使受試者未感到生理疲勞，剛開始跑五公里的速度顯然比較慢，而且跑步過程中的自覺努力程度也比較高，最後跑完的時間也慢了六％。該實驗結果指出，反應抑制能力是耐力的重要心理成分，而且反應抑制能力是有限的，過度使用就會呈現低迷。把手指頭放到火焰裡（或是必須專注作答狡猾的電腦測試）一樣也需要付出心理上的努力，這份努力就跟移動雙腿的努力一樣真實。

最好的運動員除了擁有優質肌肉，也要具有優越的心智，這句話真是老掉牙！用反應抑制能力就可以驗證這句話了，所以澳洲坎培拉大學和隔壁的澳洲體育學院決定，一起和馬科拉合作以下實驗。實驗找來十一位專業菁英單車手，和九位受過訓練的業餘單車手，前後要完成兩次二十分鐘計時賽。計時賽開始之前，一次要先做三十分鐘史楚普實驗，以消磨車手的反應抑制能力，另一次則要先盯著全白螢幕裡的黑色十字符號十分鐘，以做為控制的參照結果。

第一個有趣的發現是，職業選手的三十分鐘史楚普實驗成績非常好[22]，平均有高達七百零五個正確答案，相較之下業餘選手只答對五百七十六道題目。也就是說，要分辨出職業選手，除了心臟大小、肌肉的微血管數量、乳酸閾值等等之外，可測量清單上還可以再加上反應抑制能力一項。

第二個有趣的發現是，做完測試反應抑制能力的史楚普實驗後，受試者展現的計時賽成績。業餘選手因盯著閃爍文字，造成精神疲勞，所以成績比控制參照值慢了四．四％。另一方面，專業選手的速度則完全沒有慢下來，騎乘的速度一樣快，絲毫不受影響，這顯示至少能成功克服三十分鐘史楚普實驗造成的精神疲勞影響。

這個研究結果有兩種解釋方式；一是職業選手天生擁有優異的反應抑制能力與抗拒精神疲勞的本事，所以才會成為菁英運動員；二是長年的訓練幫助職業選手培養出克服精神疲勞的能力，就像鍛鍊出能抵抗生理疲勞的身體一樣。哪一個解釋才是對的呢？我猜兩種都解釋了一些，而且確實有少量證據顯示，部分能力是會遺傳的，但也可以藉由訓練獲得改善，因此又帶出了一個大問題：增強心理耐力最好的方式是什麼？馬科拉於二〇一一年巴瑟斯特研討會中指出，藉由一再重複施作特別設計過的認知訓練，例如史楚普實驗，便可以達到某種形式的「大腦耐力訓練」，幫助運動員勝出。第十一章會討論筆者前往英國肯特大學參加大腦訓練營，並運用所學技巧，花了十二週訓練自己參加一場馬拉松賽。馬科拉也在軍方贊助的實驗運用了這套技巧，初步結果顯示，他的研究將有很大的搞頭。

本章內容清楚說明了，討論耐力極限就必須考慮到大腦和自覺努力程度，但這也不是說馬科拉的心理與生物理論就是正確的。事實上，也不是所有人都認為這套理論算是新穎的想法。二〇一〇年時，我問過提姆・諾克斯有關馬科拉的理論，當時他就表示，這個理論分明只是把中樞調節理論稍加修改罷了，並說道：「我們和他的理論（諾克斯顯然是要劃分清楚）唯一的差異之處在於，一切都是意識在控制的。」

兩派理論的差別在於有意識和無意識，也儼然成為雙方一觸即發的引爆點，但這個差別其實不如字面上看起來明顯。馬科拉的確指出，加速、減速和停止的決定都是有意識的、自發的，但他也承認，實際上是那股無法容忍的強烈努力感，逼迫你做出這樣的「決定」。此外，更重要的是，還有許多意識未能察覺到的因素也會影響「決定」，最明確的證明就是馬科拉自己做過的潛意識影像實驗。另一方面，諾克斯和團隊對於努力、動機、意識決策過程這幾點倒也沒有異議。當你在跑馬拉松時，並不是中樞調節阻礙你衝刺跑第一個一百公尺的（這部分已經由一個擁有熱血靈魂的跑者證實過了，而且馬拉松一開始就衝刺，到後面就得付出代價）。

不過，諾克斯和馬科拉的理論之間還真有些差別，尤其在徹底精疲力竭時最為明顯，但多數人就算有過，也很少達到徹底疲勞的狀態。假設你來到健身房，跑步機設定在每小時十英里，你決定試試自己能跑多久。此時，大多數人會決定停下來，純粹都是自願的，這單純是因為要付出的努力已經超過自己願意承受的程度了。但是，如果你跑的是奧運馬拉松最後一英里，金牌在即，卻和身旁的對手未能分出高下，此時先放鬆並放慢速度的跑者，很難說是因為覺得要付出的努力太多，是因為動機不足。諾克斯會說，是這位跑者的大腦控制了潛意識的欲望，為了避免重要器官受損，所以決定降低肌肉使用量。不過，這個過程不只是無意識的，而且還與跑者有意識的決定完全矛盾。對於有認真跑過步的人來說，會感覺上述延伸解釋的部分比較對。

當然，另一個解釋是，這種真正最大努力與動機的場景，把你推到舊有的生理極限觀念，正如將近一百年前的阿奇博爾德・希爾提出的論點：肌肉疲勞或氧氣供給限制，讓你無法在奧運馬拉松最後一英里使出全力。二〇〇九年，我開始計畫寫這本書，當時的內容規劃都與提姆・諾克斯有關，以及其如何顛覆傳統以身體為主的耐力理論。我接觸到馬科拉的研究後才瞭解，沒有考顧心理層面的耐力解釋會不夠完整。不過，瞭解越來越深入之後，我又發現，有些生理學家根本都不採信這兩人的說詞，而是繼續相信人體的耐力與心、肺、肌肉大有關係；英國艾克斯特大學生理學家安德魯・瓊斯（Andrew Jones），曾經協助寶拉・瑞克利夫（Paula Radcliffe）創下世界馬拉松紀錄，他就是單純靠他的「破二計畫」研究室資料指出，埃魯德・基普喬格有能力馬拉松破二。此外，我也注意到，這些生理學家握有的證據也很強大，足以支持其觀點。

所以，到底誰才是對的呢？簡單版的答案是，科學家現在還在努力、費盡心思，甚至有時是痛苦地想找出解答，但目前看來是遙遙無期了。複雜版的答案，也是我覺得比較有趣的答案是，上述在健身房跑步機上跑步與在奧運馬拉松賽跑的比較結果，說明了答案沒有一定。因此，本書第二部分將探討，科學因素如何在不同情境中定義人體極限，包含疼痛感、氧氣、高溫、口渴、燃料，並發現有些符合諾克斯的說法，譬如：即使沒有完全把運動飲料喝下肚，也可以增強耐力。另外也會討論，母親為了保護孩子，在情急之下是否真的能舉起一輛車。以及，透過脊椎注射化學物質，以暫時排除大腦設下的極限訊號後，運動員可以一路使用肌力到臨界點，但夢寐以求的境界卻成了一場惡夢，到底是發生了什麼事呢？

兩小時　二〇一六年十一月三十日

有個遊民睡在門口，骯髒的褐色睡袋拉鍊一口氣拉到鼻子邊，以擋住外頭的毛毛細雨，頭邊有雙擺放整齊沒淋到雨的 Nike 運動鞋，清新、亮眼、乾淨而且鞋帶還是螢光黃的。我心裡暗想：這就是波特蘭市。我在市中心慢跑幾個街區後，回到旅館沖澡，接著就和大衛・威利（David Willey）一起去 Nike 精心規劃的超大全球總部，去看看他們打算如何比我的預測早半世紀，成就馬拉松的新紀錄。

抵達總部後，我很快就發現，「馬拉松破二計畫」並不是行銷部門一時想出來的點子。接待人員引導我們通過管制站，進入Nike運動研究室[1]，還慎重告知該區嚴格管制，連 Nike 員工也沒有幾個人能進來。接著，我們通過走廊尾端的巨幅壁畫後，路面變成兩倍寬，這是兩條橡膠跑道。計分板上，小方格拼湊成的字樣寫著「一：五九：五九」。這裡約有二十名工作人員，多為全職員工，已經著手祕密計畫近兩年的時間了。雖然 Nike 不願透露投資金額，但顯然是數百萬，甚至數千萬美元這種數字。

這個計畫背後突破障礙的科學是什麼呢？只要說得出口，Nike 就願意嘗試。這天的訪談一路進行到晚上，我們聆聽頂尖生理學家、生物力學家、產品設計師述說，他們花了多少時間絞盡腦汁，想辦法從疲勞不堪的肌肉群多擠出幾英吋的距離。有些想法太瘋狂，像是把手臂固定在身體兩側，避免晃動而浪費力氣，真慶幸沒真的拿出來用。研究室主任馬修・奈斯（Matthew Nurse）談到，前菁英跑者馬特・特根卡普（Matt Tegenkam）曾試穿過特殊設計的彈力背帶吊索，雖然能顯著提升運動效率，「但他不願意穿，因為穿起來像極了《活寶三人組》（*Three Stooges*）！」另外，運動鞋部門正埋頭打造極度精簡的「馬拉松釘鞋」，為了減輕重量，此款設計原型的腳後跟為鏤空設計，但試穿過的跑者都不喜歡。

研究團隊最後聚焦在五大關鍵：挑選最棒的運動員、選擇最完善的跑道和環境、落實最好的訓練、提供最合適的營養和水分、裝配最先進的運動鞋和衣著。團隊以丹尼斯・金梅托（Dennis Kimetto）的二小時零二分五十七秒成績為例，解說可以改進的五大關鍵，不過團隊也承認有些進步空間真的很小。首先把寬鬆的運動短褲換成半截式緊身褲，運動背心添加凹陷紋理，然後小腿肚貼上具有空氣動力作用的貼布。衣著生理學家丹・朱德森（Dan Judelson）告訴我，一般馬拉松選手的服裝經過這樣全面改造後，可能可以在一場全馬裡省下「約一到六十秒的時間……哪怕只是一秒鐘，也都非常重要；要是哪一個小細節沒注意到，結果跑出來的成績是二小時零一秒，那我們肯定嚥不下這口氣。」

從搜集到的資料來看，有兩個因素可以帶來很大的好處。第一點是 Nike 設計的新鞋款不薄反厚，鞋底襯墊採用最新型海綿，比以前的鞋款更輕，彈性也更好；碳纖維鞋底的弧度增強支撐力，可以避免軟趴趴的鞋底浪費力氣。這雙鞋也悄悄送往科羅拉多大學做外部測試[2]，結果顯示，平均可以提升四％的效率，這是相當令人驚豔的數據。如果正式上市勢必會引發市場熱議，因為大家可能不會相信，真的會有這麼大的效果；或是相信了，但覺得應該禁穿這款鞋參加比賽；不過，這款鞋並未違反任何一條規定。現在，我倒是開始認真覺得，Nike 可能要破紀錄了。

第二點是「跟跑」。我在二〇一四年的分析報導裡說了，即使天氣風和日麗，光是對抗空氣阻力，馬拉松兩小時就得付出多達一百秒的代價[3]，因此跑速必須維持在每英里四分三十五秒才行，這個速度似乎有些遙不可及，而且對多數人來說根本是在短跑衝刺。回到一九七〇年代，當時有份研究指出，跟在別人後面跑，可以省下額外的努力[4]，不過在實際的比賽中，很難緊跟在其他跑者後面。如果要跑出馬拉松兩小時，就要有一位一樣可以跑出馬拉松兩小時的跑者來當配速員，其實最好有很多位。可是，世界紀錄規定不能中途加入新配速員，所以 Nike 的解決辦法就是捨棄刷新世界紀錄的想法，這麼一來就可以安排一大群配速員輪流入場，帶領主跑者迎向終點。

但若選手的能力沒有趨近世界紀錄水準，做這麼多也是白搭，因此「馬拉松破二計畫」團隊和安德魯・瓊斯等外聘顧問，光是邀請世界頂級運動員到實驗室詳盡測量就花了十八個月，測量內容是一九九一年邁克爾・喬伊納強調的三大關鍵參數：最大攝氧量、跑步經濟性、乳酸閾值。

瓊斯來自英國威爾斯，衣著考究，輕聲細語，最廣為人知的事蹟應該就是和馬拉松名人寶拉・瑞克利夫合作。瑞克利夫在青少年時就已經展現天賦，那時瓊斯是名研究生，並提供跑步建議給瑞克利夫。二〇〇二年，瑞克利夫準備參加首場馬拉松賽，儘管當時的世界紀錄是二小時十八分四十七秒，但瓊斯在賽前就認為，瑞克利夫可以跑出二小時十八分的佳績，可說是相當大膽的預測，結果瑞克利夫到倫敦跑出二小時十八分五十六秒。同年的芝加哥馬拉松賽，瓊斯的賽前預測是二小時十七分，結果瑞克利夫跑出二小時十七分十八秒。隔年春天，研究室估算可以跑出二小時十六分，結果瑞克利夫在倫敦的跑績是二小時十五分二十五秒，至今仍是無人可破的世界紀錄。即使阿奇博爾德・希爾也會相當引以為傲。

我在比佛頓市聽著瓊斯說起這段故事。瓊斯與瑞克利夫的合作經驗，讓我們對於以跑步機測試來預測似乎不可能的結果，有了信心。不過他們也強調了其他必要的無形因素。瓊斯說：「瑞克利夫傷害自己的能力也是史無前例的。」因此，「馬拉松破二計畫」團隊除了跑步機測量、跑道試跑、詳盡分析選手跑步紀錄之外，也會評估選手的內在素質，考量點包含選手自以為是的程度、面對挑戰的反應，還有其他可能對達成目標有利或有弊的想法和態度。

最後選出的三位選手，此時都在比佛頓市做進一步的測量和訓練，這個組合很令人驚喜而且皆當之無愧。他們分別是，埃魯德．基普喬格，三十二歲，稱霸奧運馬拉松，是史上跑第三快的馬拉松跑者，被公認是現今地球上最厲害的馬拉松好手；澤森內・塔戴斯（Zersenay Tadese），三十四歲，厄利垂亞跑者，半馬世界紀錄保持人，早期研究中被列為研究室測得效率最高的跑者成員；勒利薩・戴西沙（Lelisa Desisa），二十六歲，衣索比亞跑者，拿過兩次波士頓馬拉松冠軍，實力證明是比賽交鋒時的勇猛對手。

接下來幾天，我們看著科學家團隊幫選手找出合適的配速。選手還穿著短褲和背心，身上貼了八處無線體溫計，輪流進入溫度只有華氏五十度的冷房裡，以模擬預期比賽日會出現的氣溫，然後測量選手對低溫的反應。另外，科學家測量跑步效率時，選手必須試穿不同鞋款，好為每位選手量身製作合適的碳纖維鞋底支撐。只見基普喬格踮著腳尖、小心翼翼走上跑步機後，有位科學家到跑步機後方就定位觀察。基普喬格生平第一次上跑步機，是在該計畫的初選階段，這次是第二次，所以才會猶如小鹿斑比走到冰地上四腳胡亂揮舞的慌亂模樣。瓊斯後來透露，基普喬格測得的數據非常一般般，令人意外，原因可能是因為不習慣跑步機，因此後來團隊決定，不理會這位奧運冠軍極為普通的實驗室數據。

由於語言不通，所以無法透徹瞭解塔戴斯和戴西沙對這項計畫的看法，但透過口譯員，我們得到巧妙但果決的回答，總之他們覺得馬拉松兩小時非常困難，但因為 Nike 的協助（可能還包含一大筆收入），所以很樂意試試看。基普喬格的英文很流利，給的答案就不一樣了；他講話非常柔和，小聲到感覺得靠近一點，瞇著眼認真聽才聽得到。另外我和威利都同意，他散發出來的態度和氣場，有一股沉著冷靜的自信。我很好奇，是不是贏了奧運金牌就會有這種氣場？還是要先有這種氣場才能贏得奧運金牌呢？

在波特蘭待了一週之後，三位選手各自回到肯亞、厄利垂亞、衣索比亞。就跟當今多數最厲害的長距離跑者一樣，他們都是在沿著東非大地塹一帶的東非高原出生、長大、鍛鍊的。此區海拔至少超過六千英呎，空氣和氧氣都很稀薄，跑起來格外辛苦，也促使身體產生了一些適應表現，例如增加了負責從肺部傳送氧氣到肌肉的紅血球。事實上，在這種環境下出生的人，一輩子肺活量都很大。美國歷史上跑第二快的女性馬拉松跑者莎蓮・佛列根[5]（Shalane Flanagan），出生於波德市（海拔五千四百三十英呎），美國出生的男性馬拉松選手中就屬瑞恩・霍爾（Ryan Hall）跑最快，他則是在大熊湖鎮（海拔六千七百五十二英呎）長大的。

一月底，一行十二人的 Nike 團隊，展開為期兩週的旅程，前往拜訪基普喬格、戴西沙、塔戴斯各自在家鄉的訓練情形。與使用高科技以精密計算微小的進步空間相比，非洲馬拉松訓練靠的是簡樸的生活和大自然的磨練，是截然不同的兩種方式。團隊的外聘顧問菲利普・斯科巴（Philip Skiba）在肯亞的時候，我剛好打電話過去，他跟我說：「看到奧運金牌選手訓練完後，從井裡拉起一桶冷水，這情景讓我感到十分謙卑。」

這趟非洲之行的部分目的，是要與選手建立信任關係，但還是有科學任務。首席生理學家布雷特・柯比（Brett Kirby）與其小組，臨時完成一個測量風速的穿戴裝置，用來幫助選手瞭解，該如何跟跑才能達到最大效益。長跑前後則會用攜帶式超音波，來評估腿部肌肉群裡還有多少碳水化合物，以評估儲存能量消耗的速度有多快。另外，選手按照馬拉松兩小時配速做高強度訓練時，也會穿戴肌肉氧合感測器（以瞭解身體是否缺氧）；瓊斯跟我說，得到的數據顯示，即使是這麼快的配速，基普喬格仍持續保有「穩定的生理狀態」，這就跟快一百年前，哈佛疲勞研究室在克瑞思・迪馬爾身上發現的穩定生理狀態一模一樣。

這次最重要的任務是要找出，在比賽過程中三位選手該喝什麼、該喝多少。在標準的城市馬拉松中，每五公里會設置補給站[6]，不過「馬拉松破二計畫」估算，遞一瓶水會浪費七秒鐘，所以打算沿路騎著單車跟著選手，每三公里左右就補給一次。目標是要讓選手每小時可補充六十到九十克的碳水化合物，遠超過三位選手以前補充的量，但這可不是一件容易的事，因為這分量等於是要在比賽過程中，快速吞下四杯的熟義大利麵，所以需要練習。二十二英里的練跑過程中，科學家開車跟在戴西沙後面，定時遞上補給飲料；在隔天細問狀況時，戴西沙覺得好像喝了「很多」，但其實科學家總共提供了一千五百毫升的運動飲料，而他只喝了四百毫升。

非洲之旅結束後，團隊對於要排除阻礙馬拉松兩小時的各種生理障礙，例如肌肉、氧氣、高溫、口渴、營養，雖然感到樂觀，但也認為應保持謹慎態度。基普喬格這邊則認為，自己起了些細微的轉變。比賽將近時，我打電話到肯亞卡普塔加特村莊的訓練營，詢問他面對這項空前任務，做了哪些不同的準備工作。其實，當時基普喬格在印度德里的半馬比賽，創下最新的賽事成績五十九分四十四秒，也就是說，他即將以差不多的配速跑兩倍的距離。基普喬格跟我說，體能訓練和過去幾年一樣，「但我的心態有些改變了」。對基普喬格而言，破二的挑戰主要是在心理層面，因此很多人對這次嘗試的懷疑，是一種缺乏想像力的表現。當我問到其他肯亞跑者如何看待這次挑戰時，基普喬格回我說：「多數人都說，在他們死之前是不會有人破二的，但我希望我可以證明他們都錯了。」

不過，破二也不只是要克服生理障礙，或是展示心理素質有多強的挑戰，基普喬格一定會遇到難以忍受的痛苦。

PART 2

極限

第五章　疼痛感

二〇一四年的環法自由車賽一開始[1]，就要穿越崎嶇難行的英國約克郡荒野，四十二歲的簡斯・沃依特奮力迎戰，這是他連續第十七次參加的比賽。身為德國退役軍人，沃依特是整場比賽裡年紀最大的車手，但他似乎在表明自己不是來插花的。沃依特和另外兩位車手很快就脫離了主車群，隨著他們騎上今天的第一道爬坡，便逐漸與車群拉開距離。這天還有一百多英里，所以三人不大可能一直領先。沃依特大膽特異的出擊方式，倒是成功讓自己從謙遜老手成單車迷的偶像。

可是抵達第一個爬坡高點之後，不爭的現實就出現了。另外兩位一起脫離車群的選手輕鬆追上沃依特，只距離幾個車身而已，為的就是要贏取登山王的積分。沃依特清楚知道自己無法在後面的爬坡道或是終點衝刺超越他們，可是隊長卻在無線電那頭建議放慢速度保存體力。沃依特賽後回憶道：「我跟隊長說：『不對，不對，要反過來！要拿到登山王戰衣，現在就得拚一下！』」因此，沃依特加倍努力，在下一段爬坡前就甩掉另外兩位車手，雖然最終還是被主車群追上了，但還是贏得登山王紅點衫（polka-dot jersey）和敢鬥賞（most combative rider award）。簡而言之，沃依特在這場賽事的表現非常出色，賽後瑞典電視臺[2]問及如何在和對手拉開距離時對付疲勞，他回：「腿啊，閉嘴別吵！」這個回答讓他更出名了。

偉大單車手的特徵往往是特殊的生理極限，或是擁有特別會騎單車的恩賜，但沃依特十八年運動職涯來的唯一特點就是熱愛承受疼痛感。《單車週刊》（*Cycling Weekly*）指出沃依特「公開指出，疼痛感這種心理感受是要去搏鬥、壓抑，然後才能戰勝。或許正是因為這個原因，車迷才崇拜沃依特，將他視為主車群裡的硬漢。[3]」沃依特自己則認為，青少年時期住在東德，為了在競爭激烈的菁英運動學校出頭，自此留下深刻影響，並在自傳（《腿啊，閉嘴別吵！》〔*Shut Up, Legs!*〕）裡回憶道：「我覺得那幾年當中，我學會把疼痛閾值設得比別人高，應該比多數人高出十%到二十%，我不確定科學有沒有辦法證明這一點，但我堅信如此。」

在大眾的腦海裡（還有同義詞詞典也是這麼解釋的），耐力和受苦緊密連結。德國烏爾姆大學醫院研究員沃夫根・范德（Wolfgang Freund），專門研究運動員承受的疼痛感，他指出「沒有痛苦，就沒有收穫」是運動界常引用的一句格言，但對於需要技巧的運動，這種關係就更有得討論了。舉例來說，像是無人能敵的阿根廷足球明星迪亞哥・馬拉度納（Diego Maradona），「就曾幻想厲害的足球員是不用受苦的」。但是，單車手和其他耐力運動選手就無從避免了，而且知道如何處理疼痛感與成績表現大有相關。縱歐超馬（TransEurope Footrace）得連續六十四天橫跨二千七百八十九英里，途中沒有休息日，可以說是極度痛苦的賽事。為此，范德於二〇一三年發表了一篇反應真實情況的研究[4]，找來擁有超強耐力的選手，探討其忍受痛楚的實際情況。實驗先請十一位選手把雙手放入冰水中三分鐘，接著請選手評估疼痛感，滿分十分，平均認為是有六分疼痛感；另外也請來非運動員作為實驗控制組，但控制組平均撐到九十六秒，就已經覺得達到十分的疼痛感，最後甚至只有三個人完成這項三分鐘的實驗。

這個研究結果更加證明了，在其他條件一樣的情況之下，金牌得主會是願意承受多一點痛苦的選手。范德不是唯一發現受過良好訓練的運動員能承受更高疼痛感的人，其他學者也發現，一般體能訓練都能提升疼痛耐受度，特別是辛苦的高強度運動。不過，肌肉內的變化和腦袋裡的感覺，兩者的關聯性比你猜想的還要曲折。加拿大麥基爾大學疼痛與遺傳學研究室負責人傑佛瑞・莫吉爾（Jeffrey Mogil）博士指出：「疼痛不只是一件事」；跟視力、觸覺一樣，疼痛是一種感覺；也跟生氣、傷心一樣，是一種情緒；另外也跟肚子餓一樣，是會誘發動作的「驅動狀態」。對運動員而言，依據各自的特定情況，與上述各種作用混合之後，才能決定疼痛的功能。有時候疼痛會迫使運動員停下來，有時候會鞭策他們突破再突破。

在沃依特的職涯裡，為了幫車隊隊長爭取榮耀，大多數的時間都是在受苦。例如，二〇〇〇年奧運時的隊長哲・吳里克（Jan Ullrich）、其他公路賽的隊長依凡・巴索（Ivan Basso）、安迪・史萊克（Andy Schleck）等等。自行車運動需要的是縝密的團隊策略，另外，空氣動力學和賽場地勢的影響也很大，所以地點非常重要，但時間就不是很重要了。不過也有例外，某項挑戰就排除了這些無關的細節，只單純問單車騎六十分鐘，你可以騎多遠？你又願意承受多少苦來拚距離？二〇一四年是沃依特職業生涯的最後一季，除非不願意，不然這個時間點非常適合挑戰「場地一小時」（Hour），作為職涯的最後一場賽事，以向六十分鐘計時單車賽紀錄致意。沃依特解釋道：「這個比賽最棒的一點就是簡單[5]。一輛單車、一位車手、一段齒輪，沒有戰術、沒有隊友、沒有結束時的獎勵秒數。場地一小時就是要看你能承受多少痛楚，可說是揭露真相的一小時！」

一八九三年，法國著名的水牛自行車館（Vélodrome Buffalo，因水牛・比爾〔Buffalo Bill〕的馬戲團在此表演過而命名）締造了第一次場地一小時賽事紀錄[6]：三十五・三二五公里（只略少於二十二英里），首位紀錄保持人是控制欲強的記者和活動經理人亨利・德孔吉（Henri Desgrange）。十年後，德孔吉還創辦了環法自由車賽。後續幾年，挑戰場地一小時賽事發展為想要成為單車傳奇人物的管道，另外還發生許許多多插曲，譬如一次大戰前，有兩位法國人在三年內先後共破了五次紀錄，他們每次都很小心不要超越太多，以免下次無法再破紀錄（就拿不到獎金了）；還有一九四二年二次大戰期間，義大利明星車手弗斯托・柯比（Fausto Coppi）在戰火交加的米蘭克難完賽；一九六七年，賈克・安奎提（Jacques Anquetil）的紀錄未能列入正式紀錄，原因是大會要求安奎提賽後提供尿液作藥物檢測（在當時是新規定），但他憤慨地拒絕了。

最出名的紀錄[7]是在一九七二年，該年是比利時車手艾迪・莫克斯（Eddie Merckx）成績最好的一年，車迷還公認莫克斯是最棒的選手。十月底，莫克斯在墨西哥市挑戰場地一小時賽事，這是他當年度的第一百三十九場比賽。這年，他總共贏了五十一場賽事，包含環法賽和環義賽的總冠軍。但是，要不是因為環法賽期間胯下痛，莫克斯不得不放棄緊湊的賽事，不然也不會有短暫的時間準備挑戰場地一小時比賽。

莫克斯決定，如果他踩著特製的場地車，一路飛奔到山頂的賽車場，可能在途中可以順便小小破一下世界紀錄，但友人警告莫克斯，這樣一開始就得騎很快，非常不合理的快，但莫克斯卻回應：「也太過癮了！一開始幾公里就得忍受痛楚！」後來因為下雨延遲了幾天才出賽，一起步莫克斯就騎得飛快，一公里和五公里的時間都達到世界水準，十公里和二十公里甚至還刷新世界紀錄，但此時比賽開始才不到半小時；接下來幾圈他的速度變慢了，可見莫克斯承受的痛苦加劇，還開始在車墊上扭來擺去；完賽時，他總共騎了四萬九千四百三十一公尺（約略少於三十一英里），破了瑞典車手歐力・瑞特（Ole Ritter）先前創下的紀錄，超越了快半英里。依據記者麥可・哈欽森（Michael Hutchinson）的描述，莫克斯一下車就成了廢人，「他根本就動不了，也無法說話。最後終於能擠出幾個字時，只表示糟透了！沒有經歷過的人是無法理解的。」

觀看莫克斯比賽的紀錄影片，他的痛苦顯然是發自內心的真實感覺。但是，莫克斯所承受的痛苦有超過瑞特嗎？有超過八十年前的藍奇嗎？有超過二〇一五年，英國記者兼車迷賽門・厄斯本[8]（Simon Usborne）為了撰寫場地一小時賽事的專題報導而來比賽，而且還騎出四萬二千八百七十九公尺佳績嗎？（厄斯本報導中提到極度痛苦的感覺，就像「沒有真的往生的死亡感覺」，而且賽後有好幾天感覺瞬間老了三十歲）另外，有超過任何一個路人決定奮力踩一小時的痛楚嗎？如同各種流傳民間的智慧，其中一定有某個真理。

蘇格蘭斯德靈大學的心理學家卡爾・蓋斯伯（Karel Gijsbers），是首批研究運動員疼痛知覺的學者[9]，早在一九八一年他就和研究生一起在《英國醫學期刊》（*British Journal of Medicine*）發表論文，並引發熱議。他們找來三十位蘇格蘭國家代表隊的菁英游泳選手，做了一系列的疼痛測試，然後把結果跟三十位社團等級的游泳健將和三十六位非運動員比較。測試過程是先用血壓壓脈帶勒住受試者的血流，然後要求受試者每一秒鐘都要握緊和放鬆拳頭。「疼痛閥值」的定義是，不只是不舒服而是感到疼痛時需要的握拳次數；「疼痛耐受度」的定義則是，受試者決定放棄前的總握拳次數。

第一項發現是三組受試者的疼痛閥值基本上都一樣，大約落在五十下。莫克斯無疑已經證實了這一點，頂尖運動選手並非對疼痛感免疫，其實是和一般人一樣。不過，疼痛耐受度的部分就出現很大的差異，國家代表隊選手平均可以忍到一百三十二下才求饒，社團健將為八十九下，非運動員為七十下。蓋斯伯認為這個差異是因為，在訓練期間會有系統地承受強烈且間歇的疼痛，或許因此能利用像是腦內啡之類的大腦化學物質，又或許純粹是因為心理因應機制。另外，蓋斯伯以略為俏皮的口吻說：「根據報告，疼痛能為動機很高的運動員帶來莫名的滿足感。」

大多數的後續研究也證實此一發現：運動員的疼痛耐受度比較高，尤其是耐力運動員。不過，如同沃夫根・范德測量縱歐超馬選手的結果一樣，研究成果引發了先有雞還是先有蛋的問題：偉大的運動員是學習忍受比較多疼痛感，還是先天耐受度比較高，所以才成為偉大的運動員？雖然真相應該是介於兩者之間，但蓋斯伯有個有趣的註腳把答案指向前者，因為他發現，在不同季節測量菁英選手的耐受度，會呈現不同的結果。六月賽季如火如荼的時候，耐受度分數最高；十月賽季結束時分數最低，而三月是一般訓練期間，分數則是普普。

季節性變化的結果顯示，疼痛耐受度與訓練類型有關。二〇一七年，英國牛津布魯克斯大學兩位學者馬汀・莫里斯（Martyn Morris）和湯姆士・歐萊瑞（Thomas O’Leary）[10]的研究，正好也驗證了這個結果。該研究採用和蓋斯伯一樣的疼痛測量方式，就是阻擋手臂血流時的握拳測試。施測時間分別為六週集訓之前、中、後，在這期間，兩組志願受試者做的是中強度單車運動和高強度的間歇運動，兩組訓練量大約一致。透過測量最大攝氧量和乳酸閾值，確認過兩組受試者的體適能進步幅度也一致。

兩組有兩大差異點，一是高強度組的疼痛耐受度提升了四十一%，但中強度組則未見改變，這表示體適能變好了，疼痛耐受度也不會神奇提升，重點是如何鍛鍊，其實就是要受苦。二是，雖然兩組的體適能進步差不多，但從不同強度運動的疲勞時間測量來看，高強度組的比賽成績進步比較多；其中有項測試，比起中強度組提升了三十八%，高強度間歇組的時間則增加了一百四十八%。有趣的是，個人疲勞時間測量進步的幅度，與其疼痛耐受度增加幅度具有關聯性，這代表在止血帶實驗裡，能夠忍受比較多疼痛感的單車手，正是騎乘速度比較快的群組。

這可是重大的發現，訓練時的痛楚可以提高止血帶實驗的耐受度，進而推估比賽成績會變好，這種聯想自然是許多運動員也會想到的。舉例來說，鐵人三項選手傑西・湯瑪士（Jesse Thomas）就利用深層肌肉按摩課程作為疼痛訓練，他曾提過：「痛得不像話！[11]但我沒有讓疼痛停止，而是學習去接受痛感，盡可能去忍受，越多越好！」要確立莫里斯和歐萊瑞的研究結果之前，必須重新找一群人在不同條件下施測才行。不過，實驗結果至少說明，業餘運動員的疼痛耐受度會影響耐力極限，但耐受度可以藉由訓練培養。現在為未來的研究員留下了一個的好問題：只要耐受度變好或是感覺不到痛，運動速度就會變快嗎？

場地一小時賽事的部分好處就是簡單，但即使是最簡單的想法，也會遇到一堆官僚的法規和任意的指示。一九九〇年代，空氣動力技術改善了單車車體結構，再加上雷達定位科技，該賽事的紀錄在三年內進步了十％，來到五十六公里，因此國際自行車總會決定要制裁。二〇〇〇年，該會刪除許多成績紀錄，回推到艾迪・莫克斯的紀錄，並宣布以後的挑戰者都要跟莫克斯一樣，騎舊型有鋼絲輪和傳統彎把的單車。

在新規定中較為匪夷所思的是，只能有一個人在賽道旁邊為挑戰者提供建議，而且還規定不可以使用新型的計時裝置，連手錶也不行。這兩項突然出現的新規定根本沒有記錄在官方規則裡，而且是同時身為記者和錦標賽計時賽好手的麥可・哈欽森，於二〇〇三年出賽挑戰的前一刻，大會人員才臨時告知的訊息。另外，大會還不准哈欽森穿心跳帶，甚至到比賽開始後才發現，場邊的電子計圈器被關掉了，這些不利條件表示，哈欽森無從得知到底騎了多遠、多久，也無法預備好身體的反應。由於新規定與限制都在意料之外，挑戰開始四十分鐘之後，哈欽森就決定棄賽了。

接下來的十年，種種規定幾乎扼殺了車手挑戰的興致。直到二〇一四年，大會放寬規定後，賽事才獲得重生。這對於已經過了黃金時期，現年四十三歲的沃依特來說，是個非常好的時間點，剛好可以作為退休賽。沃依特可以騎乘現代的計時車，挑戰重新發燒的世界紀錄，而且二〇一四年當時的紀錄，只比一九七二年莫克斯騎出的紀錄多了幾百公尺而已。不過，外部回饋機制部分仍有許多禁令，譬如賽道邊只能有一個人、不可使用功率計、不可穿心跳帶等等。然而，即使只是抬頭瞄計分板，也會破壞符合空氣動力學的騎乘姿勢，因此最完美的騎乘就是漂浮在無感官存在的箱子裡六十分鐘。為了衡量自己的努力程度，而且騎上自己的極限邊緣，沃依特必須接受痛楚，要好好感受疼痛，還要像精密校正的車速表一樣讀取痛感。

疼痛感其實可能會有幫助的想法，並不是非常符合直觀經驗，哪一個車手、划手或跑者，不曾在比賽途中希望能對痛感免疫呢？但在某些情況下，阻絕痛感的確可以提升耐力。二〇一〇年，艾利克斯・莫格（Alexis Mauger）帶領的英國艾克斯特大學研究團隊發現，受訓過的車手計時騎十英里前，若服用一千五百毫克的乙醯胺酚（就是傳統的泰諾止痛藥[12]），會比只服用安慰劑時的成績高出約二%。車手服藥後，可以把心跳率逼得比較高，血液裡累積的乳酸根離子也比較多，不過自覺努力程度和沒服藥時一樣。研究員指出，痛感較低時會讓努力變得比較輕鬆，所以車手比較容易把自己逼到生理上真正的極限。

早從大小輪自行車時代起，傳統智慧就已經觀察到上述實驗室的「新」發現。早期場地一小時賽事的紀錄保持人，對於用藥一事根本不會感到難為情。一九四二年，弗斯托・柯比創下新紀錄時，被問到職涯中是否用過藥，他回答：「有的，必要時就會吃[13]。」接著，又被問到何時會需要？他答：「幾乎每一場比賽都需要。」柯比和下一代選手賈克・安奎提一樣，大多數時候都仰賴服用苯丙胺（即安非他命），以提升比賽當下的體能。但是，止痛藥也能發揮作用。一九五七和一九五八年，法國車手羅傑・利維爾[14]（Roger Rivière）接連締造場地一小時賽事的新紀錄，但在隔兩年的環法賽衝下一段陡坡時，他失控翻越一道矮牆，掉落六十英呎的深谷，摔斷兩節脊椎，導致癱瘓（而且才四十歲就因癌症過世）。醫師不只在利維爾的口袋找到止痛藥，血液裡也有止痛藥殘留物。利維爾一開始聲稱是煞車失靈，但後來承認是因為服用了右旋嗎拉胺（Palfium），一種類鴉片藥物，據說緩解痛感的效用比嗎啡高出三倍。依據朋友的說法，利維爾當時已經麻木無感，所以沒有扳起煞車。

不要過分抑制痛感的理由還有很多；二〇〇九年，當時服務於美國威斯康辛大學的研究員馬可斯・亞曼（Markus Amann）展開一系列實驗，調查如果車手完全感受不到痛感時會發生什麼事。亞曼和同事先在受試者的脊椎注射吩坦尼（Fentanyl，止痛用藥），阻斷神經叢[15]腿部肌肉傳送訊息到大腦，之後到固定式訓練臺自行車上使勁狂騎五公里。藥效真的非常神奇，受試者獲得許多運動選手夢寐以求的禮物，可以在無痛感的情況下全力使勁，所以能利用這個機會飆騎到冒煙。但是，實驗結束後，受試者竟然無法自行下車。亞曼回憶指出，有人甚至無法解除卡鞋，「沒有人有辦法走路」。

不過，實驗結果也述說了另一個意想不到的故事，雖然受試者暫時擁有超人般的能力，但騎乘速度卻沒有比只吃安慰劑時快，原因是騎乘的節奏速度毫無計畫，而且要求過高。亞曼的同事格列哥里・布雷恩（Gregory Blain）表示：「受試者一開始都感覺非常好，騎得飛快，但我們很清楚，他們等一下就會崩潰了。」神經被阻斷的車手開心飛快起步，但之後就開始變慢，到了一半距離時，車手仍然感覺不錯，但也開始感到困惑，不解雙腿為何不再回應大腦的訊號，這是因為先前魯莽的飛快騎乘，導致肌肉群失去作用（下個章節會再進一步探討亞曼的其他研究結果）。換句話說，失去疼痛感後，車手就無法自行調整騎乘節奏。

有一點疼痛感可以幫助調整速度，但太痛就會被迫降低速度，我很想把故事講到這兒，不過，由於疼痛在耐力運動裡的作用，引來越來越多研究人員關注，故事也出現了意外的大轉折。二〇一三年，艾利克斯・莫格首先展開一系列有關泰諾的研究，並發表在線上期刊[16]《生理學新領域》（*Frontiers in Physiology*），希望能引起大家注意。一般研究室探索疲勞的主題會採用「疲勞時間」測量方式，先固定好運動的速度和力量，讓受試者跑步或是踩踏到放棄為止。但是莫格認為，我們在現實生活中根本不會跑到精疲力竭，反之，我們會控制讓自己不會衰竭的狀況下，使出最快的速度。長時間應付疲勞是在考驗耐力，而不是上斷頭臺，所以更強調疼痛管理。莫格寫道：「運動員、教練和評論員常常談到『疼痛』，但很奇怪就是沒有很多相關研究。」

為了導正這種疏忽，莫格呼籲應該投入更多有關「疲勞與疼痛的關係」的研究，還可以運用「新穎的神經心理學方法」來改造疼痛的感覺。主要理由是，即使泰諾的實驗看起來已經很清楚了，但可能還有不同的解讀方式，因為泰諾終究是解熱用的，止痛只是附加作用，因此其有助於提升耐力是因為預防體內過熱，還是因為阻絕了痛感的關係？都還難以斷言。

莫格也根據自己的建議，開始實驗其他改變疼痛的方法。在一項實驗中，他用了兩種直接傳輸電流到肌肉群的方法，第一個是經皮神經電刺激，第二個是干擾波電療[17]，都是常見的物理療法。雖然沒有特別有力的證據，但兩者皆是依據一九六〇年代首度提出的疼痛「閘門控制」理論。如果小腿脛骨不小心撞到椅子，你的第一個直覺會用手搓揉瘀青的地方，為什麼呢？原因是搓揉就不痛的感覺，和瘀青的疼痛感，是共用一條神經傳導路徑為大腦傳遞訊號，而且揉越多就會佔用越多路徑頻寬，疼痛感的頻寬就會減少。其實經皮神經電刺激和干擾波電療，是超高效率的搓揉形式，就是設計來誘發不痛的神經訊號，並排擠掉疼痛訊號。

二〇一五年，莫格在英國肯特大學（也就是他現在服務的耐力研究中心）舉辦的耐力研究研討會發表自己的發現。幾乎讓每一個人都感到意外的是，莫格承認：「老實說，我並不知道會發生什麼特別的事。」在肱二頭肌上施作的經皮神經電刺激和干擾波電療，確實大幅延長受試者手臂肌肉收縮的疲勞時間，而沒有通電的欺瞞實驗則不會延長疲勞時間。莫格還補充：「這個研究最有趣的一件事就是，自覺費力程度（rating of perceived exertion, RPE）並沒有任何變化。」大多數人認為，運動時的痛感與努力感是可以互換的，但要區分兩者，事實證明非常困難，但在這個例子中，改善耐力很清楚與抑制痛感有關，而不是和努力感有關。

讀到這裡你可能會想起第四章的內容，莫格在肯特大學的同僚山繆・馬科拉抱持不同的看法，他認為努力感比疼痛感重要。在同場研討會裡，馬科拉也發表自己的研究資料，內容重點擺在努力感[18]。首先，馬科拉與華特・斯塔伊諾（Walter Staiano）和約翰・巴金森（John Parkinson）兩位同事請受試者做「冰水按壓」測量，此為疼痛研究的標準實驗法（前述沃夫根・范德的超馬選手研究也用了相同手法），就是把手放入一桶冰水裡，盡可能保持越久越好，並定時回報〇到十的痛感等級，通常痛感會慢慢累積，到了等級十就會受不了放棄。

當受試者心裡還感受得到最大痛感時，接著還要進行中強度的自行車疲勞時間測量。過程中，受試者一樣用〇到十評量痛感等級，另外還用博格量表六到二十表達努力的程度。大約十二分鐘，受試者就會達到疲勞程度，此時的平均痛感為中等程度的四・八，但平均的努力感卻高達十九・六，幾乎就是最努力的程度了。如此看來，似乎扮演主導角色的是努力感，而非疼痛感。

那麼，該如何解釋看起來是相互衝突的研究結果呢？第一，得先確認疼痛的定義是一致的。莫格和馬科拉後來合作[19]，採用經顱直流電刺激，藉著微弱電流直接刺激不同的大腦部位，以調整神經元的興奮度。經顱直流電刺激可能可以改善學習、心情、肌肉運動，甚至還可以增強耐力（本書第十一章會探討），所以近幾年成為媒體炒作的話題。而且，在觸及運動皮質區時，還有抑制痛感的作用，就是這一點吸引了莫格和馬科拉。

他們做了兩個類似的經顱直流電刺激實驗，一個是盡全力踩單車直到疲勞，二是八分鐘的冰水按壓測量。兩個實驗受試者各要做三次，一次是真的有啟動經顱直流電刺激，另一次只是假裝有啟動，最後一次則是沒有用經顱直流電刺激。冰水按壓測量部分，受刺激的大腦在一開始的疼痛感程度都比較低，時間一到的平均最大痛感為七・四，比欺瞞實驗的八・四，少了一個刻度（控制組得分為八・六）。不過，單車實驗部分，三次測得的痛感程度都一樣。實驗結果顯示，以大腦的角度來說，持續性運動達到極限時的痛楚，和把手浸到冰水裡的痛感，基本上是不一樣的。就像列夫・托爾斯泰（Leo Tolstoy）所說的，愉悅感都很相似，但是疼痛感卻有不同的表達方式。

格倫與小鎮位於瑞士蘇黎世與日內瓦之間，二〇一四年九月十八日這天，鎮上的瑞士自行車館準時在下午五點三十分開門。這可是精密策劃的時間，一千六百名車迷齊聚館內九十分鐘後，可以讓室內空氣的溫度與濕度，達到剛好合適沃依特挑戰世界紀錄的環境，因為暖空氣密度小，有利於空氣動力原理，但選手也會有過熱的風險。團隊一再考量這類細節和準備工作，因此沃依特有信心可以破紀錄，但也清楚自己能犯錯的空間非常小：「可能會遇到爆胎，可能一開始騎太快，可能就是運氣不好，也可能會遇到兩次爆胎！」

更衣室裡的沃依特，一邊心裡這樣想著，一邊在兩名助手的協助下，塞進像灌香腸般的特製緊身衣裡。場內有滿滿的觀眾，場外有超過四百萬名車迷守在世界各個角落的電視機前，另外還有一大票粉絲在觀看線上直播。不難理解他在這最後幾分鐘的極度焦慮。不過這股賽前焦慮感也成了重要優勢，就像是戰場上受傷的士兵，或是被飢腸轆轆的獅子逼到角落的鹿羚，比賽中的運動員會出現「壓力引起的止痛作用」，然後就能忽略疼痛感，或是稍微舒緩痛感強度。鳴槍了，沃依特宛如隨著共和國樂團（Republica）《蓄勢待發》（Ready to Go）的節奏爆發力，以站立之姿開始飆速。

無論是壯烈還是班揚式的運動傳奇故事，運動員都得對抗痛楚才能擊退對手贏得勝利。在一九六四年冰上曲棍球史丹利盃決賽中，選手巴比・鮑恩（Bobby Baun）在延長賽中幫多倫多楓葉隊搶分獲得冠軍，但他稍早在比賽中就已經扭傷了滑冰的腳踝；一九七〇年美國職籃決賽裡，帶著大腿撕裂傷上場的威利斯・瑞德（Willis Reed）成功擋下威爾特・張伯倫（Wilt Chamberlain）的攻勢；一九九六年奧運中，凱莉・史特魯格（Kerri Strug）用扭傷的腳踝跳馬，幫美國奪得金牌。其實，就算勝算偏低，帶傷出賽也不算罕見：在橄欖球費城老鷹隊四分衛多諾凡・麥克奈（Donovan McNabb）的職涯中，傳球表現最棒的一場球賽是在二〇〇二年拖著受傷的腳踝上陣；冰上曲棍球波士頓棕熊隊的中鋒格列哥里・坎貝爾（Gregory Campbell）在二〇一三年季後賽裡，為破除對手使出強力射門攻勢而摔斷了小腿腓骨，但仍在場上撐到隊友服完球監；二〇一五年，美式足球丹佛野馬隊的游衛大衛・布魯頓（David Bruton Jr.），在第一節比賽就因撞擊摔斷腓骨，卻堅持留在場上，後來開球計九十五次。

不是只有肢體接觸型運動的壯漢才會搞到渾身是傷，二〇一〇年溫哥華冬季奧運裡，越野滑雪選手珮卓・瑪基迪[20]（Petra Majdi）暖身時，跌入十英呎石頭遍佈的溪流，當時還不知道自己摔斷了五根肋骨，所以就忍著劇烈疼痛，接連出席資格賽、半決賽、準決賽（此時有根斷掉的肋骨刺進肺部造成肺部塌陷）、總決賽，並獲得銅牌，品嚐了勝利的狂喜之後，瑪基迪才前往醫院。

這些運動員毫無疑問都很強悍，但在某個程度來說，他們能夠順利逞完英雄乃是環境使然。大部分的人一想到疼痛，就會想起法國哲學家何內・笛卡兒（René Descartes）在一六六四年的《論人》（*Treatise of Man*）中的清楚闡述。在笛卡兒的想像裡，如果用鐵來鎚拇指，就會在大腦送出搖鈴的訊息。這個觀點認為，受傷部位和痛覺感受是一對一的溝通方式。但這個觀點的問題在於，相同的傷會在不同人身上引起截然不同的反應，甚至同一個人在不同時間點也會出現不同的反應。而另一個極端是，出現幻肢症候群的被截肢者，即使並沒有實體的來源，卻會體驗到真實的疼痛。

因此，醫師與疼痛研究人員藉由觀察美國內戰時期受傷的軍人[21]，得到結論指出，疼痛基本上是主觀而且因處境而定的現象。舉例來說，壓力、恐懼、焦慮都會引發一系列具有特殊作用的大腦化學物質，像是腦內啡（體內自有的類鴉片藥物）、內源性大麻素（體內的大麻）等，可以緩解或阻絕痛感，但在有些情況下卻會讓你更痛不欲生。以演化的角度來說，疼痛感有一個重要功能，就是告訴身體要停下來，以修復傷口。加拿大麥基爾大學的疼痛研究員莫吉爾指出：「但如果你是一隻被狼追趕的鹿，而且絆倒摔斷了腿，此時你需要的是暫緩這股疼痛，因為逃命要緊。」

摔斷腿和跑出馬拉松新紀錄，兩者本質上完全不同，疼痛感也不一樣。疼痛的種類變化多端，難以界定，運動員體驗過很多種。即使不像短距離衝刺滑雪選手瑪基迪那樣摔斷肋骨（實際比賽時間短於四分鐘），也會遭遇大量湧入的各種代謝物，而造成肌肉群衰竭。超馬跑者一連就是跑好幾個鐘頭，既使看起來節奏很輕鬆，但跑到最後，走路都一拐一拐的。這是因為肌肉裡累積各種微創傷，在跑者跨出每一道步伐時，經由小腿肚和股四頭肌發出非常劇烈的疼痛爆裂感。根據嘗試過上述兩種極端運動的選手說法，介於兩者之間的運動就是場地一小時賽事。

場地一小時賽事的恐怖，部分是因為它的環境：沒有風景、沒有競爭對手、沒有換速、也幾乎沒有外來的回饋。失去分散注意力的人事物後，等於剝奪了大腦改變看待疼痛感的強效功能，就像失去心理學裡搓揉瘀青可以干擾肌肉傳遞的疼痛訊號一樣。而且，場地一小時的比賽長度，也剛好落在生理開始進入緊繃的時間點。其實，時間短、高強度、難以忍受的運動，和時間長、費力程度還可以忍受的運動，兩者之間的界線有很多種說法；其中一種是最廣為人知的乳酸閥值，當運動努力程度觸碰到乳酸閥值後，血液中的乳酸根離子濃度一定會開始悄悄增加；另一種是最近哈佛疲勞研究室喜歡研究的概念，指出當身體超過臨界功率（critical power）時，肌肉便無法再持續處於平衡的「穩定狀態」。英國肯特大學耐力研究中心的生理學家馬克・伯恩利（Mark Burnley）解釋，對一位訓練有素的運動員來說，六十分鐘盡全力的運動，剛好介於兩種極端運動之間的尷尬位置，他並指出：「場地一小時賽事的選手必須拚過乳酸閾值，但要低於臨界功率一點點，換句話說，就是要持續以最高代謝率騎車。」那麼，場地一小時賽事，確實是人類所能忍受的最長時間且高強度的辛苦運動。

沃依特職涯裡的最後一場比賽，是運動界挑戰內在勇氣的終極測試，可說是身心靈都備受煎熬的賽事之王。這場原本應是最痛苦的挑戰，後來卻演變成是在和胯下痛的苦戰，因為沃依特這次採用尷尬而不熟悉的騎乘姿勢。比賽一開始，沃依特速度飛快，只花了十七秒多就騎完一圈二百五十公尺，很快就超前原訂的平均每圈十七・九秒，時間迎刃有餘。前十分鐘算是輕鬆，但過了二十分鐘後，疲勞感出現，速度減慢了一點，沃依特在尋找能長時間騎乘的最快速度。比賽過了一半，他的尾骨感到非常刺痛，不得不每十圈就站起來，以釋放壓力，但這麼做也算是公然羞辱了贊助商的特製緊身衣、抗風手套、降風阻的襪子了。

因為成績超越既有紀錄，顯然胯下痛並沒有阻撓到挑戰。在騎滿兩百圈時，沃依特的成績依然表現出色，所以心思就短暫飄離了一下，讓歐洲合唱團一曲鼓舞士氣的《倒數計時》（The Final Countdown），使出最後一道激勵鞭策。此時，他為自己的成績感到自豪，為一切都有照著計畫走而感到喜悅，另外也是因為比賽終於要結束了，可以鬆口氣，但同時也為即將摘下明星光環而感到些許哀傷。最後，鳴槍了，比賽結束了，一直被擋在意識邊緣的疼痛感一轟而下：「全身上下都痛個半死！為了保持符合空氣動力學的姿勢，我一直壓低我的頭，所以脖子非常痛！也是為了保持姿勢，我的手肘得撐住上半身，也是痛！我的肺一直在搶氧氣、燃燒氧氣，也是痛得不得了！我的心臟一直瘋狂跳動，所以也是痛的！我的背也在燒，然後我的屁股也是痛得不得了！貨真價實的痛，我的全世界都在痛的那種痛！」

計分板上顯示為五十一公里又一百一十公尺，比原有紀錄超出一千四百一十公尺，將近一英里的距離。不過沃依特的紀錄只維持了六週，後來就被年輕近二十歲的二十四歲澳洲新人馬提亞斯・布萊德勒（Matthias Brändle）刷新紀錄。二〇一五年，紀錄又再刷新三次，最後紀錄保持人為重量級人物布萊德利・威金斯（Bradley Wiggins），他曾是環法賽冠軍，還拿過五次奧運冠軍，成績為五十四公里又五百二十六公尺。多虧ＵＣＩ大會修改規則的時間點，剛好遇上沃依特即將退休，算是相當幸運，而沃依特的大名在單車史上，必將永遠佔有一席之地。

不過，沃依特承受的疼痛比我們都多嗎？仍有許多疑問等著探討，但頂尖運動員顯然比一般多數人更肯把自己逼得更遠，而且能忍受的也比較久。拿一般人和沃依特相比很無趣，但若是和威金斯，或是其他菁英車手相比的話，就有趣多了。菁英運動員的研究非常少，而且要搜集到選手把自己逼到最緊繃、最努力時的資料也非常困難。還記得提姆・諾克斯眼裡看到的奧運馬拉松冠軍情景嗎？這位冠軍只領先了三秒鐘，是銀牌得主因為真的太痛了，所以就拱手讓出光榮的冠軍寶座嗎？艾利克斯・莫格和山謬・馬科拉的實驗試著解開「疼痛感」與「努力感」的差異，這讓我想到，疼痛感就像是儀表板上的警告燈號，指示要放慢速度（有時指令還相當堅決），而且我們常常在未意識到之前，就直接聽從指示了。但是，疼痛感不是絕對耐力，我們還得再多探討其他領域。

第六章　肌肉

二〇〇六年七月這一天，亞利桑那州圖森市天氣頗為溫和[1]，湯姆‧博伊爾（Tom Boyle）和妻子伊莉莎白從購物中心停車場開車出來，準備進入寬達六線道的南庫柏大道，這裡車多速度也快。突然間，前方一部大黃蜂跑車發出急煞聲，不僅在車陣裡蛇行，隨後還出現陣陣火光。伊莉莎白脫口大喊：「天呀！你有看到嗎？」原來是有個逆向騎士連同單車，一起被夾進這輛跑車下，還被拖著沿路前行。博伊爾從他的皮卡車急跳下來，奔向跑車。跑車蛇行了二、三十英呎後，也停了下來。

你知道後來發生什麼事嗎？博伊爾找到騎士了，是十八歲的凱爾‧霍爾特（Kyle Holtrust），他就卡在前輪下。博伊爾回憶道：「我一追上那輛車的時候，就聽到他在死命哭喊，所以知道他真的很痛！」接著，博伊爾居然就把車子抬起來了！霍爾特大喊：「請再抬高一點！」抬夠高時，博伊爾對著跑車駕駛大吼一聲，駕駛才回過神來，趕緊把霍爾特拉出來。博伊爾放下車子，抱著霍爾特直到救護車抵達現場。男孩活了下來，博伊爾的英勇事蹟也流傳開來。不過，這種「歇斯底里的力量」卻是很難驗證的事。

當腿不聽使喚時，很自然會說是腿的問題；同樣的，能舉起鋼琴、騎上環法賽名山阿普杜耶、掛在懸崖邊時單靠指尖抓住縫隙，也是很自然的事，有時候感覺肌肉就是能夠發揮出極致的力量。長時間耐力挑戰的感覺，交織著各種湧入大腦突觸的感受，有狂跳的心臟、急促呼吸的肺、逐漸削弱的意志力等；另一方面，在短時間內使出全力，結果很清楚，可以或不可以舉起一輛車，一翻兩瞪眼。在我們是否能使用肌肉中的每一盎司力量的長期辯論中，博伊爾的這類英勇事蹟，似乎推翻了我們以為所知的一切，讓人又驚訝又困惑。

肌肉當然會有極限。十九世紀時，生理學家把蛙腿綁起來以電擊刺激造成舞動，直到肌肉疲乏到不能動為止。由於當時大專院校都還沒有成立研究倫理委員會，所以自然想到可以套用到人體實驗。引領精神疲勞研究的義大利生理學家安傑羅·莫索（參見本書第四章），嘗試比較受試者的自主力量和被電刺激所產生的肌肉力量。如果被動式肌肉收縮的力量比較強，就說明了人體有某種像是中樞調節的保護機制，預防我們拉傷肌腱或是把肌肉從骨頭上扯下來。可惜的是，當時測量技術不夠先進[2]，所以未能找到解答。

另外也有研究指出，肌肉的能力是被保留起來了。舉例來說，一九三九年，德國研究人員發表新藥拍飛丁（Pervitin，一種安非他命）的實驗報告，指出此藥可以在新陳代謝和血液循環未出現明顯變化下，讓騎乘測試耐力提高至三倍。報告結論指出：「能力極限從來不是某個絕對的固定值，而是在各種負面因素（如：疲勞感和肌肉痠痛）累積的總量，超過正面因素

（如：動機和意志力）的時候出現。[3]」

這個藥分明就是早期的結晶甲基安非他命！德國軍方對此結果深感興趣，當年就先讓準備部署進攻波蘭的軍隊駕駛服用拍飛丁[4]，接著就爆發了二次世界大戰，後來納粹黨買帳了，讓全部的部隊士兵服用拍飛丁。光是一九四〇年四月到七月，就有超過三千五百萬顆「坦克巧克力」（Panzerschokolade）運往歐洲前線，助攻閃電戰。納粹黨有超級藥丸能讓士兵特別有力氣的傳聞不脛而走。（隨著時間過去，結晶甲安的後遺症也出現了，德國官方在一九四一年禁用該藥，但到大戰結束前，用藥情形還是很普遍，甚至直到一九八八年，仍是部分東德軍隊的急救仙丹。）

湯姆・博伊爾舉起車子時並沒有吃結晶甲安，但肯定有大量的腎上腺素湧入靜脈。一九五〇年代晚期，猪飼道夫（曾是阿奇博爾德・希爾的學生）和亞瑟・史坦豪斯（Arthur Steinhaus）實驗了在瀕臨死亡這種極端情況下，肌肉可能會增強的情形。受試者要在電子計時器的秒針走到一點鐘位置時，用力繃緊前臂一次，也就是每分鐘一下，共計三十分鐘。他們刊在《應用生理學期刊》的文章指出，注射腎上腺素可提升力量達六・五％，吃安非他命可以提升十三・五％，此外當研究員「直接站在不知情的受試者後方」，然後在時間到前幾秒鐘，發射點二二口徑起步槍的時候，力量會提升七・四％。

這個研究結果常被拿來佐證，在適當情境下，可能會出現英勇的超人力量。但卻很少提到猪飼道夫和史坦豪斯的其他論述：催眠後的平均力量會提升二十六・五%，而且催眠結束後提升的力量仍會延續。催眠的威力非常強大，催眠師用鋼筆觸碰懷疑的受試者，並告訴他這支筆其實是一朵劍葉蘭，受試者也會相信；「一小時不到就出現的水泡，需要一個星期才會癒合，也有助於讓受試者相信這真的是催眠。」研究員認為催眠後力量會增強，是因為催眠會讓受試者克服內心深處的顧忌（用藥和威嚇也有一樣的效果）。舉例來說，有位女孩「內心是十足的女孩兒，但外貌是魁梧的運動員」，從小母親就叮嚀她不要太用力、太粗魯，高中時因身材壯碩被取笑，還被取了「足球小姐」的綽號；猪飼道夫和史坦豪斯表示，催眠幫助這個女孩拋開內心的顧忌後，力量測試大幅提升了五十%。值得注意的是，過了五十多年，這些發現還沒在控制條件下重複進行實驗過。

一口氣舉起一輛車，和一次又一次使出「最大」力氣，兩者之間其實有個主要差異。二〇一四年，加拿大紐芬蘭紀念大學[5]學者以色列・哈普林（Israel Halperin）帶領的團隊做了類似實驗，他們請受試者每十五秒鐘（對著固定式抗力計）使出最大力氣做五秒鐘二頭肌彎舉，其中一組受試者被告知要做六下，一組被告知要做十二下，第三組只被告知要持續做到喊停為止，但實際上每一組都要做十二下。理論上，指示內容應該不會影響結果，因為受試者已經多次直接被告知不要調整使力節奏，每一下都得使出最大的力氣，不可以有任何保留。

不過在實際上，預期會造成影響。一開始的幾下，以為只要做六下的受試者使出的力量，會比以為要做十二下的控制組受試者更大；而完全不知道要做幾下的受試者，使出的力量最小。平均力量隨著施作次數遞減並不意外，但最後一下（還有被騙的第六下）就不一樣了，受試者在「最後一下」擠出來的力量居然比較強。整體來看，使力模式像極了長跑世界紀錄的U型特性（詳見第75頁），也很像我在五千公尺比賽，靠著本能跑出最後衝刺的配速模式。總之，就算我們直接被告知不要偷偷保留力氣，但肌肉在使勁全力收縮時，還是會自行調整節奏，這也說明了為何豬飼道大和史坦豪斯的受試者會擠出潛藏的力氣。不過，為何有人可以舉起一輛車，這部分還是沒有答案。

一九八三年，紐西蘭基督城舉行世界最強壯男人比賽，加拿大舉重新人湯姆．馬吉（Tom Magee）硬舉一千一百八十磅當地產的切達起司，電視評論員故作鎮定說道：「應該夠給一個超大捕鼠器用了！」[6]一層層堆疊的起司塊掛在一根彈性橫桿的兩側，馬吉把橫桿舉離地面十八英吋，創下有史以來最重的半硬舉紀錄，不過大賽紀錄計重採用的標準槓鈴和槓片[7]會比較輕一點。相反的，如果一輛雪佛蘭大黃蜂跑車因為短程極速賽車而拆解，也至少重達三千磅[8]。若說生死關頭容易爆發出更多力氣，但這差距未免也太大了。

自主力量和真正的最大力量之間的差距，最常引用的是生物力學家弗拉迪米爾．桑賽尤斯基（Vladimir Zatsiorsky）的估算方式，他曾在蘇維埃運動體系的重量級科學研究中心莫斯科中央體育研究所服務三十年。他於一九九〇年代加入美國賓州州立大學，一九九五年出版《肌力訓練科學與實踐》（*Science and Practice of Strength Training*），被譽為硬底子的訓練聖經，至今仍擁有大批追隨者。桑賽尤斯基指出[9]，多數人可以激發出來的力量可達最大肌力理論值的六十五%，但菁英舉重選手能激發出更多力氣，可以舉起超過訓練時最大重量的八十%，若再加上出賽時的心理激勵，那麼可再多擠出十二・五%。套用這幾個數據後，推估血液裡流竄著敬畏上帝信念的馬吉，應該能夠再舉起一、二百磅的起司，但仍不及大黃蜂跑車的一半重量。

桑賽尤斯基是如何計算出大力士「真正的」最大力氣呢？答案可能已經遺失在歲月裡，或是跟著十九世紀鮮為人知的蘇維埃運動期刊一起埋葬了。因此有專家高度質疑。法國研究員紀堯姆・米勒（Guillaume Millet）是加拿大卡加利大學神經肌肉疲勞研究室的負責人，他認為桑賽尤斯基的數據「太過浮誇了」。二〇一六年，我聯絡了當時已經八十三歲的桑賽尤斯基，他已自賓州大學退休，但仍活躍於研究圈，當年光是一月到九月合著的學術論文就不下七篇，都是在探討運動控制的微妙之處。不過，對於最大力氣的數據，他在郵件裡寫道：「可惜我已經不記得是誰先提出這些數據的了」，表明無進一步資訊可以提供。但是，這並不代表這些數據是錯的，畢竟會屢次出現在超級人類肌力的「科學解釋」之中，正是因為可能可以達到，但是，可能可以達到並無法作為佐證。

雖然沒有人可以確實證明或反駁桑賽尤斯基的研究，但也不是沒有相關實驗。一九〇〇年代早期，在電激發的實驗佐證下，人人都有暗藏保留肌力的說法廣為流行。一九二三年，兩名丹麥研究人員寫道[10]：「凡是被電過的人都知道，被電到的肌肉力量是自主力氣所達不到的。」但要實際測量這股潛藏肌力卻不容易，因為人類的每一個動作都是經由不同的神經路徑，動用不同的肌肉群，與遭到電擊就會收縮的原始單條肌肉結構不同。

直到一九五四年，英國生理學家崔克・墨頓[11]（Patrick Merton），一位總是呵呵笑的怪人，終於精心設計了一個辦法：把受試者的前臂牢牢固定，只剩拇指可以動，而且只能藉由內收拇肌（即手掌帶動拇指內縮的肌肉）收縮的單向運動。（其實他常拿自己做實驗，空出來的另一隻手就負責測量。）墨頓比較拇指的最大自主力量，和持續增強電擊（最快達每秒五十下）相關神經產生的力量之後，得到兩個意外結論。第一，電擊產生的力量感覺大很多。（但也很痛，墨頓發現：「如果電極片接觸到的皮膚沒有破皮，難受的疼痛感會減輕很多。」）第二，實際力量本質上是一樣的。墨頓不顧當時大家都還認為「瘋子、得破傷風的、正在痙攣的、被催眠的，還有快淹死的，力氣都會特別大」，直接下結論指出，潛藏的肌力根本就是幻想出來的。

為了強化他的研究，墨頓變化了實驗內容：在受試者自主收縮拇指肌肉時，追加一陣短電擊。如果自主收縮力量相對較弱，一經電擊，力量就會大幅提升；但若是自主收縮相對強勁，那麼電擊的效果就會變小。至於最大的收縮力量，短電擊並沒有任何增強作用，這也再次證明，已經全面動用到肌肉了。

從此之後數年間，接連有類似實驗在不同條件下施行。除了用電擊刺激肌肉收縮，研究人員為了找出疲勞感的位置及出現方式，現在會直接用磁脈衝刺激大腦運動皮質區，讓特定部位肌肉短暫收縮（膽大的墨頓還有另一樣實驗創舉，就是直接電擊自己的頭顱）。依據美國科羅拉多大學波德分校運動神經生理學研究室（Neurophysiology of Movement Lab）羅傑・艾諾卡（Roger Enoka）的說法，整體來說，現代研究一致認同墨頓的結論，意即多數健康人的「自主運動分數」（voluntary action scores）都很接近百分之一百了。英國肯特大學馬克・伯恩利的研究顯示，一般使盡全力的股四頭肌力量分數，可以達到九十二％到九十七％，若是低於九十％，則表示測量有誤。換句話說，在一般情況下，我們幾乎是動用了全部的肌力。

不過，艾諾卡發現這當中有兩個可能被遺漏的地方。第一，人體無法一直保持在百分之百使力的狀態，所以比起鋼琴搬運工，對車手、划手、跑者來說，潛藏肌力比較有意義。第二，收縮拇指和硬舉一輛車這兩件事差很多，後者至少要同步仔細欺騙身體後，才能啟動十三處肌肉群。可能的情形是，現實世界中的動作都很複雜，很難完全發揮自主力量的相關肌肉群，也就是說，在緊急狀況下，可能有潛藏的力量可用。艾諾卡表示，這個觀點尚未做過實驗，也不確定既有科技是否做得到（這就是為何桑賽尤斯基的結論，還是這麼神祕的原因了）。

雖然還有未解開的疑點，但至少湯姆・博伊爾舉起跑車被認為是可能可以做到的事，特別是在納入容易忽略卻很基本的物理因素考量後，更被認定為是有可能可以做到的事。畢竟博伊爾不是把整輛車舉起來，而是抬起車子前軸，所以在槓桿作用之下，實際舉起的車重應該不到一半。不過，還是可能高估了，因為車子有懸吊系統；試想你要更換輪胎，用千斤頂把一顆輪胎架離地面，初略估算是抬起整輛車的四分之一重量，以大黃蜂跑車來說大約就是七百五十磅。此外，博伊爾不需要整個抬起單顆前輪（或是兩顆前輪），只要有足夠的空間讓跑車駕駛把受傷的騎士從車下拉出來就可以了。

沒有看到這個英勇事蹟的實際救援現場，所以無從確定他到底費了多大的力氣，但八百磅是跑不掉的。博伊爾可「不是弱雞」（這是記者傑夫・懷斯〔Jeff Wise〕的描述），他身高六呎四，重二百八十磅；在健身房可硬舉七百磅，加上桑賽尤斯基認為會舉重的人可增加二十%的力量，那「真正的肌力」會是八百四十磅。眾多英雄故事裡頭，博伊爾的英勇事蹟算是最有可能通過檢驗的了。姑且不論那麼大的力氣是打哪裡來的，可以確定的是當下情況緊急，才迫使博伊爾突破平時的極限。其實博伊爾當晚回到家才發現，因為使力時太用力咬牙，所以共咬斷了八顆牙齒。

史蒂芬・庫洛（Stéphane Couleaud）抵達[12]阿爾卑斯山小鎮東納斯時，已經連續跑了將近三十四個鐘頭了。沿途九十五英里，得穿越山峰裡蜿蜒不斷的山徑，也得穿越環繞義大利、法國及瑞士接壤的瓦萊達奧斯塔山谷小徑；此外，天空會下雨，進出山谷微氣候會變化，太陽升起、落下、再升起，庫洛輪番體驗著爆大汗、冷得直發抖。庫洛在不同海拔高度的地勢上上下下，加起來已經超過三萬五千英呎，等於是一・二五座珠穆朗瑪峰的海拔高度。不過，目前賽程還沒完成一半。

庫洛是經驗豐富的越野跑者，於二〇〇九年十天穿越庇里牛斯山賽事創了新紀錄，還在世界最艱鉅的超級越野賽巨人之旅中名列第七。不可否認的是，超級耐力運動世界的標準嚴格許多，看看巨人之旅的二百零五英里，挑戰性感覺好像沒有很大。（瘋了嗎你？來試試看完成兩趟的十組鐵人三項，先游泳四十七英里，再騎二千二百英里，然後還要跑五百二十四英里，……若你想贏，大概要在二十天內完賽才行。）巨人之旅特別的是，有各種極度累人的地形和地勢，有會扭傷腳踝的崎嶇山徑，然後要繞行阿爾卑斯山脈四座最高峰（勃朗峰、大帕拉迪索山、羅莎峰、馬特洪峰），上上下下近八萬英呎。頂尖跑者的完賽時間約落在八十小時，由於大會沒有規劃休息時間，所以跑者最多只會睡上幾個鐘頭而已。若有場賽事能從已經痠疼不已的股四頭肌裡，再擠出最後一絲力氣，那就是巨人之旅了。

庫洛抵達東納斯補給站，研究人員擁湧上來，休息補充體力之前，有三十分鐘的一系列檢測：麥萃思（ZMetrix）生物阻抗系統用來測量庫洛的身體組成；有位護士協助抽血和量大小腿腿圍，以確認是否發炎；還有快問快答的電腦認知測試，然後還要測量一般與電刺激的最大大腿收縮力，以評估肌力和自主用力的衰減情況，接著站上測力板，測量張眼和閉眼平衡身體時的重量分布。檢測作業從庫洛的身體在賣力調整血壓，一直量到恢復到幸福的放鬆狀態為止，接著庫洛就昏睡過去了。其實賽前也做了一樣的檢測，而且庫洛若有完賽，也要再做一次。

策劃這次辛苦測量實驗的成員，包括紀堯姆・米勒，是前國家隊越野滑雪選手，也曾是超馬跑者，還在二〇一〇年以第三名成績完成巨人之旅，且已研究肌肉疲勞十多年，但切入角度和墨頓的最大瞬間抽搐力量完全相反，米勒是藉由長時間、持續進行、更加逼近極限的挑戰中，探求量化解釋為何肌力會流失。而測量過的極限挑戰從雪地馬拉松開始、到五小時、二十四小時跑步機慢跑、再到一百英里環白朗峰超級越野耐力賽，現在則是二〇一一年巨人之旅。（這次巨人之旅測量研究的主持人是紀堯姆・米勒的親兄弟格雷瓜爾・米勒〔Grégoire Millet〕，於瑞士洛桑大學從事運動生理學研究，二〇一二年還超越了紀堯姆・米勒，以第二名成績完成巨人之旅。）

紀堯姆・米勒的疲勞基本估算很直接易懂：肌力消退時，你能產出的最大力量是多少？米勒發現，股四頭肌和小腿肚兩個重要肌肉群負責跑步肌力工作，當賽事跑到某個距離時，肌力就會逐漸變弱，這部分沒有很意外。不過，連續跑二十四小時後，腿部肌力會衰退三十五％到四十％，之後不會再衰減太多。這次巨人之旅的受試者平均花了一百多小時完賽，比賽最後也只比賽前流失了二十五％的腿力，這部分感覺不是很合理，但米勒開玩笑說：「這樣說來，比起跑一百英里，我跑二百英里比較不會累！」

這項結果有違常理，但也在暗示，最後限制超耐力運動員表現的並不是腿部肌肉。此外，實驗還提出更細微的資訊；米勒運用電刺激肌肉收縮的數據，估算出因疲勞而流失的肌力，並推算出有多少肌力是「中樞控制的」，以分辨是大腦下令要肌力變弱，還是脊椎傳送過程中流失掉的。超耐力慢跑中，跑者使出肌力的能力只流失了十％，其他都是中樞控制的，這說明了大腦會逐步降低肌肉的自主活化程度（voluntary activation）。米勒說：「大腦有能力做更多，只是不肯。」並補充指出，這不一定代表大腦是肌力流失的原因。

三小時的跑步和類似時間的騎單車或越野滑雪，米勒比較了這三種運動的肌肉疲勞程度，發現跑步的自主活化程度會下降八％，但騎單車和滑雪卻沒有改變，這三種運動有什麼差別呢？滑雪和騎單車不會有衝擊力，但跑步衝擊力會造成輕微傷害，進而改變了腿部肌肉特性。雖然根據定義，自主活化程度是大腦下令才會調降，但這也是在回應肌肉的變化。人體內有特殊的神經纖維，負責把肌肉的壓力、熱度、傷害、代謝干擾及其他資訊傳遞給大腦，所以我們不知不覺中會把資訊整合，並轉換成行動；也就是說，想要分清「大腦疲勞」和「肌肉疲勞」是天真的想法，因為兩者是緊密不分的。

或許比較重要的是，查看腿部疲勞情形是屬於中樞還是附屬的？因為這和實際比賽成績比較有直接的關係。米勒說：「好吧！我的最大力氣會流失四十％，這就是速度變慢的原因嗎？不是吧……至少不是直接原因。」若是參加一百英里比賽，你在九十五英里處跑的配速，其實遠低於最大肌力的六十％，此時如果有隻熊從樹的後方跑出來，你就會發現自己居然還可以拔腿快跑。這說明了無論是哪個機制決定了跑步配速，原因絕不會是你的肌肉無法產出更多力氣。二〇一〇年，山繆・馬科拉在其「心智凌駕肌肉」研究（第87頁）中，也有一樣的發現：受試者在騎乘時的輸出功率可以達到二百四十二瓦，騎到沒力為止，但在最後五秒衝刺時，輸出功率卻可以達到七百三十一瓦。在長時間的耐力挑戰裡會感到筋疲力盡，只是因為腿不願意再用力，而非無法用力。

所以，這不能說是肌肉疲勞是吧？馬科拉和米勒都認為，大腦決定加速、減速和停止的因素非常多；像巨人之旅這種超級比賽，參賽者必須能在吞下高卡路里食物後持續跑步，不吐出來，這項才能一點也不性感，但卻非常必要；若做不到，空油箱就成了限制能力的因素了。在地勢高低起伏的山上往下跑時，會輕微傷害到肌肉，因此每個步伐受到刺激的不快感就會加劇（如同每年四月波士頓馬拉松，賽事前段的數英里下坡都會上演的小戲碼）。若雙腿無法承受這種下坡跑的難題，那麼肌肉就會限制跑速，後果就是疼痛感和失去協調性的結構性傷害，這常是失敗的主因，而不是原本的疲勞感。

至於史蒂芬・庫洛，因為各種因素都配合得很好，所以賽事下半場沒有起水泡，胃沒有不舒服，雙腿也還能繼續跨步，上坡和下坡都不成問題。抵達海拔九千英呎以下的川比隆山間小屋時，庫洛只停留了三分鐘，灌下啤酒和吃點食物，此時他的排名是第四位，進度也比前一年快了十二個鐘頭。不過，麻煩剛開始出現的時候，感覺不是個大問題，因為庫洛只是感覺很熱；在勃斯小鎮時，庫洛脫去上衣、短褲、鞋子，跳進噴水池裡，冷卻五分鐘後，才重新摸黑上路。之後，庫洛收到簡訊，得知在他前面的選手失去比賽資格，因此他的排名順勢往前挪到第三位，這個消息很令人振奮，也讓他感到著急。雖然感覺身體過熱，也零星出現暈眩感，庫洛還是決定繼續趕路。

庫洛回憶表示，當時「我已經知道自己快不行了」。下降前往倒數第二間山屋的過程中，他心裡清楚自己曾經五度迷失方向。這間山屋距離終點只剩七英里，但庫洛在此做了很不幸的決定，他決定不用餐、不喝熱飲、不補眠，只喝了一杯水，就繼續摸黑趕路，甚至連水瓶也沒有重新裝滿。庫洛說：「當時我已經無法思考，也毫無邏輯，大腦根本無法運作。」

十五分鐘過後，庫洛倒下了；這時他總共跑了八十五小時又三十分鐘，中間停留的休息時間只有三小時又二十分鐘。米勒自己在前一年的比賽中，也是跑了八十七個小時，而且睡眠時間不到三小時，所以到最後開始出現幻覺，根本分不清夢境和現實。庫洛雖然沒這麼幸運，不過當時的山區天氣還算溫和，也算夠幸運的了；雖然雙腿已經無法再往前，但他順利在沒撕爛緊急羽絨毯的情況下，用毯子包捆自己，然後把頭燈調成閃爍模式，接著撥電話給米勒，但此時已過午夜，米勒早就關機了。米勒回憶道：「隔天早上看到語音留言時，我想他應該已經死了！因為留言聽起來感覺是個快死掉的人在說話，根本聽也聽不清楚。」九十分鐘後，另一位跑者抵達，把身上的 Gore-Tex 背心和緊急毯子給庫洛披上。最後，庫洛被醫師和山區嚮導用力搖醒，走了半小時山路才上四輪傳動車，回到文明世界。

米勒說：「跑者很少跑到死掉的」，庫洛會經歷這段苦難，原因包含身體過熱、藥物、嚴重缺乏睡眠等，導致身體失去原有的平衡，「絕大多數情況下，大腦會保護身體，避免我們過度操用」。

不過，在平常生活中，肌肉使用大多落在極端情況之內，我們沒事不會去抬車子，也不會一口氣山跑八十個鐘頭。那麼，短暫的肌肉使力和長時間的意志挑戰，兩者的交叉點在哪裡呢？為了回答這個問題，挪威研究員克里斯丁・弗德[13]（Christian Frøyd）在紀堯姆・米勒和提姆・諾克斯的聯合指導之下，邀請志願受試者連做三分鐘、十分鐘、四十分鐘的計時測驗。這個測驗特別的是，不用一般運動的健身車或跑步機，而是在受試者腿部綁上測量力量的測力計，接著每兩秒就用力踢腿一下。這種安排的好處是，不論有沒有加上電擊，每一分鐘都可以測量到最大自主力量。由於肌力會在幾秒鐘內恢復，因此不會在走下單車、裝上測力計的空檔時間修復而產生誤差，所以這是唯一能夠測得肌肉疲勞程度的可靠方法。

實驗結果於二〇一六年發布，而且印證了米勒超耐力數據的某些模式：肌肉疲勞是最短時間使力測量的主要影響因素，但隨著時間拉長，中樞疲勞的重要度會增加。其實，最大力量測量結果顯示，在時間較長的測量中，肌力很快就會達到穩定的高原期，約是全部力量的八十%，接著就會維持不變，直到測驗最後，肌力才會因衝刺而增加。該實驗結果說明，以前的研究都高估了純肌肉疲勞在長時間運動項目中的重要性。如果感覺腿部肌肉在一小時賽事中失效了，絕大原因都是因為一路高速衝向終點所致。

弗德的研究中，最有趣的部分是配速模式；受試者的十分鐘和四十分鐘測試結果，就跟本書一英里、五千公尺、一萬公尺世界紀錄圖表一樣（詳見第75頁），最後都會有爆發衝刺；另一方面，三分鐘測試清楚展現配速沒有放慢太多，恰巧就和圖表中八百公尺賽事幾乎都不會減速的情況一模一樣。

大衛・魯迪沙（David Rudisha）身為肯亞馬賽人，身材高又纖細，於二〇一二年倫敦奧運以 1:40.91 成績創下八百公尺新紀錄，其中第一圈的成績是四十九秒二八，第二圈慢了二・三五秒，跑出五十一秒六三，這個結果符合一般八百公尺菁英跑者的配速模式。依據羅斯・塔克分析世界冠軍配速的結果[14]：從一九一二年第一個現代紀錄以來，第二圈平均會比第一圈慢二・四秒，實際八百公尺第二圈變快的情況只有兩例，不過距離比較長的賽事就完全相反了。

其實，從一九六〇年代以來，第一圈會快三秒的主因是跑者加速，第二圈就差不多都一致，顯示疲勞的雙腿會有某種程度的生理極限。

這不是偶然的現象，弗德的數據也提供了一些線索。弗德在受試者的股四頭肌貼上電極片，測量從大腦傳遞到肌肉的電脈衝，以估算大腦下令肌肉收縮的力量。十分鐘和四十分鐘的挑戰中，肌電圖和肌肉實際使出的力量完全一致，而且抵達時限前可以看見肌電圖和肌力都大幅提升。但三分鐘挑戰（可視為八百公尺賽事）就不一樣了，雖然肌電圖訊號還是在上升，但力量卻逐漸下降，顯示時限到之前，大腦仍繼續下令要衝刺，但肌肉就是不肯就範。因此，若想在舉起車子和超馬賽事兩者之中，找出大腦角色的中間值，這裡有個好定義：這個磨人的中間值約落在六百到八百公尺，也就是說，即使毫不保留地狂奔，但感覺速度還是逐漸在變慢。

雖然沒有收錄到字典裡，但跑者都會用這句話來描述這種感覺：想要駕馭身體，就會像「我以為我會贏得這場比賽，但在最後回合手腳卻開始不聽使喚了。」這句話來自人死後身體會變僵硬的「屍僵」概念，精準描述了人沒死但身體卻不受控制的莫名其妙的感覺。在看中距離賽事時，有時候你會剛好看到跑者開始被纏住（常用的委婉說法）的那一刻，他的步伐變小，也會開始抽動，如果你也曾體驗過這種滋味，你就會忍不住把頭別開，因為不忍心看。

為何當你想駕馭肌肉時，肌肉卻完全不聽使喚呢？傳統的解釋是乳酸分泌過多，因為你非常努力運動，燃燒氧氣的有氧能量供不應求。總之，不聽使喚的情況一般會維持大約一到十分鐘[15]，和血液製造最多乳酸根離子的時間一致。食用蘇打粉可以稍微降低不聽使喚的程度，因為蘇打粉可以對抗升高的酸度，就像小學時拿蘇打粉和醋酸（即食用醋）做火山噴發實驗一樣。（但缺點也像火山爆發實驗，蘇打粉可能會引發猛烈的腹瀉。）

雖然「乳酸灼熱」的說法仍然相當普遍，但多虧了加州大學柏克萊分校研究員喬治・布魯克斯[16]（George Brooks），研究圈已經展開乳酸根離子的正名計畫。布魯克斯和其他研究員證實，乳酸根離子是身體激烈運動時的重要緊急燃料，而且在肌肉裡的功能相當錯綜複雜。頂尖運動員並不是不會產生乳酸根離子，而是比其他運動員有能力重新有效利用乳酸根離子作為燃料。另外，乳酸根離子若真是不好的東西，那麼注射乳酸根離子到肌肉裡，應該就會產生不聽使喚的感覺，但結果證明並不是那麼簡單的事。

二〇一四年，美國猶他大學的馬可斯・亞曼、艾倫・萊特（Alan Light）和同事，一起把三種與激烈運動有關的代謝物：乳酸根離子、質子、三磷酸腺，注射到十位「幸運」受試者的拇指肌肉群裡，而代謝物的濃度分為體內流動的「一般正常」濃度，以及較高的濃度，後者有溫和、激烈和極端三種不同運動強度的濃度。注射單種代謝物時都不會起作用，另外雖然乳酸根離子加上質子會變成乳酸，但就算一次注射兩種代謝物，也一樣未起作用。

不過，一次注射三種代謝物時[17]，受試者會感到異常的極度疲勞和不適，而且感受都是集中在拇指。注射低濃度劑量時，受試者多反映感覺像是「疲勞」和「有壓力」，濃度一變高，感受就會變強，表達用詞也變成與疼痛感有關的「疼痛」和「熱腫」。實驗結果顯示，乳酸灼熱並不是有酸在肌肉裡溶解，而是當三種代謝物同時出現的時候，大腦神經末梢才會傳遞出警告訊號。

前一章節裡曾討論到，亞曼使用吩坦尼阻隔神經訊號，讓受試者無法感受到乳酸根離子、質子和三磷酸腺造成的痠痛感，結果發現，受試者一開始騎單車時，感覺非常好，但後來就會遇上麻煩，因為肌肉已經無法正常回應。亞曼的理論認為，乳酸根離子－質子－三磷酸腺的回饋機制，是大腦確保肌肉不會過度使用而超過某個壓力與干擾的臨界水平。如果你用吩坦尼，讓這個保護機制失能，就能把肌肉逼近真正的極限。在這時候，其他像是磷酸鹽等代謝物質的濃度會增加，並直接干擾肌肉纖維的收縮能力。

不用吩坦尼也可能達到肌肉真正的極限嗎？少於一分鐘左右的短暫全力衝刺絕對沒問題。在我看來，八百公尺世界級跑者的第二圈高原期，表示他們正在迎戰難纏的肌肉極限，超過兩分鐘賽事的最後衝刺，則證明了大腦在時間較長的活動中，仍位居主控的角色。是否有例外呢？即使是長時間的耐力測驗，只要環境對了，是否就能把肌肉逼向臨界點呢？這情況應該不會出現在運動生理學研究室，也可能不會發生在偉大的運動賽事中，但不代表不可能。

二〇一二年，《運動畫刊》作家大衛・艾波思坦（David Epstein）講述蕾雅諾・赫爾[18]

（Rhiannon Hull）遭遇到的嚴峻考驗。赫爾是有天分的長距離跑者，曾角逐奧勒岡大學的知名田徑越野計畫。二〇一一年，赫爾搬到哥斯大黎加六個星期之後的某一天，她帶六歲的兒子朱利安到住家附近的海灘，卻被激流拉離岸邊。因為天氣昏暗，附近沒有其他人，等到兩個衝浪少年發現他們母子並划槳過去救援時，赫爾已經高舉兒子浮出海面將近半小時之久，兒子後來回憶說，當時他是「站在媽媽上面」。赫爾身高五呎二，是一名訓練有素的馬拉松跑者，當時三十三歲，仍然每天練跑兩次。

兩個衝浪少年滑向他們母子時，赫爾的頭部載浮載沉，努力把兒子舉高，並用盡最後一股力氣把兒子交出去給衝浪少年；少年接過朱利安並放在衝浪板後，轉頭要救赫爾，她卻沒再浮起來過。

雖然對死亡感到好奇，好像會有點病態，但我還是忍不住想問：如果沒有衝浪客去救他們，赫爾是不是能再撐久一點呢？還是會提早放棄呢？兩個情況都可能發生，而且有人來救和沒人來救，都像是趨近賽事終點，所以解除了大腦控制儲備能量的命令。不過，故事結局是救了兒子卻救不了自己，讓人很想相信答案剛好在平衡的中間點；在一輩子盡可能將肌力推到極限之後，蕾雅諾・赫爾終於完全而精準地使出了她的驚人耐力。

當然，我們也無從得知真正的答案。

第七章　氧氣

威廉・楚布里吉（William Trubridge）伴著熱帶晴空，仰躺在寧靜的巴哈馬海域上，他大吸一口氣後[1]，迅速做咀嚼動作。每一口像魚兒吞嚥的咀嚼動作，能幫助他先吸後吞，以儲存更多空氣到已經鼓脹的肺部裡（一般人的肺活量是三到四公升，但楚布里吉的肺活量高達八・一公升）。接著，他閉上雙眼，轉身迅速潛向海裡。他的節奏謹慎，不慌不忙，幾次優雅的蛙式推進後，已經到達海平面下三十英呎，此時海裡的水壓是海平面上空氣壓力的兩倍，肺裡的空氣因此被壓縮，身體浮力也會變小。來到深四十英呎時，地心引力扭轉浮力，這階段的身體密度大過水，所以不須使力也會像自由落體般往下沉。另外，他的脖子周圍掛了一磅的砝碼，所以是頭部朝下持續下潛。

此時此刻，紐西蘭正值早餐時間，楚布里吉的父母人在電視臺攝影棚裡，緊盯著轉播畫面。兩年前，二〇一四年[2]，楚布里吉準備再次挑戰自由潛水，也就是在沒有蛙鞋、沒有下沉器、也沒有呼吸裝置，單靠手腳挑戰自己最深的潛水紀錄。紐西蘭電視臺當時也有轉播，當時他潛到一百零二公尺，拔起深度標牌後，掉頭返回水面，但還是遇上了麻煩，楚布里吉困在深三十英呎處，最後由救生潛水員拉出水面。二〇〇六年，楚布里吉也在深四十英呎處昏了過去，有超過二十秒的時間沒了呼吸，或許因為這樣，他永久失去了味覺（他自己說是「黑心噴鼻劑[3]」造成的）。現在，一樣是有現場轉播，楚布里吉在巴拿馬長島臨海大山洞裡的鹽水海域，準備再次挑戰一百零二公尺。

楚布里吉十八個月大時，父母賣掉位在英格蘭北部的房子，買了艘帆船，展開一家人的冒險長征，他們穿越大西洋，經過加勒比海，橫越太平洋，最後抵達紐西蘭。他回憶說：「所以，我算是在船上長大的[4]，專門在海裡玩水和浮潛。」現在，他三十六歲了，是現今全球紀錄最輝煌而且還活著的自由潛水選手，共締造了十七次不同運動項目的世界紀錄。（除了定點跳傘運動之外，運動領域中「還活著」其實是很重要的要件：俄國潛水家娜塔莉・莫查諾娃〔Natalia Molchanova〕擁有四十一項世界紀錄，遠遠超過楚布里吉的小成就，但二〇一五年在西班牙教授自由潛水時不幸失蹤了。）楚布里吉抵達預定深度時，潛水錶發出聲響提醒，他閉著雙眼，伸出雙手摸索標牌，找到後迅速拔起，然後開始踢水返回水面，此時他的肺已經壓縮到只剩拳頭大小，艱峻的部分正要開始，因為他得一路對抗地心引力奮力往上游；回程途中還剩一半時，楚布里吉感覺氧氣不夠，逐漸失去意識。人在紐西蘭奧克蘭市的母親看到這一幕，感覺也快昏了過去，已經無法專心回答早晨節目主持人的提問。

楚布里吉重新集中注意力，然後繼續踢水，最終，在水面下度過了四分十四秒後，他衝出水面，大口大口喘氣，動作不俐落地拔除鼻夾。楚布里吉低聲地說：「我很好。」接著擺出規定的手勢，示意自己一切都很正常。難熬的幾秒鐘過去後，裁判終於舉起白牌，表示這趟潛水符合規則，接著巴哈馬和奧克蘭攝影棚內的群眾才放聲歡呼。

氧氣對我們的生命和耐力而言，都是最基本的需求。無論是身體疲勞，肺得大口喘氣的時候，還是因為恐慌害怕而屏住氣時，我們打從心底清楚知道氧氣的重要性，但缺氧真的會害我們停滯不前嗎？自由潛水家威廉・楚布里吉，以及攀爬世界高峰的登山運動員，他們前往挑戰的地方，空氣中的氧氣量都只剩下海平面的三分之一，窒息感應該會比對肢體產生的劇烈影響還要嚴重。藉由觀察極限探險運動家，科學家想要分辨何時身體想要更多氧氣，以及何時身體需要氧氣，而他們的研究結果，也改變了我們對於氧氣在平地耐力極限中的作用的理解：急著要吸一口氣（驅動因素並非缺氧，而是持續累積的二氧化碳）其實是一個可以選擇忽略的警告訊號，但也是有其臨界點。

數百年來，歐洲探險家環繞世界航海歸來，也帶回許多難以置信的傳說[5]，像是加勒比海、亞洲和南太平洋那裡，有人可以潛到深一百多英呎的海底去採珍珠，等於是潛入水中三、四分鐘（有些更誇張的還說是十五分鐘），不過到了二十世紀，隨著捕魚和養殖珍珠的技術發展，這些傳統的潛水技能幾乎都已經失傳。一九四九年，一位義大利空軍駕駛雷莫多・布赫

（Raimondo Bucher）打賭五萬義大利里拉[6]，表示自己可以憋一口氣後，直接潛到接近一百英呎深的地方，但科學家大多覺得這是會造成生命危險的逞英雄行為，因為空氣體積和壓力成反比，深一百英里的地方，壓力要乘以四倍，那麼肺部會塌陷縮小到原本的四分之一大小。

但是，布赫打賭成功了，他順利從預先在卡布里島附近海底等待的水肺潛水員手中，拿到指揮棒，也揭開了現代競爭激烈的自由潛水運動的發展。不過，自由潛水運動追求越潛越深的比賽方式也引發了爭議，因為許多人認為，自由潛水應該是探索海洋的方式，而不是到水底下玩自殺式俄羅斯輪盤[7]。現代的自由潛水規則不一，輔助用具像是蛙鞋和負重鉛塊等也有不同的規定。在「無限制」的自由潛水賽事中，可以使用負重下沉器和自動充氣浮力裝置，勇夫海伯特・尼特西（Herbert Nitsch）於二〇〇七年，締造深超過七百英呎的紀錄後，又於二〇一二年挑戰八百英呎[8]，但在折返回水面時昏了過去，他承受的傷害等於是中風很多次，因此神經受損，說話和行走的能力都受到影響。（尼特西在自己的網站上聲稱，這次潛水算是世界紀錄，但國際自由潛水協會〔international freediving association〕不採納此項紀錄，因為潛水員浮出水面後，未能順利完成安全確認程序。）

楚布里吉的紀錄是三百三十五英呎，除了脖子周圍的一磅砝碼外，就沒有其他輔具了，挑戰的過程算是不難理解。國際自由潛水協會還有另一項更簡易的挑戰：靜態閉氣，也就是屏住呼吸越久越好；挑戰者面朝下浮在游泳池內，一旁會有工作人員，這樣一來就不會有自由潛水的風險問題，也可以避免遭遇水壓和減壓症相關疾病，也無需預留游泳下潛和上游的氧氣，也不必擔心是否有足夠的氧氣回到水面，因此較能逼到極限。最後一點有好有壞，如同薛克頓南極來回遠征和亨利・伍斯萊單趟跋涉，伍斯萊知道隨時可以取消活動，也清楚不必走回程旅途，所以才會把自己逼到送命。現在的靜態閉氣紀錄保持人是法國人史蒂芬・米夫薩德（Stéphane Mifsud），於二〇〇九年某個週一下午，在自家附近游泳池閉氣了十一分鐘又三十五秒。

（雖然規則顯然很簡單，但仍有紀錄紛爭[9]。塞爾維亞潛水家布蘭科・彼德洛維奇（Branko Petrovi ）的金氏世界紀錄是十一分五十四秒，但因沒有遵照自由潛水大會的規定，既沒有公布要挑戰的消息，閉氣挑戰後也沒有接受相關協助；此外，彼德洛維奇還在網路留言版上被指控作弊，質疑他可能在破紀錄成績前，有到泳池通風口呼吸氧氣，但沒有證據就是了。魔術師大衛・布萊恩（David Blaine）曾利用吸純氧，於二〇〇八年表演閉氣十七分鐘，引起轟動，後來西班牙魔術師阿雷斯・塞古拉（Aleix Segura）以二十四分又三秒創了新紀錄；表演結束後，塞古拉坦言這是有輔助氧氣的閉氣表演，僅能說是「華麗的實驗[10]」，而不是真的閉氣，也不算是大家喜愛的自由潛水運動。）

米夫薩德的訓練就跟耐力運動員一樣，接連好幾個月的跑步、騎單車、游泳，甚至是磨人的鐵人三項運動，直到有氧適能提升後，才進入到他自己說的「魚的學徒」階段：騎單車訓練每十五秒要閉氣三十秒，重複二十次。最後是每天六小時的水底訓練，其中閉氣的時間加總起來長達兩小時。米夫薩德的肺活量奇大無比，有十一公升之多。不過，米夫薩德、楚布里吉和多數人都同意，自由潛水比賽的障礙終究是心理因素，而非生理因素。但在水裡待到九或十分鐘，那種痛楚宛如被放在烤肉架燒烤，因為此時心臟會急著想要呼吸，每三秒就跳動一次，米夫薩德說：「你必須找到繼續下去的心理力量，所以我告訴自己，還會感到痛，是因為我還活著！」

米夫薩德在泳池內創新紀錄，原因不只是為了保證他沒作弊。把臉浸在水裡會有神奇的作用，這是陸地和水底哺乳類動物都有殘留的反射性動作。一八九四年，諾貝爾獎得主查爾斯・李歇（Charles Richet）發表一系列恐怖的實驗研究；其中還包括曾經封住鴨子的氣管，看鴨子多久會死亡，結果是，在開放空間裡窒息而死的鴨子，平均是七分鐘後死亡，而浸在水裡死亡的鴨子，存活時間平均是二十三分鐘。李歇（是位很專注的研究員，但卻有些偏執，而且在《魔鬼剋星》〔*Ghostbusters*〕上映前一百年就創造了靈氣〔*ectoplasm*〕一詞[11]），得到結論指出，浸在水裡會啟動一連串的自動反應，譬如心跳會大幅減慢，以減少氧氣用量。

研究員佩爾・史蘭德（Per Scholander）把這種現象統稱為「哺乳動物潛水反射」（mammalian dive reflex），比較詩意的說法是「生命總開關[12]」。他出生於瑞典，但後來搬到美國。此外，威德爾海豹潛水時，心跳也會立即降到只剩正常值的十分之一，因此能待在水裡超過四十五分鐘[13]。史蘭德在受試者身上也有類似但沒那麼極端的發現，即使是讓受試者做劇烈運動，同時躺在裝滿水的木桶底部[14]並高舉鉛塊，這個情形一般會讓人加速心跳。楚布里吉創新紀錄時，脈搏降到一分鐘二十下[15]，其他自由潛水家有降到一分鐘十多下的紀錄，遠低於生理學家認為維持意識所需的次數。

潛水反射的另一項重點是人規模的末梢血管收縮：四肢血管縮到血流幾乎無法通過，這樣血流就會回到核心，繼續供氧給心跳和大腦運作。此外，血容量轉移到軀幹後，因為液體不大會壓縮（空氣則是相反），便可以預防肺部因深潛的水壓而塌陷。要觸發這一切變化，只要把臉放入冷水中就可以了；其實身體的感測器主要分布在鼻子周圍[16]，這也讓人相信，在臉上潑冷水真的可以讓人冷靜下來。

此外，還有更多微妙的體內反應，譬如「脾臟開口」。脾臟的主要功能是濾血，也負責儲存富有氧氣的紅血球，以供應特殊緊急情況使用。基本上，海豹的脾臟就是天然水肺[17]，可以儲存二十公升以上的紅血球，潛入水中後就會像擰乾的海綿一樣縮小八十五%，藉由用力收縮，促進血液循環。人體的脾臟或許沒有那麼強大，但人類不是只有潛水時才能享用脾臟供應的有氧血液，長時間運動到疲勞時也能受惠。有項實驗請來克羅埃西亞國家自由潛水隊[18]隊員與未受過訓的受試者，其中有些人已經摘除脾臟（原因和本研究無關）；為了刺激潛水反射，全部的受試者都把臉浸入冷水裡，做五次閉氣測量，中間分別相隔兩分鐘。無論有無受過訓練，有脾臟的受試者測量過一次後，閉氣時間就會逐次延長，這得歸功於額外血液注入循環，而且效果會延續超過一個鐘頭。至於沒有脾臟的人，五次測得的閉氣時間都沒有任何改變。

對經驗老到的自由潛水家來說，為了要判斷潛水狀況，學習觀察身體這些微妙反應非常重要。南非自由潛水教練亨利・普林斯露（Hanli Prinsloo）把這些反應變化分為四個階段；首先是巧妙的「覺察階段」，意識裡會出現渴望呼吸的衝動；若能撐過去，就會開始感覺到橫隔膜會不自主收縮，此為血液裡二氧化碳累積所引發的反應，並不是缺氧，所以只要願意忍耐，就可以忽略掉這個感覺，並無安全疑慮（暫時性）；接著，脾臟就會趕緊輸出新鮮的血液，以提升生理機能運作，而延長潛水時間；最後，大腦極度缺氧，感覺就要沒有氧氣供應了，為了保存能量，神經會進入待命狀態，接著就會昏厥過去。一定得經歷過前面三個階段，才能預防在水裡時不要發生第四階段（普林斯露認為，最好永遠不要進入第四階段）。如果真的發生了，先是喉嚨會反射性關閉，以確保水不會進入肺部，此時若沒有立即在幾分鐘內拉回水面，身體會為了找氧氣而大吸最後一口氣，然後就溺水了。

有些人可以潛水到三百英呎深處，有些人可以閉氣近十二分鐘，這都顯示了氧氣的絕對極限，因為一道又一道的反射性保護機制，所以實際情況並不像感覺起來那樣的緊縮。這個反射流程有個有趣的小地方。自律神經系統負責操控心跳率、呼吸、消化等非意識控制的身體機能，也控制了潛水反射。若在海豹身上綁條心跳帶，即可發現海豹跳入水中潛水前，其心跳率會急速下降。人體也是一樣，只是我們的反應和變化沒有這麼明顯，但其實經過多次練習，習慣潛水活動後，人體的心跳率也會在一下令要頭部入水時便開始下降，即使過一會兒取消命令，沒有入水但心跳率還是一樣會下降。提姆・諾克斯會稱之為「預期性調節」，即人體安全機制原本是潛意識的工作，但因為意識有過相關經驗，像是準備入水潛水和看到終點線，大腦就會下令啟動或關閉這種安全機制。

不過，大腦做出的決定不一定都是正確的。潛水員警示網追蹤了全球水肺潛水和自由潛水的意外事件，二〇一四年計有五十七起自由潛水意外，比十年前多了二十到三十起，但比最高紀錄七十起意外（二〇一二年）減少了。此外，就算是順利回到水面，有些人還是付出一輩子的代價：威廉・楚布里吉失去味覺、海伯特・尼特西跟中風一樣無法行動和講話，這就是為何精細的防衛機制要預防身體發生缺氧情況，因為後果實在是太嚴重了。

有一群自由潛水員製作了一支動畫，解釋人體完全沒有氧氣時會如何應變。想瞭解人體在各種缺氧程度時會出現的反應，也可以參考在完全相反的地形上，身體會出現的反應。若你從美國加州蒙特雷市上岸，收起呼吸管和蛙鞋，開始往內地跋涉，沿途會感覺空氣越來越稀薄，原因是你在大氣中往高處走，越走越高，由上往下壓的空氣重量就越輕；到達海拔一千九百四十九英呎內華達山脈的馬里波沙鎮時，雖然自己不會察覺到，但此時每一口吸入的氧氣濃度，通常已經下降了六%；再往上來到海拔七千八百八十英呎的馬麥斯湖，氧氣濃度的下降幅度達二十四%，這時你就會察覺到差異性了；等到了惠特尼山，海拔一萬四千五百零四英呎，氧氣濃度整整比正常值少了四十一%，可能就會開始感到頭痛欲裂。

有關高山症的描述，最早[19]可以推溯至西元前三十年，當時描述的是從中國往返現今阿富汗地區的旅程，途中會經過「大頭痛之山」和較輕微的「小頭痛之山」；顧名思義，行經該區會出現頭痛和嘔吐症狀，這正是典型的急性高山症。到了一六四八年，法國博學之士布萊茲・巴斯卡（Blaise Pascal）委託姐夫帶上水銀氣壓計，從法國克雷蒙費弘市的最低點，爬上鄰近的丘陵，藉此確認高度與空氣變稀薄的關係。隨後數個世紀，科學家逐漸拼湊出氧氣在呼吸中的作用，並探討氧氣不足的問題，其中有個著名的里程碑：一六七一年早在運動員開始在高原帳篷裡睡覺的前三百年，羅伯特・虎克（Robert Hooke）就製作了第一個人造高原木桶，他用水泥把自己封在木桶內，然後把整個木桶放入另一個裝滿水的圓木桶裡，接著使用風箱和閥把木箱內的空氣抽出，抽到感覺耳膜「啵」一聲才停止。

後來因為發明了熱氣球，海拔高度影響的相關研究就變得容易些了。人類飛上天後幾年，生理學家和探險家在一七八三年親自升上高空，觀察人體升到極高的高度後，對稀薄空氣起的微妙反應，譬如心跳加速、呼吸費力、頭暈，有時甚至會有麻痺癱瘓的感覺。一七九九年，有位熱氣球飛行員還騎著一匹馬（原因無從考察）一起飛上天空，爬升到馬兒耳鼻開始流血的高度為止。還有一項重要的發現，那就是經驗豐富的熱氣球飛行員好像比較不會出現這些症狀，因此可以推論，多次來到空氣稀薄的地方有助於身體的調適。一八七五年，法國熱氣球「頂峰號」（*Zenith*）啟航，乘客已經知道要攜帶氧氣幫助呼吸了，但當熱氣球飛過二萬六千英呎高空時，仍有三名乘客昏了過去，兩小時後，熱氣球快速下降回到地面，其中一位乘客醒了過來，另外兩名乘客雙眼半開、嘴巴張開而且滿口是血，不幸身亡。在那個時代，搭乘熱氣球死亡的案例並非少見，失火、墜落地面等事故原因非常多，但「頂峰號」這場意外倒是顯示，在足夠的高度時，空氣本身就可能致命。

與此同時，登山家也越爬越高，並遇到類似的症狀。一七八六年，登山家爬到海拔逼近一萬六千英呎的勃朗峰。到了一八八〇年，來到曾被認為是地球至高點的厄瓜多爾欽博拉索層狀火山，高二萬一千英呎。（因為地球在赤道附近比較厚，所以欽博拉索火山還是距離地心最遠的點。）一八〇二年，德國自然歷史學家亞歷山大・洪堡（Alexander von Humboldt）首度提出導致人體衰弱的高山症與缺氧的關聯性。

目前人類所知最高的山為珠穆朗瑪峰，高八千八百四十八公尺。一九二〇年代初期，英國探險隊開始前往挑戰，登山家都知道循序漸進爬升可以減緩高山症。登山也不像快速攀升的熱氣球，光是要到珠峰山腳，就要長途跋涉五週，所以幾乎不可能完全無法適應，程度問題罷了。不過，即使如此，身體到底受不受得了這種高度的攀升，仍是個未知數。科學家認為，珠峰頂峰的氧氣濃度，應該只剩海平面的三分之一。在這樣的環境下，人類可能保持清醒嗎？是否有足夠的肌力爬越凶險的冰天雪地呢？

一九二四年，艾德華．諾頓（Edward Norton）退伍後成為登山家，四年之內第三度加入英國探險隊挑戰珠峰，結果只攀爬到二萬八千一百二十六英呎[20]，距離頂峰不到一千英呎，折返原因除了無法呼吸之外，視線還出現疊影，甚至連該如何在險峻地勢上跨出步伐，都成了極度艱辛的難題。諾頓折返後兩天，隊友喬治．馬洛里（George Mallory）和安德魯．歐文（Andrew Irvine）背上笨重的氧氣筒來對抗高海拔，準備再次攻頂。《紐約時報》記者曾問過馬洛里為何三度重返珠峰，他給的答案成了至理名言：「因為它就在那裡[21]。」直到今日，無人可以確知馬洛里和歐文是否成功攻頂，但無論答案是什麼，他們兩人終究沒能平安下山。不過，兩人也不是第一批在珠峰喪命的登山客，光是這趟探險行就有兩名當地挑夫送命，其中一名是因為高海拔引發腦出血，此外一九二二年的另一支英國探險隊，也有七位挑夫死於雪崩意外，不過這些受難者肯定也不會是最後一批亡魂。

「沒人在乎自己可能會變成植物人。」這股潛伏在稀薄空氣之中的恐懼，是萊因霍爾德．梅斯納（Reinhold Messner）於一九七八年五月一個晴朗的晚上，在海拔二萬六千英呎的高山上，用迷你錄音機記錄下來的。梅斯納和夥伴彼得・哈伯勒（Peter Habeler）在珠峰南鞍，準備隔天要攻頂；他們一起擠在堅硬冰雪覆蓋的帳篷裡，其實連帳篷內也有積雪，只好慢慢等野炊炊具的微弱熱氣把雪融化，但睡袋也因結冰變得硬梆梆，所以兩人只好有一搭沒一搭地聊著天。

哈伯勒說：「我先說了，一有發瘋跡象，我就要回頭！」

「我也是！」

「要是大腦有出現受傷的徵兆，我就會喊停！」

梅斯納同意回說：「要是講話有障礙，身體難平衡，或是其他徵兆，我一定會掉頭走人！」

以地理學角度來說，梅斯納和哈伯勒並不是踏上未知之旅，他們是追尋一九五三年艾德蒙・希拉里和丹增・諾蓋（Tenzing Norgay）首度攻頂成功的腳步而來，而且目前已有六十位男性和二位女性[22]都順利攻頂了，只不過這幾位挑戰者都有吸氧氣瓶。但梅斯納覺得氧氣瓶有損成就感和體驗，他說：「即使是再高的山峰，只要有數百名挑夫齊上，被敲了一堆營釘，外加上一大堆氧氣筒，高度就會開始萎縮。……登山客只要拿出氧氣筒，就是把珠穆朗瑪峰降級為海拔六千公尺等級的山峰了。」因此，梅斯納和哈伯勒決定攻頂時不吸氧氣瓶，想看看光靠人類的體能可以走多遠。梅斯納寫道：「我想爬爬看，看是可以爬到攻頂，還是爬到走不下去。」

兩人對於自己的勝算會如此擔憂，不是沒有原因的。自從一九二四年艾德華・諾頓創下不帶氧氣瓶攀爬的新高度紀錄後，五十多年來都沒有人能再創新紀錄。許多生理學家也在討論，到底該如何克服最後這一千英呎，但沒有一個結論是正向的。一九二九年，義大利著名科學家羅爾多福・馬葛利亞（Rodolfo Margaria），和三名不能算是幸運的學生，做了一系列艱辛的實驗，他們要在逐漸減壓的高原實驗箱裡騎單車。馬葛利亞把實驗數據點成線後表示，當水銀降到三百毫升，受試者就無力再繼續踩踏。由於珠峰至高點的壓力估算是二百四十毫米汞柱（mmHg），所以馬葛利亞認為，人類不可能不吸氧氣筒攻頂。十年後，美國耶魯大學的楊德・韓德森（Yandell Henderson）做了類似的實驗，科學探險隊到全球各地攀登山峰，現場測量調適良好的山友身上的數據，也得到類似的結論，韓德森寫道：「『接近山峰時』，攀升速度一定會逐漸趨近於零[23]：換句話說，進度最小值需要無限大的時間。」

梅斯納來自義大利德語區南提洛省，留了一把鬍鬚，脾氣不好，是登山圈裡的爭議性人物。第一次遠征喜馬拉雅山是和弟弟君特[24]一起，他們以急行軍之姿，從新的路線攀登全球第九高山峰南加巴背峰（也是危險性極高的山峰），但受高山症之苦的君特下山時遭雪崩活埋，隊友後來責備梅斯納（他自己在此趟攀爬也有七根腳趾凍傷壞死了），把私心的成就虛榮看得比弟弟的安全還重，但他本人強烈否認。梅斯納算是早期主張「阿爾卑斯風格」（alpine style）

登山方式的一員，強調以輕裝快速移動，隊員少、各自背上行囊，和當時盛行的「圍攻戰略型」（siege tactics）遠征大隊迴然不同。一九七五年，梅斯納和哈伯勒成功首次以阿爾卑斯風格登山方式，成功挑戰八千公尺（二萬六千英呎出頭），僅以三天時間攀登迦舒布魯第一峰。

梅斯納和哈伯勒的下一個目標非常明顯，他們定下格言：「以公平的手段，戰勝珠穆朗瑪峰。」但此次挑戰計畫（梅斯納就是有惹惱其他山友的天分）引來許多爭議。《紐約時報》報導指出，登山專家「幾乎全都一致認為，不帶氧氣瓶攀登高山，可以說是準備去送死的[25]。」但也不是沒人支持，飛往尼泊爾前幾天，梅斯納收到艾德華・諾頓兒子的來信，寫道：「我父親肯定是相信，只要狀況對了，不吸氧氣瓶也是能爬上珠穆朗瑪峰的。」

「只要狀況對了」，這句但書成了關鍵重點，因為攀爬喜馬拉雅山的登山家很快都知道了，想要成功攀爬，雪況條件、健康狀況、調適狀況都一樣重要。哈伯勒在第一次攻頂時，在三號營地食物中毒了，所以不得不下山，留下梅斯納和兩名雪巴人；三人不久就在南鞍遇上暴風雪，整整被困在帳篷裡兩天，遭逢風速高達每小時一百二十五英里的暴風狂襲，幾乎要把帳篷撕成碎片，而且溫度還驟降到華氏零下四十度。兩週多後，梅斯納和哈伯勒再次回到南鞍，準備再試最後一次，只是兩人已經開始懷疑是否能順利攻頂了。

五月八日破曉時，果然是陰天多雲。兩人光是穿上裝備，就折騰了兩個鐘頭，耗費了不少力氣，最後終於要走出帳篷時，一陣夾著雪和雨的狂風正面直襲而來，但兩人還是決定要攻頂。由於積雪持續增厚，兩人被迫去爬困難度高但沒有積雪的山脊，而且為了節省呼吸的力氣，他們改以手語溝通，或是用冰斧在雪地上寫字，用箭頭指向上或向下。八小時後，來到最後一小段路，但兩人幾乎都爬不動了，每十到十五步就得倒下來休息喘氣。終於，激動的情緒夾帶著兩頰淚水，他們大口喘著氣感動地躺在至高點上！梅斯納形容當下的感覺：「我只是一顆小到不行而且喘著氣的肺臟，浮游在雲霧和山峰之間。」

兩人成功攻頂後，讓生理學家重新評估理論的可行性，畢竟實際上是做得到的。三年之後，一支研究探險隊決定前往珠峰，並沿途測量生理反應，另外還有八位志願受試者，在模擬攀爬珠峰高度的高原實驗箱裡住了四十天，期間不斷地受到挑戰，直到精疲力盡為止。當然囉，更新後的數據顯示，梅斯納和哈伯勒不吸氧氣攻頂，果真是可行的，但算是成功得非常勉強。很快地，有許多山友相繼挑戰攻頂（依據喜馬拉雅資料庫[26]，截至二〇一六年六月，共計有四千四百六十九人成功攻頂七千六百四十六次，其中有一百九十七人沒有吸氧氣筒），連梅斯納自己也在一九八〇年，成功獨自從西藏這一側攻頂。

有個巧合讓生理學家感到無比有趣，那就是人類能在稀薄空氣中存活的高度，剛好就是地球的至高點。二〇〇〇年時，退役後專門研究高山症的生理學家約翰・韋斯特（John West），於《紐約科學院年誌》（*Annals of the New York Academy of Sciences*）寫道[27]：「如果有演化生物學家能對此想出理由，就很有意思了。」的確，還是會發生巧合。但是，既然已經知道終點線和完成點都會影響人體的安全迴路，那我不禁在想，如果大地之母給我們的是三萬英呎的山峰，而不是珠峰的二萬九千零二十九英呎，那麼肯定還是有人可以不靠氧氣筒攻頂囉！

二〇一三年一月，我和太太當時住在澳洲，正值夏季，我開始為人生的第一場馬拉松做特訓。我有超過二十年正式練跑的資歷，雖然中斷過幾次，但我非常清楚特訓過程身體會有的反應。因為這次特訓是要測試山繆·馬科拉的大腦耐力訓練程序（本書第十一章會詳述），所以我有很棒的團隊，教練也很優秀，而且特訓過程還會寫成《跑者世界》的文章，這算是我的附加動機了。其實，前一年的秋天我生病了，體能損耗不少，所以隔年三月決定先參加強度較低的半馬賽事，好瞭解自己的狀態，結果成績是一小時十五分零八秒，還不算太差，卻也有點失望。我都三十七歲了，已經過了黃金時期，但是在幾年前的類似賽程裡，我是可以跑出中強度節奏的！顯然我得再努力一點，才能在全馬當天做好萬全準備！

一個月後，我變壯了，體能也變好了，所以我又去參加另一場半馬，作為最後一次賽事模擬。這次跑得很順利，感覺很好，配速調整得也不錯，結束時知道自己有盡力在跑，結果成績也有變好，一小時十二分五十五秒，但只有進步一點點而已。這次有點難找藉口了；這三個月來，我都有練跑固定的量，鍛鍊部分有難度但也沒過頭，更沒有受傷或是遇到什麼困難。而且，要是賽前問我成績預測，我會說是一小時十分。我真的被打敗了，但後來（癡迷於跑步科學的好處）我終於找到一個藉口：海拔。

當時我住在內陸城市坎培拉，海拔適中，約超出一千九百英呎一些。一般大家到超過三千英呎的地方，才會想到空氣稀薄的問題，但其實有些高原訓練的研究發現，低海拔控制組可以在超過三千英呎高處生存無虞[28]。失望的半馬成績發生後沒多久，我去坎培拉澳洲體育學院訪問科學家，其中有位科學家蘿拉・卡比肯（Laura Garvican）跟我說，學院初成立時，他們在校準實驗室中精密測試儀器的過程發現，儘管盡了所有努力，但同一群運動員所測得的最大攝氧量，硬是比在其他實驗室測得的數據低一些，他們開始懷疑究竟是不是海拔的關係，所以決定用加壓艙調整有效海拔高度進行測量。

一九九六年，該項研究結果發表了，他們發現一個奇怪的地方：沒有受過訓的受試者，其最大攝氧量在海平面和在坎培拉海拔都是一樣的[29]；但是，有受訓過的單車手，其數值在海拔一千九百英呎時，平均會下降六・八％，原因似乎是因為，血液攜帶到運動肌肉群的氧氣量變少了。耐力運動員的心臟跳動非常有力，以致於趕著流向肺臟時，幾乎沒有時間停下來攜帶氧氣。即使是在海平面，約有七十％的男性耐力運動員[30]在做力竭運動（all-out exercise）時，心臟非常用力跳動，所以動脈含氧量顯著下降。（此現象在女性和年紀較長的運動員身上更明顯。）因此，在坎培拉這種海拔不算高的地方，環境氧氣含量稍微偏低，血液的含氧量也會降低，進而影響了流進肌肉裡的氧氣量。

結果，該現象也出現在全球最厲害的跑者身上，甚至連在高海拔地區長大的人也是如此。加拿大英屬哥倫比亞大學研究員前往肯亞，研究肯亞頂尖長距離跑者的肺臟與氧處理能力，結果發現，他們普遍有類似的「運動性動脈低血氧」症狀，即在高強度運動時血液含氧量會降低，但此症狀其實較常出現在其他群體身上；研究員比爾・希爾（Bill Sheel）跟我說：「這些都是世界上最強健的人，但他們的血液氣體（判斷肺換氣功能的指標）卻跟加護病房的病患一樣。」

所以，我大可假設因為海拔的關係，我的最大攝氧量可能比較小，但也無法直接解釋，為何我在半馬這種長跑裡速度會變慢，畢竟好的長距離跑者在十三・一英里的半馬距離裡，平均可以維持住八十五％的最大攝氧量，而全馬跑者則平均可以維持八十％的最大攝氧量[31]。我們在研究室外頭，其實很少能跑到最大攝氧量極限，因為那樣跑要撐過十分鐘，實在是太困難了。跑半馬時，我不可能因為無法輸送更多氧氣到肌肉裡，就直接受到影響。長距離賽事也是一樣，訓練研究發現，最大攝氧量增加了，也不表示比賽成績會等比例改善[32]。所以，如果最大攝氧量很重要，原因到底是什麼呢？

阿奇博爾德・希爾和其支持者是對的，最大攝氧量的確可以有效預測表現成績，但無法從條件相當的運動員（當然也可以是條件相符的懶人）中找出贏家。在多元族群[33]的耐力測驗中，你可以很可靠地假設最大攝氧量較高的人表現較佳，即使是像半馬這種長距離賽事中，沒有人真的能達到最大攝氧量，也是如此。多年以來，挪威越野滑雪好手比約恩・戴利（Bjørn Dæhlie）締造多次全球最大攝氧量的紀錄，也曾是冬季奧運歷史上成績優異的運動員，十二面獎牌中有八面金牌，這肯定不是巧合；資料顯示，戴利每分鐘每公斤體重可以處理九十六毫升的氧氣，但一般健康成人僅達四十毫升。

來猜猜看實際測量到的數據是多少好了；美國運動科學家史蒂芬・塞勒（Stephen Seiler）於一九九七年搬到挪威，我向他詢問戴利的測量結果，他表示看過相關資料，但猜想可能有設備校正疑慮，所以抱持懷疑態度。戴利創下新紀錄的時間點是在一九九〇年代，當時挪威和瑞典、俄國、義大利等許多國家，正值越野滑雪的「冷戰時期」，相互激烈競爭。塞勒說：「我覺得當時的測量結果應該不是很好，只是想放風聲嚇嚇競爭對手。」二〇一七年，塞勒和多位挪威運動科學家，為了呼應哈佛疲勞研究室於一九三七年發表的知名研究，發表了一份題目為〈人體力量的新紀錄[34]〉的手稿，文中指出，從具可信度的單車手和越野滑雪手測量資料看來，人體最大攝氧量應該落在大約每分鐘每公斤體重九十毫升，而女性因體脂肪較高、血液裡負責攜氧的血紅蛋白量較低，所以最大攝氧量會降低約十五%，另外擁有最大攝氧量紀錄的人也是一名越野滑雪手，達每分鐘每公斤體重七十八毫升。

（現況補充：無論數據真假，戴利的非正式最大攝氧量紀錄已經被超越了。二〇一二年秋天，根據挪威媒體報導，挪威十八歲單車手奧斯卡・史文德森[35]〔Oskar Svendsen〕在實驗室測量出每分鐘每公斤體重九十七・五毫升；幾週後，史文德森就贏了世界公路車錦標賽的青年組計時賽。幾經大肆宣傳後，這位年輕的職業選手發展並不穩定，並於二〇一四年退休，當時史文德森才二十歲，可見最大攝氧量是很重要，但卻無法決定命運的發展。）

不過，整體來看，取得氧氣對成績表現的影響並不明顯。澳洲體育學院後來有份研究[36]，確立了坎培拉的海拔高度不僅會降低最大攝氧量，也會拉下賽事成績。反過來看本書第二章裡談到的，即使在極度缺氧並不是主因的情況下（譬如：橫渡英吉利海峽），吸純氧似乎可以提升耐力表現。所以，亞尼斯・比茲萊迪斯打算比 Nike 搶先做到馬拉松破二，他乾脆直接飛到以色列，調查沿著死海跑馬拉松[37]的可能性，因為該區海拔幾乎是全球最低的了，約在海平面下〇・二五英里，空氣裡大約比海平面處多出五％的氧氣含量，因此有望（僅是理論預測）提升表現。那麼，在氧氣對表現成績影響研究上的重要研究員是誰呢？一九五四年，羅傑・班尼斯特一英里破四後兩個月，就於《生理學期刊》發表論文〈運動加入氧氣對呼吸作用和成績表現的影響〉，當空氣含氧量從標準的二十一％提升到六十六％時，班尼斯特發現自己在跑步機上測試跑步的時間一飛衝天，延長了一倍之多。

氧氣的極限作用最有趣的一個解釋，來自「腦部氧合能力[38]」（cerebral oxygenation）的研究，也就是流到大腦以維持生命的血流。剛開始運動時，大腦的含氧量會上升，以供應氧氣給相關的神經元活動，包括傳送訊號給肌肉以及監督使力狀況。之後會達到穩定的高原期，直到達到身體的極限。隨著呼吸越來越用力，血液中的二氧化碳含量會降低，接著導致流至大腦的血管收縮。（當你刻意過度換氣，就會感到頭暈，最後會昏過去，就是發生相同的情況。）大腦缺氧可能會直接影響肌肉的調用，也可能會產生讓身體想要慢下來、停下來的疲勞訊號。

二〇一〇年，加拿大萊斯橋大學發現，成績不錯、具競爭力的大學跑者，在結束五公里跑步測試時，大腦中的含氧量的確會下降。四年後，另一個研究團隊也針對十五名世界級的肯亞跑者做了類似的研究，這群受試者的半馬成績平均為六十二分鐘，結果發現在五公里跑步測試中，肯亞跑者大腦中的含氧量從頭到尾大致都維持一樣。從上述兩個小型研究，很難有明確的定論，但研究員指出，肯亞跑者在高海拔地區出生長大，而且童年時期也非常活躍，因此大腦的氧氣供給能力非常好：他們流往大腦的血管數量比較多，而且血管壁也比較厚，所以很難收縮關閉。

本書上一章節討論肌肉疲勞時，談到紀堯姆・米勒的巧妙研究[39]，也進一步證明部分耐力表現取決於大腦的含氧量。從海平面一路上升到二萬三千英呎，米勒在不同的海拔高度，請受試者重複彎曲手臂直到疲勞為止，不過實驗使用了血壓壓脈帶阻擋進出手臂的血流；也就是說，即使海拔高度改變，但手臂肌肉獲取的含氧量也是一樣（也就是「零」），而且肌肉疲勞和代謝物累積的速度也沒有改變。不過，研究發現，在最高海拔時，受試者感到疲勞的時間提前了十％到十五％，米勒推論原因就是腦部氧合能力降低。

另外還有其他證據說明腦部氧合能力和耐力極限的關聯性；一九三五年，哈佛疲勞研究室的大衛・狄爾帶領一支國際科學家團隊前往智利，在軌道車上設置行動研究室，並沿著奧坎基爾查峰火山，一路從海平面高度爬升到二萬英呎的硫磺礦區，沿途詳盡測量自己和志願受試者在各個海拔高度的狀況。他在過程中發現一個百思不解的現象，稱為「乳酸根離子的矛盾」[40]（lactate paradox），至今仍頗具爭議性。

在一般情況下，當人體「進入無氧」的運動時，會有大量乳酸根離子進入肌肉和血液，也就是說，運動程度非常劇烈，導致肌肉無法從平時的有氧途徑得到足夠的燃料；此外，到了高海拔地區，空氣中的氧氣變少了，所以同樣的配速或使力程度，人體會提早進入無氧運動，製造出更多的乳酸根離子。但是，狄爾的團隊卻觀察到相反的結果：海拔越高，身體疲勞時製造的乳酸根離子數量會變少。從資料推斷（已經重複多次施作和確認），來到二萬三千英呎時，空氣中的含氧量不到海平面的一半，身體將無法提升乳酸根離子含量。

馬可斯・亞曼和同事做了一系列研究，模擬不同的海拔高度，進行五公里單車計時測量和騎乘到力竭測量，得到的結果可能可以用來解釋這個看似矛盾的現象[41]。肌電圖顯示，海拔越高，大腦傳遞到腿部肌肉群的訊號就越弱。每次測量一開始，早在疲勞感出現之前，肌肉活化程度就降低得很明顯，這顯示大腦預先節制了肌肉使力。所以即使高海拔空氣中的氧氣變少了，但達到力竭狀態的肌肉，與在海平面時相比，比較不會感到疲勞（如同電刺激測量的結果）。換句話說，萊因霍爾德・梅斯納和其他登山家體驗到的虛弱與疲勞，不是因為肌肉沒有獲得足夠的氧氣，而是因為大腦正處於氧氣不夠的危險，而根據演化的結論，這個狀況更危險。

所以，氧氣「真的」會影響耐力表現嗎？若是可以把耐力分為肌肉決定而且無法改變的極限值，和心智決定但可以商量的極限值，那就方便多了。（如同先前提過的，當初會想寫這本書就是因為我認為後者比前者常見。）其實有時候的確可以一分為二。雖然世界上最厲害的閉氣時間紀錄保持人，絕對有獨特的生理技能和調適技巧，不過要從閉氣一分鐘延長到三分鐘，只要接受、然後忽略痛苦不安的感覺就可以了，這是大腦就可以決定的。不過，有些登山家在極高海拔處就是無法完全調適[42]，抵達梅斯納攀爬過的高海拔時，會感到噁心甚至喪命，原因與經驗和體能無關，似乎大多是基因的關係，這就不是大腦可以決定的了。

實際上來說，把問題怪給心智或肌肉往往也不會有幫助，有時候還會誤導你，畢竟大腦只是人體的一部分罷了。一九六一年，豬飼道夫和亞瑟・史坦豪斯研究突來的槍聲對肌力的生理影響時，倒是點出了一點（見第135頁）：「心理學是很特別的大腦生理案例。」換句話說，感受、情緒、衝動，和身體核心溫度的改變，或身體水分的減少一樣，在生理學上都是真實的，都是由化學訊號居中協調。因此，當大腦的含氧量降低時，我們是因為神經元或安全迴路失效，所以被迫降慢速度嗎？還是其實是自己決定要調降速度的呢？兩者有差別嗎？不論答案為何（我想現階段是沒有答案），結果都很明顯：速度就是變慢了。

第八章　高溫

要怪就怪肯塔基安納[1]八月特有的炙熱陽光吧！或者怪那群剛開學的中學生，靜不下來也講不聽的男同學，又或者是怪附近正在比賽的女子足球隊，反正不管是什麼原因，歡樂山脊公園中學的練習場上，美式橄欖球隊教練傑森・史蒂森（Jason Stinson）在指示先發球員就定位，準備來場對內分組賽時，根本就沒人在聽教練說話。史蒂森接下路易威爾市郊的主教練工作之前，擔任助教已有三年時間。最後教練失去耐性了，他大吼一聲：「排好隊伍[2]！不想練習就跑步好了[3]！」

接下來的三十到四十分鐘，隊員都在「折返跑」，這是大家都很熟悉的訓練，就是在練習場上折返短跑四次；一趟大約需要一分鐘，跑了八趟後，有些男孩速度慢到用走的，這下教練更生氣了！史蒂森揪出八名犯規最嚴重的隊員，要他們開始做更難的彈跳升降運動，而且還加入原地跑和彈跳落地，其他人則是繼續折返跑。史蒂森告訴隊員：「就一直跑，跑到有人要退出球隊為止！」跑到第十二趟折返跑時，已經三度退出球隊又回來的大衛・恩格勒（David Englert），再度走出訓練場。史蒂森宣布：「噹、噹、噹[4]！贏家出現了！」

練習結束了，隊員四散離開。剛剛折返跑操到累慘的二年級麥斯・吉爾平（Max Gilpin）留在場上收器材，但沒多久他的雙腿卻開始發抖，兩名隊員把他架到樹下休息，此時吉爾平卻昏了過去。隊友趕緊跑去求救，沒多久幾位助教圍了上來，學校體育組組長把園區車開來載吉爾平，大家不停潑水，用冰塊幫他冷卻，也打電話叫救護車，但還是晚了一步，三天之後，二〇〇八年八月二十三日，麥斯・吉爾平因中暑引發併發症，死於柯塞爾兒童醫院。

最恐怖的是，吉爾平的死並沒有很意外！根據美國國家嚴重體育傷員研究中心的紀錄，一九六〇到二〇一六年間，總共有一百四十三位橄欖球員死於中暑，其中多數是高中生，因為他們大多數是在天氣正熱的夏季操練，也是隊員體能最不好的季節。其實連職業選手也沒能倖免：明尼蘇達維京人隊的進攻截鋒柯里・史尊格（Korey Stringer），在二〇〇一年集訓期間因中暑身亡，當時全國各大媒體只短暫關切了一下該議題。

一方面，我們可以說吉爾平的死很不尋常。這起練習致死意外發生後一週，路易威爾市主任檢察官宣布警方將展開調查，成為第一起與熱有關的運動死亡案件。五個月後，傑森・史蒂森教練因疏忽釀成謀殺罪而被起訴，後來又追加因不負責任招致危險的罪名。吉爾平把自己逼到超過體能極限，又或許是像檢察官所說，有目擊證人指出教練不讓隊員喝水，所以認為是因為史蒂森教練「野蠻的訓練方式」，導致吉爾平被操過頭。

回到一九九六年，提姆・諾克斯在準備美國運動醫學會演講過程中，發現有人會把自己逼到熱死，但有些人卻不會，為此他深感不解，因此二〇〇九年史蒂森案為期十三天的審判，也算是為此議題做了一番討論。檢方主張，吉爾平的死是史蒂森教練行為直接而可預見的後果，但辯方反駁，這是無法預見的不幸意外。其實意外發生的下午，大約有一百名運動員同樣在忍受史蒂森教練的野蠻訓練，整個肯塔基州另有數千名運動員在做類似的訓練，而且全美共計有超過百萬名高中男生[5]參加了橄欖球隊。所以，陪審團的工作就是裁定麥斯・吉爾平的案件到底有無不尋常之處。

一七九八年，美國爆發獨立戰爭，麻州出生的博學之士班傑明・湯姆生伯爵（Sir Benjamin Thompson）逃離到英國，他發明了真空低溫烹調法，還把馬鈴薯引進德國巴伐利亞[6]（並在此被授予倫福特伯爵〔Count Rumford〕稱號），進而點燃熱力研究的革命。湯姆生演示說明，兩匹馬跑到衰竭所產生的熱力，足以加熱二・二五加侖的水數小時，直至沸騰，他指出：「旁觀者看到這麼多冷水不用火，也可以加熱至沸騰，瞠目結舌的程度還真是難以形容。」

湯姆生的研究指出，人體本身實際上就是一個火爐，藉由機械作用，把食物轉換成能量的過程會產生熱，這股熱氣有時會有幫助，但有時會帶來不好的附加後果。你動越多，產生的熱氣會越多。一九一一和一九一二年，波士頓實驗室測量職業單車手梅爾文・莫德（Melvin A.

Mode）的人體機器效率，是二十%到二十五%，成為最早的代表性研究紀錄[7]。換句話說，每吃下一百大卡食物，你可能會得到二十五大卡的有效功[8]，以及七十五大卡的熱量逸散。雖然聽起來效率不彰，但其實該效率就跟一般典型的內燃式引擎（簡稱內燃機，能把燃料的化學能轉化機械能）一樣。

冷天時，車子引擎產生的熱氣非常好用，一陣一陣從通風口送出來，溫暖整個車內空間。人體製造熱氣也是同樣的道理，而且耐力運動員體內火爐燃燒的溫度高過大多數人，因此遇上極冷的天氣，也不至於受到限制。多倫多大學研究員艾拉・賈伯（Ira Jacobs）曾任加拿大國防部首席科學家，他指出：「在一般正常情況下，只要穿著妥當，人體很難會遇上低溫耐受極限的情況。」

對運動員來說，與低溫相關的最大問題是發生在活動程度改變的時候，也就是你在太累的時候，會無法維持一直讓身體保持溫暖的努力程度。如果此時衣服因為濕了而失去絕緣能力，情況就會更糟。一九六四年約克郡曠野健行比賽中，有三名年輕選手就是因為這個原因而送命，當時氣溫約高於零度，而且還下著雨，這場賽事因而惡名遠播。曾協助艾德蒙・希拉里和丹增・諾蓋登上珠峰的生理學家格里菲斯・布赫[9]（Griffith Pugh），也前來協助調查意外原因。一九九〇年代，賈伯發現，有四名美國遊騎兵在佛羅里達州訓練時，都是因為發生相同類型的「健行體溫過低[10]」而死亡。只要體內的火爐熄滅，即使只是冷一點點，也會致命。

天氣熱時，人體的運作宛如沒有冷氣的轎車，所以容易出現體溫調節問題：由於無從主動降溫，因此身體能做的就是想辦法盡快散熱。在休息狀態時，人體皮膚周圍的血管血流速度大約每分鐘二百五十毫升（半品脫）[11]，主要就是藉由輻射（電磁波）和對流（空氣流動）作用，把身體核心的熱散發到周遭環境。因此，人體會持續散發約當燈泡的一百瓦熱度[12]（但主要是紅外線而非可見波長），才能完全平衡掉基礎代謝產生的熱氣，並維繫生命。

不過，騎上單車後，身體會快速變化。由於人體的效率不夠完全，所以踩踏二百五十瓦功率時，人體會額外產出一千瓦的熱，而每小時跑十英里產出的熱高達一千五百瓦。同時，皮膚周圍的血管會大幅擴張，血流速度會加快三十倍，每分鐘有高達八公升的血流經過，把熱擴散到周圍的空氣中。（低溫時，則會出現相反作用，人體為了保存溫度會切斷身體末梢的血液供給，科學家稱為「生理截肢」。）另外，身體也會開始流汗，也就是液態水轉換成蒸氣的過程。汗液蒸發帶走熱能是皮膚最強的冷卻作用，而且在極度炎熱的情況下，氣溫接近或是高於皮膚溫度時，汗液蒸發成了人體唯一有效的冷卻作用，但如果環境濕度過高，導致汗液無法蒸發而是滴下汗珠，那麼身體核心溫度就會緩緩升溫，情況便會逐漸變危急。

麥斯・吉爾平意外身亡這天的下午三點四十五分，隊員前往練習場時，史蒂森教練填寫了天氣日報表，紀錄顯示為華氏九十四度，學校濕度計測得濕度為三十二%，這兩個數據在熱指數表上對應出來的數字是九十四，低於門檻九十五。若達門檻數值，就得安排喝水休息時間，而且不可以穿戴笨重的裝備。這天天氣很熱，但沒有比先前幾次的訓練日熱，而且前幾週練習遇到熱指數表飆到一百零三時，史蒂森教練就提醒隊員要脫下頭盔。

從這個角度來看，吉爾平的死的確很不尋常。這場意外不是發生在夏季集訓的第一天或第一週，而是第六週，而且之前的二十九天訓練日，熱指數全都超過八十，其中還有五天超過九十五。炎熱環境下重複操練，身體的保護機制就會越來越好[13]。從較低體溫開始，汗就流得比較多；血管也擴張得更寬，好把充滿熱氣的血液送到皮膚散熱；另外，身體的血液總量也會增加，讓你在運動期間可以降低心跳率。整個調適過程大約兩週。因此，美國運動傷害防護協會才會提醒，橄欖球夏季集訓頭十四天的訓練強度要有所限制，而且務必完整穿著裝備。

數百年來，一直有傳聞指出[14]人體可以適應炎熱的氣候條件。舉例來說，一七八九年，身處印度的英國軍醫就發現，每次軍事行動的頭幾天過後，熱相關的健康問題就會漸漸遞減。不過，一直到一九三〇年代，才出現人體調適過程的系統性研究。因為光是在一九二六年，南非黃金礦區[15]就連續有二十六起中暑死亡案例，因為隨著礦坑越挖越深，地底深一千公尺處的溫度，居然高達華氏一百四十度。

年輕醫師艾度・卓斯提（Aldo Dreosti）接受蘭特礦業公司委託，要想辦法找出解決方式。在該公司位於約翰尼斯堡的市深礦場中，非洲礦工剛開始到地底下挖礦時，最多可以有十四天調適期，為了避免礦工持續挖礦不休息，所以安排兩人共用一支鏟子。但顯然效果不彰。因為一九二六年到一九三一年，還是有二十名礦工中暑身亡。但也許對公司業主來說，只有少數人容易中暑，卻讓全部礦工都享有調適期，而影響了公司獲利似乎是更重要的事。在一九三五年的採礦研討會裡，卓斯提向同僚說道：「礦場因為損失效率，財務狀況大受打擊。」

卓斯提的任務就是要找出哪些礦工容易中暑，並找出能讓這群人迅速適應地底艱苦工作環境的方法。因此，卓斯提把沒在用的病房改建為加熱室，裡頭有交錯縱橫的管線，管線上有洞孔冒出蒸汽，每次最多有五十名礦工進入，接受卓斯提發明的「熱耐力測試」。測試過程中，礦工要脫光衣服，在華氏九十五度高溫下，和夥伴輪流鏟石頭一小時，並由「特別訓練過的天生『工頭』」負責監督。測量完兩萬名礦工後，卓斯提就能依據體溫會升到多高，以及體溫多快開始升高，把受試者分為三類，分別給予四天、七天、十四天的適應期。

現在看來，卓斯提的有些作法顯得粗糙無比，但卻成功大幅降低市深礦場中暑身亡的人數，而且也順利幫助礦工盡速在蒸汽全開的環境中工作。後續幾年，許多研究員持續改良理想適應期的測量方式。二次大戰時，盟軍預備要在悶熱的叢林和沙漠打戰，期間的研究發現[16]，每天在炎熱環境下，做中等強度運動六十到九十分鐘，身體會在數天內迅速轉變，而且完整調適也只需要大約兩週時間。只是光是撐過炎熱的夏天是不夠的，還要藉由運動對體內的系統施壓，這正好就是麥斯・吉爾平死前六週，每天和隊友在做的練習。換句話說，姑且不論史蒂森教練得負起多少責任，吉爾平的死，並不是因為太快跳到火力全開的訓練方式所導致的。

一九九〇年代末期，丹麥一群科學家在哥本哈根大學成立歐古斯特・克羅格研究機構[17]，並就人體核心溫度對耐力極限的影響，做了一項簡單實驗。七名單車手要在濕熱的環境中，騎乘單車到疲勞程度，也就是每分鐘最少要連續踩踏五十下到騎不了為止。騎乘前，他們的頸部以下分別浸泡在低溫、中溫、高溫的水中三十分鐘，以幫助核心溫度分別達到華氏九十七度、華氏九十九度、華氏一百零一度。結果如同預期，事先降溫後的騎乘時間最久，遠比體溫升高後的時間多了一倍。不過，雖然騎乘時間差距很大，但車手疲勞時的核心溫度居然很一致，每名車手每次騎到放棄後，溫度計測得的數據都落在華氏一百零四度到華氏一百零四・五度之間，彷彿就像體溫超過臨界門檻後，溫感電路斷電器就會開啟似的。

運動科學家很快就享用到這個研究對潛在運動表現的好處。二〇〇四年，在炙熱的雅典奧運上，澳洲隊就讓隊員在上場前先泡冰澡降溫[18]。二〇〇八年，方法變得更簡單有效，就是直接運送七臺冰沙機到北京，架設在田徑、單車、足球、鐵人三項等運動項目賽場上；就像流汗的汗液蒸發後，皮膚就會降溫，冰塊在胃裡融化成水也能幫助降溫，這稱為「相變能量」(phase change energy)，而且效果比單純喝冷水好很多；澳洲運動科學家的測試結果顯示[19]，運動飲料可以降低核心溫度華氏一度，碎冰也可以達到一樣的效果，並進而提升高溫時的耐力。

冰沙還有一個妙用，它不只能降低運動員剛出賽時的體溫，在某些例子中，也能讓運動員在感到疲勞之前，把核心溫度逼高一點。其實只有一點點而已，大約華氏半度，但還是滿奇妙的。研究人員推測，運動員喝下冰沙後，冰沙在通過口、喉之際，也冷卻了大腦。在早期研究中，曾經使用灌溉用冷水經由鼻子冷卻山羊和狗的大腦，結果發現，是大腦的溫度而不是核心溫度（通常是測量直腸的溫度），決定了最終的熱極限。因此，冰沙幫大腦降溫後，即使身體其他部位的體溫超過平時的極限，還是能夠踩踏久一點。

一個相關的可能性是，把冰融化的胃裡面有溫度感測功能[20]。直到最近，這個想法一直被認為像幻想一樣，而不被理會。二〇一四年，加拿大渥太華大學的熱力人類工程學研究室裡，歐力・傑（Ollie Jay）和同事演示說明，藉由鼻胃管輸入冷與熱的液體到胃裡，可以改變單車手流汗的速度。傑後來輾轉來到澳洲雪梨大學，他發現上述研究結果可以說明，為何有些傳統會習慣在大熱天的午後喝熱茶，正是因為胃裡的溫度接收器感測到熱飲後，會加強流汗作用讓身體降溫，而且其他部位的體溫還不會升高。

所以，最重要的到底是大腦還是胃的溫度呢？答案可能兩者皆是，另外像是皮膚等其他身體部位的溫度訊號也很重要。運動員會穿上塞滿冰塊的背心、戴上降溫袖套、脖子披上冰鎮毛巾，這不只可以改變核心溫度，也會扭轉你對熱的感受，進而決定可以多用力。現實中也有進一步的感知證據[21]：二〇一二年英國研究指出，若把加熱室的溫度計數據刻意調低（華氏八十九度調成華氏七十九度），單車手的速度會加快四％。

這種以感知為主的觀點，違反了高溫會直接影響生理運作，而導致速度慢下來的普遍看法。不過，真相是，很少人曾經體驗過臨界溫度的門檻，也就是在實驗室的加熱室測試中會讓人倒下的溫度。更精確地說，也許不是出自我們的意願，但人體在本能上就會調節發生的速度，把體溫保持在門檻之下。正如南非運動科學家羅斯・塔克展示過的，在炎熱的夏天開始跑十公里時，早在身體開始發熱之前，你的配速從一開始就偏慢了[22]。塔克跟我解釋，熱的作用並不像是電燈開關那樣瞬間停止肌肉運作，實際的情況比較像是亮度調節器那樣，這是大腦為了保護身體而做的調節。

不過，這並不表示身體就不重要了。麥斯・吉爾平在高一、高二時都受過嚴格訓練，每週還跟父親一起去做重訓兩、三次，每次至少一小時。吉爾平父親以自己年輕時使用類固醇的親身經歷，告誡吉爾平禁藥的危險性，並建議補充非處方用藥肌酸（creatine），以幫助增加肌力。十年級時，吉爾平高六呎二，體重比前一年重了二十七磅，來到二百一十六磅，雖然不是橄欖球隊裡體型最壯碩的人，但仍是分量十足，這種體型和菁英馬拉松選手剛好相反。

二〇一三年，法國國家運動研究機構[23]搜集了一九九〇年到二〇一一年期間，每年度前百大馬拉松跑者的擬人數值資料，結果意外發現，馬拉松跑者體型萎縮的速度頗令人擔憂。一九九〇年時，百大跑者的平均身高和體重皆超過五呎八和一百三十一磅一些，但到了二〇一一年時，數據掉到五呎七和一百二十四磅。研究人員猜測，原因很簡單，因為體重越重，跑步產生的熱氣會越多，而高的人表面皮膚面積比較大，所以流汗排的熱就會比較多。但是額外體重的負擔蓋過表面皮膚散熱快的好處，因此對體型偏高偏大的跑者比較不利[24]。另外，隨著馬拉松運動在一九九〇、二〇〇〇年代，發展成為容易賺錢的行業，跑者體型演變成更能保持涼爽的體態。相反地，橄欖球隊員的體型則演變成要能應付野蠻賽事，尤其是麥斯·吉爾平擔任的線鋒，這是領頭衝破對手防線的火車頭，也是最容易受傷的隊員；據統計，一九八〇年到二〇〇九年間，五十八位中暑身亡的橄欖球隊員中，有五十位是先鋒[25]。

隨著一趟趟的短跑，吉爾平的身體體溫和感受到的體溫一起慢慢增加。六趟折返跑後，史蒂森教練下令跑最快的隊員可以下場，八趟之後，教練要剩餘在場上的隊員脫去頭盔繼續跑，十趟後，隊員都脫去球衣和護肩。吉爾平並不是飛快的跑者，所以不可能提早解脫，但他仍努力督促自己。《運動畫刊》記者湯姆士·雷克（Thomas Lake）後來報導指出：「套用他敬愛的母親所說的，吉爾平一直都在努力討好他人。」有時吉爾平練習表現不夠好，父親就不肯載他回家。意外發生這天，吉爾平的父親也在場邊，吉爾平是不是急於想要取悅他人，所以才把自己逼得超過了極限呢？

依據臨界溫度的研究，吉爾平的核心溫度要是達到華氏一百零四度，就無法繼續操練。不過，臨界溫度並不像初步相關研究所稱，是一個固定不變的數值。加拿大布魯克大學的環境生理學家張守誠[26]（Stephen Cheung），熱衷於越野單車賽，並於攻讀博士期間開始探討相關議題。張守誠在軍方資助的一項實驗中發現，比起較不健壯的運動員，訓練有素的運動員能在跑步機測驗中逼出較高的核心體溫，可見大腦溫度的設定確實可以改變。

張守誠的最新研究提出更令人驚奇的證據，以說明大腦的力量：張守誠和同事讓十八名受過訓的單車手，在華氏九十五度的環境中做一連串的體能與認知測試。之後，有一半的車手接受為期兩週的「激勵性自我對話」訓練，內容都是特別針對在高溫下的運動，基本上就是抑制負面想法，譬如把「這裡好熱喔！」、「我快要燒起來了！」改為激勵性想法，譬如「你很棒！要撐下去呀！」結果，自我對話組在某項耐力測驗中，從八分鐘進步到十一分鐘，而疲勞時的核心溫度提高超過半度。張守誠解釋臨界溫度概念時表示：「我們現在可以斷定，臨界溫度不只是生理現象，似乎內心的心理層面也扮演著重大角色。」換句話說，只要內心想法對了，你就能超越平時的溫度極限：「即使你體力很好，還是可以改善對熱的感受，並提升在高溫下的運動表現。」

不過，一切仍像是個謎。張守誠的單車手因自我對話受惠，在疲勞倒下前的核心溫度也只提升了半度，但麥斯・吉爾平最後的體溫高達華氏一百零九・四度，這是連內臟都開始溶解的高溫，足足超出平時的極限五度。傳統上，我們會把中暑視為阻擋持續運動的最後關卡：先是感覺到熱，接著是很不舒服的熱感，然後是熱衰竭，若還不停止，最後就會演變成中暑。其實，大多數人的身體並無法把體溫逼近華氏一百零九度，要達到這極限，肯定是有異常狀況。

二〇〇二年，兩位分別來自豔陽高照的沙烏地阿拉伯和美國德州的醫師，在《新英格蘭醫學期刊》（*New England Journal of Medicine*）聯合發表一篇論文，針對中暑提出新的定義[27]，他們指出，中暑不僅攸關體溫變化，也會引起「全身性發炎反應」，而且症狀會快速惡化，最終導致多重器官衰竭。如同本書先前討論過的，人體防衛機制會對抗熱，就是藉由血液導熱到皮膚揮發。這個反應的另一面就是，腸道與其他內臟會缺乏血液和氧氣，導致平常腸道會處理掉的毒素直接流進血液裡，並迅速引發全身性發炎。中暑不只是體溫變熱，而是身體發炎後，造成正常體溫時的身體防禦系統失效。

那麼，為何發炎反應在少數人身上會急劇惡化呢？原因有一長串，符合越多項，中暑的風險就越大[28]。美國陸軍環境醫學研究所的二〇一〇年報告書特別列出三項原因：衣著笨重不通風、既有疾病、服用像是安非他命等特定藥物。吉爾平穿戴的是橄欖球裝備，立刻符合了第一項原因。第二項原因也可能符合，因為根據吉爾平的繼母告訴醫師的說詞，當天早上吉爾平說頭很痛，感覺不是很舒服，而且有幾個朋友也提出類似的證詞。（醫學證據無法確切定論，因為在血液檢驗中發現病毒感染，但無從分辨是到院前還是到院後的感染。）另外，醫院的毒物檢測也確認了第三項原因：吉爾平為了治療注意力缺失症，有在服用阿得拉（Adderall，俗稱聰明藥），一種以安非他命為基底的藥物。

最多人知道的運動中暑死亡案例，應該就是英國車手湯姆・辛普森[29]（Tom Simpson）了。一九六七年的環法賽天氣炙熱，辛普森從風禿山出發後，騎不到一英里就死亡了。辛普森的名聲包含想贏的決心和自我處罰的功力，這天他上路後隨即開始蛇行，然後倒地，當時本人的反應是大聲喊：「把我放回單車上！」聽起來是很激昂澎湃，但很可能是杜撰的內容。回到單車上後，辛普森才騎了約〇・二五英里，便又再度倒下，在警用直升機把他送抵鄰近醫院之前，就已斷氣。

辛普森和吉爾平一樣，人生旅途結束前幾天就已經生病了，他的技師記得前幾天賽後，有用水管清洗單車上的腹瀉殘渣，這是腸胃型感冒的遺毒。然而，辛普森在單車史上留下的紀錄是與安非他命掛勾：他倒下時，車衣裡有三罐安非他命，兩罐已經空了，另一罐只剩一半。經解剖驗屍，確認血液裡有安非他命殘留。意外發生數週後，英國《每日郵報》（*Daily Mail*）的報導指出，標準死因是藥丸損害了辛普森的判斷力，導致「興奮過頭，完全不知道自己已經達到耐力極限了」[30]。

但是真相比較複雜。一九八〇年代，英國牛津大學的生物化學家（也是熱血的馬拉松跑者）艾瑞克・鈕修姆[31]（Eric Newsholme）提出，耐力運動產生的疲勞，可能有局部是來自大腦神經傳導物質的濃度變化。不過，這個假說並未從此順利發展，卻激發了各種控制大腦的耐力藥物，例如克憂果（Paxil）、百憂解（Prozac）、速悅（Effexor）、威克倦（Wellbutrin）、利他能（Ritalin）等等的相關影響研究。在正常情況下，這些藥物的影響很小，但遇到天氣炎熱時，藥物提升神經傳導物質多巴胺的濃度後，會對大腦產生巨大的影響。

凡是服用多巴胺再吸收抑制劑的人（其腦內的多巴胺濃度會增加，安非他命正是此類藥物），即使是休息狀態，核心溫度還是會偏高，這說明藥物會改變人體對熱的感受和體內的熱調節機制。因此，服用之後開始運動，就能夠一再督促自己前進，導致體溫飆過正常臨界門檻，卻未感受到變熱。比利時布魯塞爾自由大學的生理學家羅曼・繆森（Romain Meeusen）主持了幾項重要實驗，他的解釋是：「他們的『安全閥』失去作用[32]，因此中央神經系統沒有收到任何負面回饋訊號，所以就能把自己操到陷入危險的地步。」繆森還進一步說，這可能就是湯姆・辛普森的狀況。

傑森・史蒂森的審判過程中，包含檢調單位一開始就接洽過的專家在內，有許多醫學專家出面作證，吉爾平可能是因為服用藥物阿得拉[33]，害自己變得很容易中暑。當然了，美國有數百萬人服用阿得拉，但也沒引發大規模的中暑問題（不過，美國喬治亞大學研究員的估算結果顯示，一九九四年到二〇〇九年期間，橄欖球隊員因熱相關問題死亡的案例是以前的三倍[34]，而這段期間青少年服用阿得拉等相關藥物的人數也翻了一倍以上）。無論如何，吉爾平的死算是機率很小的事件，就跟打雷一樣，都沒有任何徵兆，此外各種微小的風險因素，例如阿得拉、生病、甚至連肌酸也都有可能累加在一起，導致吉爾平在這天下午，成了吸引雷電打擊的避雷針。

但在這麼多項危險因素裡，顯然沒提到一個因素，那就是：脫水。這也是這個刑事案件的根本原因。調查報告指出，史蒂森教練在訓練期間不讓隊員喝水，而且一般都會認為，高溫下會發生問題都是因為沒有喝足夠的水而導致的。但是，經過仔細審查發現，目擊者所描述的橄欖球練習狀況（大部分的譴責是來自史蒂森親兄弟的前女友，當時她剛好在附近觀看女子足球比賽）誤導性頗大。其實練習期間，橄欖球隊共有三次喝水休息時間，而且每個隊員在每段操練之間都可以去喝水。

訓練過程想必有大量的叫喊聲，就連史蒂森的律師也向法官說：「我想意外當天，傑森・史蒂森的粗魯叫喊幾乎可以列為司法確知[35]了[36]。」但是這群男孩都有喝水，吉爾平抵達醫院時做的血液和尿液檢查，也完全沒有丁點脫水的跡象。陪審團討論不到一個半小時，主要就是基於此項事實，而宣判史蒂森無罪。所以，多喝水也救不回麥斯・吉爾平，這真的違反了公共健康訊息灌輸給我們的直覺；另外，事實證明，有關補充水分的傳統智慧，這也不是唯一的錯誤。

第九章　口渴

一九〇五年八月十五日，天亮前的幾個鐘頭，巴勃羅・瓦倫西亞（Pablo Valencia）和耶穌・里歐[1]（Jesus Rios）在水塘裝滿三加侖的水，連同一週分量的玉米粉一起放進馬匹的裝備後，出發前往位於亞利桑那州和墨西哥邊境的索諾拉沙漠，要去宣告擁有幾個月前瓦倫西亞找到的「失落的礦井」。隨著越來越深入這塊盡是滾滾黃沙的不毛之地，他們宛如置身烤箱，空氣乾燥，兩人都感到口乾舌燥，這才發現誤判了所需的水量。瓦倫西亞要里歐帶上馬匹，回到三十五英里遠的水塘，重新把水壺裝滿，並約好二十四小時後在遠方的山嶺碰面。瓦倫西亞徒步前往欲宣告主權的區域，採集了一些樣品和張貼必要公告；在另一頭，里歐取好水後，再度進到沙漠。可是，他們沒有再碰到面，其中一定有人到了錯的山丘，彼此空等後，里歐最後放棄了，拋下夥伴等死。

人體有五十％到七十％都是水[2]，而且幾乎都需要用到。人體也持續在流失水分，除了汗液和尿液，還有一小部分是呼吸時排出的濕氣，不過在正常情況下，人體可以藉由飲食持續補充水分。一天之中，體內液體平衡狀態會因為我們的飲食和活動模式微微起伏，但今天和明天的體內水量調節則是相當精準。重一百五十磅的人，體內約有四十公升的水，起伏範圍上下不會超過一公升（不過，女性生理期期間可能會增加到上下兩公升）。若沒有補充流失的水分，身體會開始感覺想喝東西，腎臟會開始重新吸收原本要變成尿液的液體，如果這樣仍無法平衡體內的需求，細胞就會開始排出水分到靜脈和動脈，以維繫輸往全身的必要血量。體內的調整機制可以爭取一些時間，但最後血液會變得太濃稠，導致大腦因水分滲透流出而開始萎縮，進而傷害脆弱的腦靜脈，然後死亡。依據美國陸軍研究員在野外醫學教科書上的估算，理論上人可以不喝水在良好的室內環境過七天，之後人體才會達到臨界點；但是，要是在炙熱的沙漠迷路了，而且只在夜間行動的話，存活的時間會降到二十三小時，如果是在日間活動，更會驟減到只剩十六小時。

瓦倫西亞，四十歲，四肢壯碩，胸膛渾厚，以前是海軍，現在則到處探礦，同輩的人形容他是「我見過身材最魁梧的墨西哥人！」不過，瓦倫西亞遭遇的情況對他很不利：沙漠白天溫度會飆到約華氏一百度，晚上則會驟降到華氏八十多度，天空無雲，空氣極度乾燥。找不到里歐後的第二天晚上，還在沙漠裡的瓦倫西亞完全沒有水了，被迫開始用自己的尿液漱口，但瓦倫西亞沒有選擇走回水塘，反倒決定往北走向一條舊時馬車走的小道，期望可以早一點得救。沿路上他殺了幾隻蜘蛛和飛蟲要吃，但嘴巴乾到難以吞嚥。第四天，瓦倫西亞抓到一隻蠍子吃掉，然後也開始喝自己的尿液，此時狀況「非常糟」！該區因口渴乾死的受害者，有一半在三十六小時內就死掉了，撐比較久的也是三天內死亡，所以瓦倫西亞活下來的機率很低，但他沒有打算放棄，因為他堅信里歐背叛了他，打算一個人霸佔「失落的礦井」，所以活下去的動力就是要把里歐碎屍萬段！他先是用走的，後來是蹣跚的步伐，接著只能用爬的了。

威廉・麥基（William J. McGee）是位科學家，他計畫駐紮野地一百天，以測量記錄該區的天氣。這天是瓦倫西亞和里歐從水塘出發後的第八天，麥基被一陣低沉、痛苦、粗嘎的吼叫聲給吵醒，他匆匆沿著馬車小道，約走了〇・二五英里，便發現赤裸的瓦倫西亞，整個人瘦到只剩骨頭。「他的雙唇不見了，好像被切掉那般，只剩周圍變黑的組織；他的牙齒和牙齦突起，好像被剝了皮的動物；他的肉又乾又黑，好像一串肉乾；他的鼻子乾枯萎縮，只剩下一半的長度；他的雙眼只是呆望，連眨都不眨一下，眼睛周圍的皮膚也萎縮了，結膜也裸露了出來，呈現跟牙齦一樣的黑色。」瓦倫西亞幾乎看不到也聽不見，舌頭也整個不見了。他大約走了一百到一百五十英里，最後七英里是參雜石子和仙人掌的平地，他就用爬的，所以身上有多處很深的切傷和刮傷，但因為身體太乾了，血也流不出來。

瓦倫西亞活了下來；麥基謹慎地餵他喝水、喝咖啡、吃「白汁煮雞肉配上飯和碎培根」，慢慢幫他恢復健康，還把整個過程寫成案例，於一九〇六年醫學研討會發表。這起事件到底是否足以構成紀錄，其實很難斷定。不過，在早期的《金氏世界紀錄大全》（*Guinness Book of World Records*）中倒是提到一個案例，一九七九年時，奧地利的十八歲少年安德烈・馬荷奇[3]

（Andreas Mihavecz）因為搭乘的車子發生擦撞，被關進小鎮的拘留所裡。當時負責的警官後來的證詞是說「就只是忘記了」，所以馬荷奇被關了十八天，而且還是因為地下室飄出恐怖惡臭，警官才發現的。馬荷奇總共掉了五十磅，但還是活了下來。醫學專家推測，可能是地下室牢房的牆壁非常潮濕，所以馬荷奇可以舔牆上凝結的水珠求生。

無論如何，瓦倫西亞顯然拉高了人類一般能承受的脫水極限，此外這段故事還有個精彩之處：在火爐般的高溫下，一週沒喝水，然後徒步走了一百多英里，瓦倫西亞肯定非常非常口渴，但是他居然沒有中暑！

在現代運動科學中，沒有比補充水分更熱門的主題了。一百年前，普遍建議耐力運動員要想辦法避免喝東西。一九〇九年，詹姆士・沙利文（James E. Sullivan，和每年頒給頂尖業餘運動員的獎項同名）在寫給長距離跑者的指導手冊中警告：「在跑馬拉松比賽時，不要養成喝東西或進食的習慣。有些出色的跑者會這樣做，但其實沒有任何好處。」[4]這個想法的邏輯是認為，喝下去的液體會讓胃感到不適，而且身體也無法在比賽結束前吸收。到了一九六八年，這個建議仍是金玉良言，當年二十一歲的安比・伯富特（Amby Burfoot）參加波士頓馬拉松賽[5]，這天天氣非常炎熱，但他完全沒有補充水分，賽後體重少了十磅，而且還跑了第一名。

不過，觀念正在改變。一九六五年，美國佛羅里達大學健康中心的警衛道恩・道格拉斯（Dwayne Douglas），和一位專攻腎臟領域的研究員在聊天。道格拉斯以前是費城老鷹隊的隊員，當時在校內的鱷魚隊擔任志工，他不解的是為何隊員一場比賽下來，體重會掉這麼多，最多還曾掉過十八磅，而且還特別特別說明「我們的隊員比賽時都沒有去上小號！[6]」這個疑問引發羅伯特・凱德（Robert Cade）醫師的興趣，取得同意後，凱德在練習時幫隊員做測試，然後調製出一款含有水、糖分和鹽巴的飲料，用來補充隊員流失的汗液（調製出來的飲品其實很難喝，在太太的建議下，才加了檸檬汁）。總教練同意讓準備參加隊內教學比賽的新生試飲，這群新生在前兩節賽事裡被對手 B 隊釘得很慘，但到了下半場，B 隊開始萎靡不振，但新生還是水分飽足，一舉取得領先。隔天比賽，學校代表隊也喝了這款飲料，中場比數為十三比〇，大幅落後，但後來卻能在華氏一百零二度的高溫下，反敗為勝，小贏大家都看好的路易斯安那州立大學校隊。自此以後，這款飲料取名為開特力（Gatorade），受歡迎的程度勢不可擋。

值得一提的是，開特力其實不只能補充水分，其糖分更是燃燒肌肉的燃料（下一章節會討論）。開特力的出現，也揭開了運動員補充水分的新議題，從各項計畫收到的大筆研究資金即可窺知一二。伯富特參加波士頓馬拉松賽前的幾個月，也才剛完成一系列跑步機實驗，以每英里六分鐘的速度跑二十英里，條件差異是什麼都不喝、喝水、喝開特力三種。此實驗是開特力資助的第一項外部科學研究，之後仍陸續贊助許多實驗計畫，到了一九八八年，更直接設立開特力科學運動研究機構，旨在推廣運動補充水分的重要性。一九九六年，開特力贊助[7]的美國運動醫學會提出官方建議，認為運動員應該盡早補充水分，以利「補給流汗所流失的水分……

或是喝到身體能接受的最大容量。[8]」而且，不只是運動員，這一代人普遍都有缺水的潛在問題，並暗中危害著孩子的活力與上班族的認知優勢。

後來，低血鈉症出現了。二〇〇二年波士頓馬拉松賽，二十八歲跑者辛西婭・盧塞羅[9]（Cynthia Lucero），在終點前四英里倒下，迫使大家把注意力拉回二十年就已經發現的問題。盧塞羅在倒下前曾抱怨有「脫水、雙腿無力」的感覺，但是醫院測量出來卻是相反的結果。由於當時普遍建議運動員要多喝水，所以盧塞羅跑步時也努力把水灌進胃裡，導致血液中的鈉濃度太淡（也就是「低血鈉症」，有時也稱「水中毒」）。盧塞羅連肺部也塞滿液體，大腦也開始腫脹，這就是她數小時後倒地不起的原因。雖然通常不至於會致命，但後來研究調查發現，幾乎每一場馬拉松的主要賽事裡，都會有一大票跑者出現相同的問題。二〇〇三年，美國田徑協會修改其指導原則[10]，建議跑者不要為了彌補汗液流失的水分，而猛灌飲料或是「喝到身體能接受的最大容量」，只在口渴的時候補充水分就可以了；其他組織也跟進修正，而研究人員也進一步研究補充水分這個根深柢固的古老智慧，結果很令人意外，也充滿爭議。

你應該聽過這樣的警告：等你感覺到口渴才補充水分會來不及，因為只要流失體重二%的水分，就會影響表現，趕緊補充水分吧！「自主脫水」[11]的概念認為，口渴不足以成為身體需要液體的指標，這個概念可以追溯到戰時美國羅徹斯特大學研究員艾德華・阿道夫（Edward F.

Adolph）主持的計畫，其研究內容已經彙整成經典書籍，於一九四八年出版，書名為《人類身處沙漠生理學》（*Physiology of Man in the Desert*）。一九四一年，北非沙漠爆發戰爭，阿道夫和同事被派往加州索諾拉沙漠，研究士兵水分的需求。當時普遍認為，可以藉由訓練少喝一點水，降低排汗造成的「浪費」。阿道夫和同事揭穿該想法的錯誤，並證明就算已經適應沙漠氣候的老兵，也非常需要補充水分。後來他們發現一個有趣的現象：長達八小時的沙漠健行中，即使士兵可以盡情喝水，但健行結束後，士兵仍然會脫水，體重比健行前少了二%、三%，甚至是四%。數小時的坦克車演練完畢後，士兵體重平均會掉三%，另外B-17轟炸機執行一趟兩小時低空飛行任務後，飛行員體重平均會減輕一・六%。因此可以合理推論，為避免脫水，人體得喝超過實際想喝的水量。

為何要喝超過想喝的量呢？阿道夫的研究指出，脫水的後果是「普遍會感到不適、疲倦、倦怠、士氣低弱，而且不願意也無法從事費勁的活動」。一九六〇年代後期，相關研究（安比・伯富特參與的研究也算）開始把脫水問題和身體過熱直接牽上關係[12]；這很合理，因為脫水會降低血量，負責把熱傳導到皮膚的血液也會變少，極端情況下，甚至連流汗的能力也會變弱。不過，此類研究發現，核心溫度的變化倒很輕微，只有一度的幾分之一。不過，身體能喝就盡量喝的補水方式，就成了預防中暑的首選建議。

但是，這不只是要預防災難的發生。研究指出，即使是輕微脫水，也會妨礙生理和心理表現。一九六六年，美國陸軍[13]進行實驗，請士兵分別以正常、脫水二%、脫水四%的補水狀態，在炎熱的房間裡，上跑步機走斜坡；想當然爾，兩次脫水時行走的時間會縮短，分別平均減少了二十二%、四十八%。後續相關研究的測試結果也很類似，所以「二%定律」不僅成為耳熟能詳的觀念，更從此根深蒂固。自主脫水、體溫過高、體能表現變差，上述結果加總一起就成了具說服力的說詞：即使只是輕微脫水，雖不至於構成威脅，但也會讓體能變弱。不過，仍不足以完全解釋觀察到的結果。

關於脫水最生動也最具警示意義的例子就是阿爾貝托・薩拉扎爾（Alberto Salazar），他是一九八〇年代、性情暴躁的馬拉松明星。薩拉扎爾現在在奧勒岡 Nike 總部，訓練一支由全球頂尖跑者組成的特殊隊伍（最近遭指控使用不道德的營養補給品和處方用藥，而引發爭議[14]）。他最出名的就是不肯放棄跑步的方式，以及承受痛苦的能耐。一九七八年夏天，十八歲的薩拉扎爾就讀美國奧勒岡大學，大學第二年賽季的最後一場比賽是全國大學錦標賽，他的成績不盡理想，只拿到第六名。回到位於麻省波士頓市郊韋蘭鎮的家後，他在大海報上用簽字筆潦草寫下「絕對不要再出狀況了！[15]」並貼在臥房牆上，天天盯著看。

當年夏天結束之前，薩拉扎爾到麻州鱈魚角參加七英里法爾茅斯路跑賽，徹底落實自己寫下的信條。這場比賽的競爭對手都是世界知名跑者：比爾・羅傑斯（Bill Rodgers）、克雷格・

維珍（Craig Virgin）、魯迪・恰巴（Rudy Chapa）。跑完四英里後，薩拉扎爾開始想辦法超越前方選手，其傳記《十四分鐘》（*14 Minutes*）寫道：「這場比賽我最後只記得這一幕了。」在場的人指出，當時薩拉扎爾停了下來，原地繞了一圈後，就一路跑向終點，得到第十名。後來，薩拉扎爾只記得有人在唸：「一〇四……一〇六……一〇七……溫度降不下來！我們救不了他了！」這是在講薩拉扎爾的體溫，當時他因為中暑被浸在醫護室的冰水桶裡，危在旦夕。之後，他被火速送抵醫院，牧師還前來幫他做臨終最後祈禱。不過，一小時後，薩拉扎爾的體溫終於降低了，也順利恢復健康。這次意外的唯一收穫是薩拉扎爾的堅韌似乎獲得了肯定，也因而有了自信。

四年之後，薩拉扎爾成為傑出的長距離跑者；一九八〇年，仍於奧勒岡大學就讀時，就贏得了紐約馬拉松賽；隔一年，再度回到同場賽事，更締造了二小時零八分十三秒的新紀錄（後來由於賽道測量問題，該項紀錄被取消了）。薩拉扎爾最出名的一場賽事，應該屬一九八二年的波士頓馬拉松，當時他和剛展露頭角的迪克・比亞茲萊（Dick Beardsley）肩並肩較勁，跑迷把這場比賽稱為「烈日下的雙人舞[16]」。比賽在中午開始，這表示跑者得在晴朗無雲華氏六十五度左右的高溫下賽跑。就跟在紐約取得冠軍那次一樣，薩拉扎爾這次也幾乎沒有補充水分，可能總共就喝了兩杯水吧！整場賽事下來，兩人幾乎每一個步伐都在較勁（根據報導，比亞茲萊的反擊計畫被擋在終點的機車和媒體給阻攔了）。比賽一結束，薩拉扎爾又立即被送進醫護室，總共經由靜脈輸入了六公升液體到他抽動不已的身體裡。

薩拉扎爾一再昏倒和不喝水的習慣，一直和脫水、中暑劃上等號，但事情其實沒有那麼單純。法爾茅斯路跑賽時，賽道只有七英里，全程花費不到半小時，而且才跑了一半的距離時，他就開始出現中暑症狀，所以他的確是跑到中暑。雖然薩拉扎爾很會流汗（後來實驗測試發現，他每小時流的汗量居然多達三公升[17]），但要在二十分鐘流汗流到脫水致命，還是不可能的事。即使不重視補水，而且在起跑時就已經有輕微中暑，還是兜不起來他在這麼短的時間內究竟流失了多少水分。

相反的，「烈日下的雙人舞」之後，薩拉扎爾就脫水了，原因很明確，因為他逼著自己努力跑了兩個多小時，而且靜脈輸入六公升液體說明，他在比賽過程中，應該流失超過十三磅的汗液。但是，即使陽光炙烈，身體大量脫水，但薩拉扎爾卻沒有中暑，結果甚至恰恰相反：賽後的醫護室裡，醫護人員測量薩拉扎爾的體溫是華氏八十八度[18]，比正常值低十度。這個結果隨後在運動醫學領域引發討論風暴，但這是用口腔溫度計量出來的數值，不是在直腸或是耳腔測量的核心體溫，所以有人認為薩拉扎爾不是真的體溫低，而是因為嚴重脫水，導致血量減少，所以身體無法調節體溫。在終點負責醫治的主治醫師威廉・卡斯特利[19]（William Castelli，其正職工作是佛雷明翰心臟研究中心的主任），堅持自己的判斷並指出：「他的兩隻手臂、雙手和頭部都是冷的，就算核心體溫是溫的，但他全身起雞皮疙瘩，抖個不停！我最擔心的就是他會冷死！」但沒有時光機（和直腸探針），無法確定哪一方對，不過可以確知的是，他沒有中暑跡象。

中暑但沒有脫水，脫水但沒有中暑，兩者看起來是對立的現象，但會這樣發生並非偶然。距離較長的賽事裡，因為流汗的時間拉長，所以脫水問題較嚴重，但相對地，中暑較常出現在距離較短的賽事裡，因為體溫主要取決於「代謝率」，即身體引擎運轉時有多熱。三十分鐘的賽事裡，快速的配速會直線拉高核心體溫，但沒有時間發生嚴重脫水的問題。但是，在三小時的賽事時，身體在多數情況下的用力程度，很難把體溫逼到中暑的可能，但很可能出現嚴重脫水的情形。的確，早期安比．伯富特參與過的研究計畫顯示，脫水可能會讓體溫升高一點點，但是有更多因素指出，核心體溫（排除天候條件）反應的是代謝率。

這也是為何傑森．史蒂森教練案件的審判中，脫水的可能性被排除在外，因為麥斯．吉爾平並沒有脫水問題，但就算是有，喝再多水也無濟於事。不幸的是，薩拉扎爾的情況也是一樣。在為一九八四年洛杉磯奧運馬拉松做準備的期間，薩拉扎爾與一群麻省納提克鎮的美國陸軍環境醫學研究所科學家合作。比賽當天的天氣預期是悶熱、潮濕。科學家把薩拉扎爾送進人工氣候室做熱的耐受度測試，驗血，還要他帶著自行操作的直腸溫度計到佛州做耐熱訓練。另外，在奧運馬拉松賽前五分鐘要他喝一公升的水，比賽中還要喝將近兩公升的水，這和他之前在紐約和波士頓馬拉松幾乎不喝水的情況截然不同。最後結果是，美國最有希望得名的馬拉松選手，最後只勉強跑到十五名，幾乎比冠軍慢了五分鐘，也比自己最好的成績慢了六分鐘。

洛杉磯奧運的三十年後，來到二〇一六年，我上美國全國公共廣播電臺（NPR）關係企業的節目，討論身體補水這門學問。在座的來賓[20]還有美國康乃狄克大學人類體能表現實驗室（Human Performance Lab）的主持人羅倫斯・阿姆斯壯（Lawrence Armstrong），他是前美國運動醫學會主任，更曾主持在一九八四年為薩拉扎爾量身打造補水計畫的美國陸軍團隊。節目開始沒多久，我和阿姆斯壯就針對薩拉扎爾的案例，抱持截然不同的看法。阿姆斯壯堅信補水不足是中暑的主要風險要素，也深信流失的水分達體重的二%時會拉低成績表現。

不過，離開實驗室後，這個看法就會出現問題了。二〇〇七年九月，衣索比亞巨星海勒・葛伯塞雷斯（Haile Gebrselassie）於柏林馬拉松締造二小時零四分二十六秒新世界紀錄。跟薩拉扎爾一樣，葛伯塞雷斯流汗的速度非常誇張[21]；根據實驗室測量，他每小時流的汗多達三・六公升，這個數字算是數一數二的了。柏林馬拉松賽後，葛伯塞雷斯的體重從一百二十八磅掉到剩一百一十五・五磅，流失的汗量大約是體重的十%。後來發現，葛伯塞雷斯和其他馬拉松冠軍跑者的測量結果都很近似。這些數據有兩種詮釋，一是，像葛伯塞雷斯這樣的菁英跑者，雖然他創下世界紀錄而成為馬拉松史上跑最快的人，但因為沒有遵守全球各地小學生和健身房會員都知道的基本補水建議，其實跑得比應有的速度更慢；二是，那個大家熟悉的建議是錯的。

讓我意外的是，我在節目裡提到頂尖馬拉松跑者都會流非常多汗然後我問了：「如果跑者沒有流這麼多汗，會跑多快呢？」阿姆斯壯給的居然是第一種答案。下節目後，我再去電問他同樣的問題，他提出了一個更細緻的看法。一九八四年奧運賽前，阿姆斯壯和同事估算出薩拉扎爾的「胃排空速度」，也就是有多少量的液體能通過胃部，進入小腸被吸收。估算的結果是，跑步時每小時約可排空一公升的液體，但薩拉扎爾流汗的速度比這速度高出三倍，所以不可能把流失的汗液控制在體重的二％以內，此外多喝點水也只會讓液體留在胃裡晃動，無法幫助補水。胃的每小時排空速度很少會超過一・三公升，所以對許多人而言，要在烈日下長時間運動，二％定律並不實際，只是個理想的理論值罷了。不過，阿姆斯壯依舊堅信，像葛伯塞雷斯這樣大量脫水的馬拉松跑者，其實都付出了代價，他跟我說：「我認為，若把流失的汗量從十％降到二％，他一定可以跑得更好更快，這是無庸置疑的。」

我們很想不去考慮葛伯塞雷斯和薩拉扎爾的生理異常條件，這毫無疑問是真的。但類似模式也出現在不那麼罕見的例子中。無論是在馬拉松、鐵人三項，還是自行車賽事，全球各地的研究人員做的都是一樣的簡單測量，就是在賽前賽後測量運動員的體重，並從中尋求完賽體重和脫水程度的關聯性，而結果往往和預期相反，跑最快的選手都是脫水最嚴重的那一位。舉例來說，二〇〇九年法國聖米歇爾馬拉松[22]共計有六百四十三位跑者參賽，三小時內完賽的跑者平均體重掉了三・一%，三至四小時內完賽者平均掉了二・五%，而超過四小時完賽的選手是唯一有遵從二%定律的族群，平均掉了一・八%的體重。這個結果並未證明喝水會讓你變慢，但的確引起進一步的問題，那就是流失超過二%的水分，是否會讓你的速度變慢？

至於長距離比賽終點常會看到運動員需要協助或甚至昏倒[23]，是因為運動員缺水的緣故，有幾個理由令人懷疑這個觀念。一是，很多研究顯示，昏倒的運動員和平安完賽下場的運動員，兩者的脫水程度並無差別；二是，估計有八十五%的運動員，是在通過終點線後立即昏倒。這顯示，引發問題的是在長時間使力後停下來的這個動作，如果原因是脫水的問題，應該在離終點前最後幾英里就會看到更多運動員倒下，而不是終點線後的幾步路。

現在也有許多研究人員認為，騎單車或跑步停下來時，因為血液困在腿部，導致血壓不足才會昏倒。運動時，心臟會指示大量血液流向極度缺氧的腿部肌肉，而且每跨出或踩下一步，下肢小腿後肌就會收縮、擠壓血管，好讓血液流回心臟，但在抵達終點時，腿部肌肉驟然停止打回血液，循環調整速度不夠快的人，就沒有足夠的血量維持血壓，所以才會感到頭暈或甚至暈倒。解決辦法是什麼呢？二〇〇六年和二〇〇七年，南非有好幾場超馬和鐵人三項比賽，對於暈倒的選手，隨機施用兩種可行的治療方式：編號偶數者予以靜脈液體注射，這是解決脫水最好的方法，但奇數者只是躺下，高舉雙腿，想喝水的話也可以喝。兩組選手平均醫治的時間都落在近一小時，所以兩種治療方式在統計上並未達到顯著差異。

我們要如何實驗室與真實世界之間調和脫水問題在的巨大差異呢？首先要分辨口渴和脫水[24]，口渴是身體感覺想要喝東西，而脫水是因流失水分，導致體內水分低於正常值。二次大戰期間的沙漠實驗，把這個差異講得非常清楚：口渴實際上表示身體一定脫水了。但相反的，自主脫水的概念說明，即使身體脫水了也不一定會口渴。不過，提姆．諾克斯指出，幾乎所有的脫水相關研究，都沒把兩種分開討論。現在有大量資料顯示，口渴和脫水同時出現時，即使只是很輕微的程度，也會讓運動速度變慢。但如果你處在自主脫水的狀態呢？根據定義，這牽涉到身體有取得液體的自由，因此你雖然脫水但不覺得口渴。

要回答這個問題，應該先瞭解口渴的理由。最簡單的解釋是，這是身體要確保體內有足夠水分的方式。根據這個想法，自主脫水就是這個系統故障了：它顯示，你的口渴感覺不是非常稱職，因為它沒有注意到正在流失水分。但是生理學家表示，這並不是口渴的運作方式。身體監測的不是水分含量，而是「血漿滲透壓」[25]，也就是血液中像鈉和其他電解質的粒子濃度。當身體脫水時，血液會變濃稠，而身體的因應方式就是分泌抗利尿激素，這會讓腎臟開始重新吸收水分，然後讓你感到口渴。跟身體的水分含量不同，血漿滲透壓受到嚴格的調節，因此如果要找正確的變數，口渴感覺（以及其他例如抗利尿激素的體內平衡機制）是不會出錯的。

如此一來，自主脫水原本看似是問題，但或許對身體而言是再正常不過的現象了。二〇一一年，十八位南非特種部隊[26]士兵，背上包含步槍和水補給在內的五十七磅裝備，在華氏一百一十二度高溫下步行十七英里。士兵可以盡情喝水，但如同事先的預料，士兵的體重平均掉了六磅，等於流失的水分達體重的三・八%。相對而言，士兵的血漿滲透壓基本上沒有變動，從身體主要的水分感應機制來看，士兵並沒有任何異狀。

口渴和水分流失沒有關聯，其實不是故障，而是演化的優勢。二〇〇四年，演化生物學家丹尼斯・布蘭伯（Dennis Bramble）和丹尼爾・李伯曼（Daniel Lieberman）提倡「人與生俱來就會跑步」的理論，該想法假設，人類能夠在炙熱無蔭的草原上長距離跑步，是贏過其他物種的重要優勢，所以人類能撐過暫時性的脫水階段，而不受影響。就像是二〇〇〇年紀錄片裡的南非薩恩族獵人卡羅哈・藍昆[27]（Karoha Langwane），他一路追趕鹿羚，在卡拉哈裡沙漠跑了二十英里，把這頭鹿羚逼到筋疲力盡為止，這段追趕過程歷時六個鐘頭，外頭的溫度超過華氏一百度，但藍昆只喝了一公升的水。藉由調整汗液中的鹽分，人體即使流失水分，也至少能夠暫時性穩住血漿滲透壓。狩獵結束後，升起營火，我們要再花上數個小時，才能逐漸把體內水分補回正常數值。

還有另一個轉折有助於解釋，人類如何能夠承受看似嚴重的缺水。在這個討論中，我們一直假設，在運動期間，體重掉一磅就等於流失一磅的水分。但實際上未必是這樣。南非特種部隊的實驗中，士兵在步行完前後，分別喝了特製的「可追蹤液體」，其中部分氫原子用氘原子（就是氫原子加上中子）取代，這樣研究人員便可以精準測量步行過程中的體內水分總量變化，結果顯示，如果體重掉一磅，體內水分只少了〇．二磅，這是很大的差異，也解釋了為何士兵不會想要多喝水。

根據開普敦大學研究員尼古拉斯．譚米（Nicholas Tam）的說法，其中的部分解釋是，所有你失去的重量不是只有水分。譚來指出在長時間的運動中：「你會用到脂肪，也會用到碳水化合物，用完就沒有了。」燃燒脂肪和碳水化合物的化學反應會產出兩個主要副產品，分別是呼出的二氧化碳，以及身體可利用的水分。更重要的是，肌肉會儲存碳水化合物，每克碳水化合物會鎖住三克的水分，只有在使用到碳水化合物時，這些鎖住的水分才會開始提供給細胞代謝過程使用，因此身體會視為「新加入」的水分。數十年來，大家都不大重視這些要素，到了二〇〇七年才有了轉變。英國羅浮堡大學有一群科學家估算出，馬拉松跑者很可能完全沒有流失水分，而是流失了一%到三%[28]的身體質量。南非特種部隊的實驗似乎印證了這個推估數值。另外，譚米在二〇一一年的研究也發現，半馬跑者體重平均掉了三磅以上，但整體的水分並未改變。在距離更長的賽事尤其明顯，美國西部一百英里耐力賽的資料[29]顯示，為了確保體內水分穩定，完賽選手一般體重預期會掉四．五%到六．四%。

結論就是，以體重減輕的角度來說，你會「脫水」，但不會影響成績表現。比較重要的是，你有多渴？可惜的是，二次大戰後補水相關研究的設計，幾乎沒有區別脫水與口渴兩項要素。舉例來說，美國陸軍一九六六年的研究報告書第一百六十三頁指出，脫水二%的人，運動到疲勞的時間會縮短二十二％；可是，要達到二％的脫水程度，受試者得先上跑步機走到疲勞，然後關在華氏一百一十五度的房間內六小時逼汗，然後才開始運動測試。其他實驗則是用利尿劑幫助脫水，運動期間更是嚴禁喝水。在這種情況下，耐力表現變差一點也不意外，因為受試者不只脫水了，也早已經口渴了、累了，甚至對整個實驗過程感到厭煩了。

比較有趣的比較並不是完全補水和徹底缺水的比較，反而是多喝、少喝或盡量喝之間的比較，盡量喝就是喝到足以消除口渴感覺，但身體仍然會「自主脫水」。二〇〇九年，諾克斯在開普敦研究室有項相關的研究[30]，其中單車手要完成六趟三十英里的計時賽。第一趟計時賽裡，受試者可以隨意補充水分，但另外五趟，受試者的補水程度各有變化，從什麼都不喝到多到足以補充全部流失汗量的分量。結果當然就是補充足夠水分時，成績表現會比較好：有三趟計時賽，受試者喝的分量低於第一趟自行選擇喝足的分量，此時他們的成績就比其他三次補水程度較高時差了些，可是當喝的分量超過第一趟自行喝足的分量時，成績也未見改善。因此，與其喝來預防脫水，保持不口渴似乎才是影響成績表現最重要的關鍵。

二〇一三年，《英國運動醫學期刊》有份整合分析指出，流失汗量低於四％，「在現實的運動條件中，不大可能會傷害『耐力表現』[31]」，因此應該鼓勵運動員，根據口渴的程度補給水分。這個具爭議性的主張初次發表時被大多數人駁斥，但在後續的幾年裡，爭論的方向逐漸轉變了。

這些證據很具有說服力，但聚焦在血漿滲透壓和體內整體的水分，依然遺漏了本書一再提到的更大重點：任何潛在生理訊號的重要性，部分取決於大腦如何接收與詮釋。前一章節提過的布魯克大學環境生理學家同時也是名單車手張守誠，他說過：「喝水時，你在解渴，同時還能改變你的感知、心理狀態與動機。」如果你被關在加熱室，而且被告知只能喝一點點水，那麼不論是否脫水，你的表現都會打折扣。為了避免這樣的問題，張守誠決定用靜脈注射方式，幫單車手補充水分[32]。這算是一種雙盲實驗，因為受試者和研究員都不知道，單車手的補水程度會到多少，只有窗簾後面的護理人員知道，因為是由他負責調控（如果需要控制的話）輸入受試者手臂的食鹽水量。結果顯示，受試者穩定騎乘九十分鐘後，再進行二十公里計時賽，即使脫水程度達三％，也不會影響成績表現。

其他研究顯示，光是吞嚥液體的動作就能有效改善口渴的感覺，並提高成績表現，不過張守誠的受試者否定了此一說法。一九九七年，耶魯大學有項研究[33]，請受試者運動兩個鐘頭，以達到脫水程度，之後觀察他們的喝水情形，並觀測血漿滲透壓裡的兩個主要調節機制，即口渴和抗利尿激素的感知變化。同樣的實驗重複第二次，不過這次受試者喝下肚的液體會經由鼻胃管直接抽出，結果口渴和抗利尿激素的分泌仍然減少了，這可能是因應喉嚨有水流過的感覺。如果顛倒過來，改從鼻胃管輸送水分，而不是用吞嚥的，雖然胃裡有水，但解渴的速度變慢了。

總之，這也解釋了為何後來有研究發現，比起用一小口水漱口後吐掉，改把等量的一小口水（少到無法提升體內的補水程度）吞下[34]，就能讓成績表現提升十七%。因此說到解渴，感覺至少在某種程度上是真實的，而且不只是嘴巴，也包括清涼的水流過乾渴的喉嚨。

所以，脫水只是一個大型的企業陰謀，只在你的大腦（或喉嚨）發生作用嗎？也不盡然。近幾年來，有關補水問題的討論越來越兩極化。愛公開批評的提姆・諾克斯認為補水一點也不重要，他在二〇一二年出版的《都要淹死了》（*Waterlogged*）一書中，還開玩笑說要判斷馬拉松跑者是否脫水，應該依據一八七七年在德州沙漠迷路的美國騎兵連隊觀察到的症狀：「難以克制想要喝水的欲望，嘴裡已經無法分辨是在吃還是喝，無法咀嚼食物，另外也很難控制極度想吞嚥液體的欲望，即使是血或尿都好。」這聽起來有點太極端。另一方面，意見頗受到尊重的羅倫斯・阿姆斯壯仍然認為，口渴的感覺無法有效判斷脫水問題，另外也相信只要流失一點水分就會引發問題。

我在上述兩種意見之間發現，與奧運運動員合作的生理學家，通常最能夠調合抽象的理論和嚴峻冷酷的菁英運動訓練。位於卑詩省維多利亞市的加拿大太平洋運動研究機構，其生理學家特倫特・史特林夫（Trent Stellingwerff）指出：「只要跟運動員合作過的人，可能在幾年前就已經瞭解，嚴格的二%脫水限制定律根本就不管用。[35]」和史特林夫合作的菁英馬拉松跑者，會依據天氣和個人的耐受度，容許身體脫水三％到六％。要菁英馬拉松跑者喝到不渴是行不通的，因為每五公里才有補給站，而且快速跑步時的跳動狀態也不容易飲水，否則選手應該會想盡量多喝一點。

即使是海勒．葛伯塞雷斯，雖然體重掉了十％還是創造了世界紀錄，但他靠的不是「想喝就喝」的計畫。那是他在二〇〇二年個人第一場馬拉松賽的嘗試，他很早就奮力快跑，但到最後就不行了，並被對手卡利得．卡努奇和保羅．特卡追過去。後來幾場成功的馬拉松賽事，葛伯塞雷斯改用精心策劃的補水策略。史特林夫指出，葛伯塞雷斯於二〇〇七年在柏林創下新世界紀錄[36]，他賽前三小時喝了一瓶運動飲料——賽前一小時再喝一瓶，賽中每五公里補水一次，共喝了兩公升的水和運動飲料。雖然沒有遵照二％定律，但也確實遵守預先規劃好的補水策略。

最後一個提醒是人體能忍受暫時性的脫水，但真的只是暫時的。馬拉松跑者可以忍受數小時的脫水十％情況，但前提是在起跑線前已經充分補水，而且依據張守誠的研究，更重要的是運動過程中補充的飲品。但如果你是參加鐵人三項，或是要辛苦好幾天的六十小時巴克利馬拉松超級賽事，這已經遠遠超過可能影響我們口渴感覺的身體演化樣本，又該如何補水呢？簡短版答案是：我們也不知道；由於欠缺證據，所以長時間運動時最好還是要多留心，並降低脫水的程度（不只是不感到口渴而已）。我每次參加為期一週的深山健行（或是到岳父母家圖森市附近人煙稀少的沙漠荒地慢跑一個鐘頭）時，因為知道出狀況的後果會很慘，所以總是「認真補充水分，絕不要感到口渴」。

推翻對傳統補水看法的見解，一直是又快又令人困惑，所以你現在會聽到有人說，保持水分充足其實是不好的[37]。這個想法的理由是如果海勒・葛伯塞雷斯在一場馬拉松中掉了十二磅，這讓他變得更輕，跑得更快。有些科學家也提出類似看法，認為體重變輕後帶來的好處，好過保持水分充足的好處。

但我個人不採信這類說法，我認為，如同氧氣、高溫和稍後會討論到的燃料，流失水分時，大腦會立即收到通知，這才是重點。口渴（不是脫水）會增加自覺努力強度的感覺，反過來會導致你速度慢下來。而脫水最終引發的生理問題是會讓心血管系統緊繃，然後在動脈中的血流量減少時推升你的核心體溫。但是，這只會在你忽略口渴的訊號之後發生。

也就是說，補水還是很重要。舉例來說，張守誠即使做了靜脈輸液的研究，但長距離騎單車時，仍會帶上兩瓶滿滿的水。缺水不像我們一直被引導著相信會有立即性的危險，但這個發現有其意義。張守誠點出，美國單車手泰勒・菲尼（Taylor Phinney）在二〇一三年世界冠軍賽掉了一瓶水之後令人失望的表現。這場比賽只有一個小時，一瓶水應該不是很重要，但菲尼自己卻認為是個大問題，所以才會失常。這就是張守誠期望大家藉由他的研究，以及近期各種挑戰補水正統觀念的研究得到的訊息：重點不是可以喝的時候不應該喝，而是沒得喝的時候，不要太執著。張守誠說：「這是妨礙你達到最佳表現的心理依賴。」

第十章 燃料

進餐本身並無特殊之處。奧運競走選手艾文・鄧非（Evan Dunfee）和隊友，早餐會吃穀物麥片加上鮮奶油或是培根和蛋，午餐則吃低碳水化合物的三明治和大量的酪梨，晚餐則享用由澳洲體育學院的廚師為每位運動員特別烹煮的料理，分量精準到每盎司都在意，舉凡杏仁沙爹、櫛瓜麵條、簡單的老麵糰披薩、漢堡等，應有盡有，但這只是他們飲食中簡單的部分。鄧非說：「訓練前和訓練中的飲食比較詭異。」[1]艱辛的二十五英里訓練開始之前，鄧非要先吃兩顆水煮蛋和一些堅果球，他說：「堅果和可可亞，我其實也不知道是加了什麼而結成球，但還不難吃。」在訓練過程中，他們不吃能量膠和運動飲料，但會吃花生醬餅乾和起司。

鄧非來自加拿大溫哥華，二十五歲，對他來說，飲食是一個劇烈的改變，也是一個風險，因為距離他想奪牌的二〇一六年里約奧運賽不到九個月了。但是，菁英競速選手……就是不一樣。競走就是要走越快越好，雙腿要打直，一腳離地往前邁進時，另一腳一定要在地面上，這時屁股的姿勢常被拿來開玩笑，因為屁股明顯會隨著步伐扭動。美國國家廣播公司（NBC）運動記者鮑伯・科斯塔斯（Bob Costas）就曾拿競走運動和大聲吹口哨比賽比較。因此，在賽道上競爭激烈的全球頂尖競走選手，決定凝聚在一起成立組織。鄧非說：「很大程度上這讓我們可以硬湊在一起，因為我們通常是所有活動團體裡最被邊緣化的人。」所以，當五十公里競走奧運冠軍衛冕者澳洲選手傑瑞・塔倫特（Jared Tallent）前來詢問鄧非，可否往南飛到澳洲，去避避寒帶的冬季，參與一項前所未有的激進運動營養計畫時，鄧非其實非常樂意，但該計畫，也就是「低碳高脂」（LCHF）飲食，同時也引來贊成和反對聲浪。

從二〇〇〇年代早期開始，低碳高脂飲食就已經出現在瘦身領域，直到最近才進入耐力運動領域。一開始只是幾位特立獨行的科學家和所謂的專家推崇，後來加入幾位留著長髮、樂於挑戰既有規則的超馬選手，接著突然連跑步暢銷書作者提姆・諾克斯也對此熱情擁護。諾克斯於二〇一五年寫道：「三十三年來，我鼓吹遵從《跑步聖經》一書裡寫的當前教條，也就是為了保持健康與活力，就必須採取低脂肪、高碳水化合物的飲食。但我現在認為這個建議是錯的。我在此誠心道歉，真的是錯了。」[2]

鄧非、塔倫特和十九名來自四面八方的世界級競走選手齊聚在坎培拉，也就是澳洲體育學院精心整理過的運動場和高科技實驗室的所在地，一同參與計畫名稱為「超新星」（Supernova）[3]的低碳高脂飲食研究。住在澳洲體育學院這段期間，選手必須遵從標準訓練計畫，一次連著三週都要嚴格遵守飲食計畫。共分兩組，一組是耐力運動員傳統的營養建議（熱量有六十％到六十五％來自碳水化合物，有十五％到二十％來自蛋白質，有二十％來自脂肪），另一組是極端的低碳高脂飲食法（熱量有七十五％到八十％來自脂肪，另有十五％到二十％來自蛋白質，而碳水化合物每日攝取不到五十克，也就是兩根小香蕉的量）。在每次為期三週的飲食控制開始前和結束後，運動員都要採集糞便和血液樣本，還要做一系列的實驗室跑步機測量，最後把努力訓練來的體力投入最重要的測試，也就是比賽了。

對鄧非來說，轉換到低碳高脂飲食的過程讓他感到頭暈目眩。開始完全沒有碳水化合物飲食後的第一次訓練，是要在兩個半小時內完成三十公里競走，這原本是很輕鬆簡單的，結果卻成了「要命的健走」，抵達終點時，鄧非還暈了過去。後來，同一週裡，鄧非還走出自己有史以來最糟糕的十公里競走成績。兩週後情況有好一點，但心跳率一直比以前訓練的時候高，他自己也感覺比以前費勁。三週後，實驗室的測試結果顯示，鄧非的效率變差，十公里比賽成績也變慢了，所以整體看來好像不是很好。恢復一般的高碳水化合物飲食後，鄧非明顯感覺安心許多，而且幾乎是立即感覺好很多，還突破了自己的訓練成績。十天之後，鄧非前往墨爾本出賽，大家都很驚訝他以三小時四十三分四十五秒，打破加拿大選手的五十公里競走紀錄，顯然他正把自己推上里約的奧運頒獎臺。

車子如果沒油就會停下來，簡單來說，人體的運作也是一樣。人體的燃料來自食物，食物裡的能量存在化學鍵裡的原子之間，當人體代謝食物時，就會破壞化學鍵，然後釋放出能量供給肌肉和內臟。當身體完全沒有食物的能量時，那麼你擔心的事情中，比賽成績變差算是最輕微的一項了。若沒了食物，最長的存活時間紀錄既令人不堪也很困惑，因為不只要根據確實的環境而定，而且目擊證人的可信度也很重要。較常被提到就是愛爾蘭共和軍的戰俘基蘭・多赫提[4]（Kieran Doherty）了，一九八一年時他被關在貝爾法斯特附近聲名狼藉的美斯監獄（Maze Prison），死前共絕食了七十三天之久。不過，要是稍微違規一下，在水裡加入維他命，身體就能再取用儲存的脂肪久一點；一九七三年有位蘇格蘭醫師在期刊發表案例[5]，指出一名重達四百五十六磅的二十七歲男性，在醫師的監測下絕食三百八十二天後，共減了二百七十六磅，成果相當驚人。

上述案例說明了，若你去參加鐵人三項，不管感覺有多累，你的燃料筒都不會是空的。事實上，在指針指向底部前，成績表現變差就會先顯現出來了，但原因不清楚。英國有項取名為「母親大人早就說過了」的實驗，研究員指出，若受試者沒吃早餐，即使午餐可以盡情吃到飽，但到了下午五點做三十分鐘單車計時賽，成績退步了四・五%。長時間的研究部分，美國明尼蘇達大學研究員[6]請來三十六位認真負責的男性受試者，全都在二次大戰期間選擇非傳統的方式服役，他們要歷經十二週熱量減半的半飢餓時期，結果他們體重約少了二十五%；至於耐力部分，則是上跑步機走斜坡走到疲勞為止，而跑步機後方安排了兩位技術人員準備接住倒下的受試者，結果發現時間縮短了七十二%，其中有名男性受試者還只堅持了十九秒。

換句話說，重點不只是剩下多少燃料，反而是可用的燃料種類、存放的地方、可以多快取得等，都會影響耐力表現。三種基本燃料包含蛋白質、碳水化合物和脂肪。阻力運動後，蛋白質可以協助修復、再造肌肉，也是直接提供能量給肌肉收縮的重要角色。（當你必須長時間使力，但其他燃料剩不多了，蛋白質可以提供熱量，最多可以滿足身體所需之十%[7]的燃料，也就是說，和流行的教條相反，即使耐力運動員非常瘦，還是比一般人需要更多的蛋白質。）不過，長時間運動時，大部分的燃料還是來自碳水化合物和脂肪，這部分的重要性已經討論超過一百多年了。

二十世紀上半葉的早期研究[8]發現，脂肪和碳水化合物的攝取比率端視人體的工作量而定。像是輕鬆走路這種簡單的運動，大部分是在燃燒循環血流裡的脂肪；速度加快後，碳水化合物會加入；到了氣喘如牛時，大部分的能量來源會變成是碳水化合物。不過，還有其他會影響兩者比率的因素，譬如，不論在哪種運動速度之下，體力越好的人，身體燃燒脂肪的比率越高。（這單純是因為體型越瘦，維持特定速度越容易。正如澳洲天主教大學的運動代謝研究員約翰・霍利〔John Hawley〕指出，無論身體多健康，在任何特定的相對運動強度下，身體燃燒脂肪和碳水化合物的混合物，會是一樣的。）飲食中脂肪多一些或是碳水化合物多一些，也會影響身體偏好的燃料混合物方向。即使有上述各種變因，碳水化合物仍是各種激烈運動的主要燃料。有一個研究發現，在馬拉松的距離中，每公里配速二分四十五秒的跑者燃料有九十七%。[9]來自碳水化合物，當配速降到三分四十五秒時，比率就會降至六十八%。

馬拉松跑者靠義大利麵補充能量的老套說法，可以一路追溯至一九六〇年代瑞典科學家約納斯・貝格斯壯（Jonas Bergström）和艾瑞克・胡德曼（Eric Hultman）的研究。貝格斯壯首次使用穿刺生檢技術，也就是研究員直接從持續受苦的受試者肌肉中切除一小塊肌肉，這或許是當時北歐實驗室的習慣，而受試者往往就是研究員自己。貝格斯壯和胡德曼有項著名的研究，兩人分別坐在固定式訓練臺自行車的兩側，各自用一隻腿踩單車，踩到疲勞到踩不動為止，而另一隻腿休息。踩單車前後，兩人各自做了肌肉穿刺生檢，結果發現，在運動過後的腿裡，存放在肌肉裡的碳水化合物肝醣濃度會降到零；換句話說，肌肉燃燒特定的燃料殆盡後，就會疲勞不堪。後續幾年，兩人持續採用高碳水化合物飲食，也定期做穿刺生檢，結果發現，休息沒動的腿，其肝醣濃度大致上都很穩定，但是在運動的腿裡，其肝醣濃度最多會飆升一倍。因此他們有了超量補償作用（supercompensation effect）的想法，因此促成了長距離賽事前的「肝醣超補法」（carbohydrate loading）。

後續的穿刺生檢研究，也確認了肌肉裡存放的肝醣量，可以預測出上跑步機或固定式訓練臺自行車騎到疲勞的時間。不過，身體還有其他碳水化合物的來源，譬如全力運動的腿部肌肉需要約兩千大卡的肝醣，而存放在肝臟的肝醣則可以提供四百到五百大卡[10]。（這就是為什麼早晨跑馬拉松前幾個小時，最好吃點早餐；因為或許肌肉裡的肝醣很充足，但肝臟裡的肝醣在睡覺時提供給飢餓的大腦，所以耗盡了。）另外，雖然循環血液裡的葡萄糖一直都很少，但肌肉還是會動用到血液裡的葡萄糖。總括來說，這幾項研究得到的結論滿簡單的，也和阿奇博爾德・希爾的論點「人體機器」很近似：也就是，身體可以儲存固定數量的碳水化合物作為燃料，而燃料用完時，身體就會感到疲勞不堪。

如果真如此，耐力運動員努力塞進碳水化合物就很合理了，這也是一九七〇年代運動營養學家提倡的觀念。飲食中有六十％到六十五％的熱量來自碳水化合物，有助於保持高濃度的肝醣；賽前幾天，藉由肝醣超補法努力裝滿燃料；若賽事超過九十分鐘，就得攝取容易消化的碳水化合物，以補充體內的肝醣量，以免消耗殆盡。（霍利指出，現代運動營養學家的建議，不是給一個整體的百分比數字，而是依據當天的訓練方式，建議每磅體重應該攝取的碳水化合物數量，因此嬌小的長距離跑者和舉重選手應攝取的量就會差很多。）以實務經驗來說，這個建議感覺還滿有用的。有項研究[11]發現，史上百大男性馬拉松跑者之中，有六十位來自肯亞，而他們攝取的熱量有七十六・五％皆來自碳水化合物，其中有二十三％是很有飽足感的玉米年糕，還有二十％是滿滿好幾大匙加入茶和糕點裡的糖。百大跑者中，還有三十五位是來自衣索匹亞，在另一項類似的研究[12]發現，他們的熱量攝取有六十四・三％皆來自碳水化合物，其中大多是食用當地穀物苔麩製作而成酸種薄餅。若有其他有助於耐力表現的更好飲食方式，肯定還沒有人去知會全球頂尖耐力運動員一聲。

一八七九年四月一日，弗雷德里克・史瓦特卡（Frederick Schwatka）和隊友[13]，從位於哈德遜灣西北角的營地出發前往北極凍原。他們其實是受美國地理學會所託，要前去找尋失聯的富蘭克林探險隊，這支探險隊是在三十年前出發去探索西北航道，共計有一百二十九名隊員喪生了。相較來說，史瓦特卡的隊伍小很多，他有三名隊友，還有雇用的一名因紐特人嚮導和三名雪橇駕駛，以及一同前來的家眷。他們一群人，和四十四隻拉著近四千磅物資雪橇的狗兒一同出發了，物資有餅乾、豬肉、醃牛肉，還有給狗兒吃的海象肉等等，配給總量抓了一個月左右。不過他們再次回到營地時，已經過了十一個月又二十天，一行人駕著雪橇駛過三千二百五十一英里，創下新的紀錄，沿途有次還連續三個月遭遇平均華氏零下五十度的低溫，但他們不只找到富蘭克林探險隊殘骸的明確位置（也找到有些探險隊員吃人肉的證據），另外還發現新的河流和特殊地理景觀，而且全隊沒有任何傷亡。

史瓦特卡引領出新型態的遠征探險，而一百年後萊因霍爾德・梅斯納開始以敏捷的高山攀登方式也一樣，打破當時以軍事重裝備方式遠征的習慣。富蘭克林探險隊會一敗塗地並非獨立事件，綜觀全球，歐洲有許多探險家前進偏僻陌生的區域時，帶上的裝備都不適宜，而且計畫也不夠周全。舉例來說，一八六〇年澳洲伯克和威爾斯竟然選在炙熱的夏天，出發前往內地乾燥區域探險，還帶上二十三匹馬和二十六頭駱駝，搬運非常大量、誇張的物資，包括「一個中式大鑼和大櫃子，還有一張大木桌和成套的椅子。」[14]就跟富蘭克林一樣，伯克和威爾斯後來都餓死了，但他們葬生的區域，食物對當地居民來說是豐沛有餘的。

史瓦特卡沒有到過北極圈，但他生性謹慎，是一位有能力的領導人，在美國西部擔任騎兵軍官期間，他認真向原住民學習傳統知識，因而備受敬重。服役期間，他還有辦法挪出時間研讀並成為合格的律師，一年後又成了合格醫師。史瓦特卡的一名隊友表示：「對門外漢來說，可能微不足道的是，他有個很重要的附帶能力，那就是有一個喜歡而且擅於消化脂肪的胃。」[15]他決定只帶一個月的食物是表示，史瓦特卡和隊友必須和當地的因紐特人一樣，靠這塊土地存活下去。也就是說，全年的飲食中只吃魚和肉，非常簡單。你一定會覺得這種飲食缺乏維生素，會染上壞血病，也會因為缺乏碳水化合物而沒有體力。

結果這趟遠征行中，這群人總計殺了五百二十二頭馴鹿，另外還吃了麝香牛、北極熊和海豹等，其中有兩週時間只有鴨肉可吃。不過，要適應這種飲食方式也是需要時間的，史瓦特卡的日記就寫道：「一開始每天只吃馴鹿肉的時候，感覺身體養分不足，所以體力明顯變弱了，感覺無法挺過艱苦疲勞的旅程，可是大約過了兩、三週後，這些感覺就沒了。」[16]儘管在這趟將近一年的旅途裡，只有吃肉，但史瓦特卡還是跟以前一樣健康，還能在兩天內行走六十五英里，和準備載他回家的捕鯨船碰頭。

史瓦特卡的探險之旅，也揭露了因紐特人神祕獨特的演化結果，全年只吃肉也能存活下來。只是當時大家都忽略了，一直到一九〇〇年代初期，既是探險家也是人類學家的菲爾加摩爾・史蒂芬森（Vilhjalmur Stefansson）獲得類似的結論[17]後，大家才開始注意到這一點。當時史蒂芬森離開哈佛的工作加入北極遠征隊，但由於一些意外插曲，最後變成他獨自一個人和一群因紐特人渡過冬季，因此要自己面對好客的因紐特人，以及他們的飲食習慣，也就是早餐和午餐都吃半冷凍的生魚，晚餐吃煮魚。其實史蒂芬森一點都不喜歡吃魚，但此時情況窘迫，所以很快也就適應了，甚至後來還嘗試吃了夏天留到冬天而且已經腐爛的魚，因紐特人覺得這種魚特別鮮美，史蒂芬森也感到很驚豔，他表示：「比我第一次吃到康門貝爾起司還要好吃。」

後來，史蒂芬森每次要出發探險，都要求要吃的跟因紐特人一樣，所以前後加總起來，有超過五年的時間，他只靠著魚、肉和水過活。史蒂芬森的飲食主張引起很大的爭議，在美國肉類批發商研究機構的資助下，以及他和一位探險夥伴同意在醫療人員的監督下，於紐約展開為期一年只吃肉的生活。實驗結果於一九三〇年刊登於《生物化學期刊》[18]（*Journal of Biological Chemistry*），大致上是支持史蒂芬森認為有益健康的飲食主張。多虧動物內臟和其他部位含有維他命 C，所以兩人都沒有染上壞血病。實驗初期，研究人員只給他吃瘦肉，史蒂芬森為此還提出強烈批評，因為在北極的時候，他注意到因紐特人很享受吃動物最肥的部位，反而是把瘦肉給狗吃。後來，史蒂芬森開始吃比較肥的部位，約有四分之三的熱量全都來自脂肪，他的身體狀況仍然良好。每隔幾週，這兩個探險家還被帶去跑紐約中央公園水庫，接著還要做一堆評估耐力的測試；隨著實驗時間過去，兩人的體力還進步了。

證明只吃肉也能活——這看起來還是很驚人，但這和證明它是一種優越的飲食，特別是可以增強耐力，完全是兩回事。史蒂芬森持續推崇高脂肪肉類飲食，還建議應該配給乾肉餅給二次大戰士兵作為緊急食糧，這種肉餅混合了乾肉和脂肪，是加拿大原住民和北方探險家世代倚賴的食品。有一次在北極戰鬥模擬任務中，一群經驗豐富的士兵實驗了這項提議，後果慘不忍睹。這個實驗於一九四五年發表在《戰爭醫學期刊》[19]（*War Medicine*）：「第一天吃乾肉餅後，士氣突然變很糟。到了第二天，士兵感到格外疲勞、無力、噁心。第三天時，整連士兵的情況更加惡化，完全達不到軍事目標，吐的吐、累的累，逼得負責的軍官不得不終止實驗。」

因為實驗失敗，加上有其他研究證實比起低碳飲食，高碳水化合物更能改善耐力，所以運動員和科學家便不再理會低碳高脂飲食。一九八三年，美國麻省理工學院的醫療研究員史蒂芬・菲尼（Stephen Phinney）提出提醒[20]，其實史瓦特卡發現，人體需要數週的時間才能適應新的無碳水化合物飲食，但所有失敗結果的研究期間都短於數週。另外，菲尼相信最重要的是，相關實驗都未確保攝取充足的鹽分，而且這些研究有時還混合了「高脂肪」和「高蛋白」飲食。每盎司脂肪的卡路里是每盎司蛋白質的兩倍以上，多數人的直覺會認為，只吃肉的飲食就是會攝取很多蛋白質。菲尼請來五名受過良好訓練的單車手，仿照史蒂芬森的飲食法四週，其中有八十三%的卡路里來自脂肪，有十五%來自蛋白質，僅有二%來自碳水化合物；結果顯示，單車手的最大攝氧量和數小時騎乘到疲勞的測試，基本上皆未有任何改變。這個結果對低碳高脂飲食族群來說，可真是至寶。換句話說，只要有足夠的適應時間，人體引擎的確可以從以碳水化合物驅動，轉為用脂肪來驅動。

這個結果對運動科學家來說，是非常有趣的看法。如同我們已經知道的，準備充足的運動員可能可以儲存二千五百大卡的碳水化合物，而重一百五十磅的跑者，跑一趟馬拉松大約消耗三千大卡[21]，如果速度夠快，大部分的熱量會來自碳水化合物。這表示，你不是必須減速，就是必須沿途重新補給，只是補給也有一系列的挑戰。另外，不論你喜不喜歡，人體一直有至少三萬大卡[22]（但大多數人是接近十萬大卡）的脂肪。就像菲尼實驗中的單車手一樣，在中強度的運動中，你可以用到儲存的脂肪，因此就能持續運動到睡神來襲，而不是昏倒。

不過，在實務上還有一些重要的注意事項。菲尼的受試者只有五位，所以實驗結果的變化很大，其中有位受試者騎乘到疲勞的時間，從一百四十八分鐘進步到二百三十二分鐘，但另外一位受試者卻從一百四十分鐘縮短到剩八十九分鐘。菲尼承認，的確要做必要的取捨，為了增強燃燒脂肪的能力，單車手似乎喪失了快速燃燒碳水化合物，來完成短距離競速的部分能力，導致「受試者的無氧運動能力嚴重受限」。

在後續幾十年間，全球各地的運動科學家實驗了各種適應脂肪飲食的方式，卻一再遇到問題。終於，到了二〇〇五年，開普敦大學做了一項決定性的研究[23]（協同作者是後來改推崇低碳高脂飲食的提姆・諾克斯），他們讓單車手做一百公里的計時賽，其中包含五趟一公里衝刺和四趟四公里衝刺，為的是要模擬環法賽費勁的爬坡以及從車陣中突圍。高脂飲食再一次證明不會影響計時賽的表現，不過在可能決定勝負的衝刺表現上，倒是打了折扣。在這份高脂飲食研究的評論裡，澳洲體育學院運動營養組負責人，也是致力於研究適應脂質飲食的先驅路易絲・伯克（Louise Burke）指出，對於高脂飲食促進運動表現來說，該研究是一個「致命打擊」。隔年，當時正在加拿大貴湖大學攻讀博士學位的特倫特・史特林夫，對此提出解釋：高脂飲食不只增加脂肪燃燒，還會經由降低一種稱為丙酮酸脫氫的關鍵酵素活力，而遏制身體運用碳水化合物。

當然，身體儲存的燃料對耐力極限的作用，就要根據我們對耐力的定義了。如果單純想要達到長距離的目標，沒有時間限制，也沒有較勁的對手，自然不用擔心丙酮酸脫氫的存在。另外，特別是當你身處食物很有限的情況，譬如，到北極遠征、連日只能吃隨身食物的超級賽事，那麼能好好運用體內儲存的脂肪，就是很不錯的優勢。體內能儲存的燃料越多，就能走更遠，也比較不需要重新補給。

不過，如果你對耐力定義有競賽的含義，也就是要在艱困的一分鐘內，全力衝出最遠的距離，那麼你的重點就不是在能儲存多少燃料，而是可以多快取得燃料。可是，肌肉燃燒燃料的速度有多快呢？體內的燃料遍布全身，肌肉取得燃料的速度有多快呢？還有，在運動過程中，重新補給燃料的效益能有多快呢？

在上一章節裡，談到海勒・葛伯塞雷斯在二〇〇七年柏林馬拉松創下世界紀錄二小時零四分二十六秒，當時他的補水策略包含賽中補充水分約兩公升。事實上，這個策略就是重新補給水分燃料。葛伯塞雷斯打算賽中要補充的二公升液體，其中有一・二五公升是運動飲料（其餘都是水），另外還吸了五條能量膠，總計來說是每小時補充了六十到八十克的碳水化合物。這個數字很重要，因為科學家一般都認為，運動時身體每小時最多只能吸收六十克（約二百五十大卡）的碳水化合物，而所謂的速率限制步驟（rate-limiting step），就是腸子吸收碳水化合物後釋放到血流裡的時間。

其實，葛伯塞雷斯還運用了（當時）最新發表的資料指出，若混合兩種碳水化合物[24]，譬如葡萄糖和果糖，那麼進到腸道時，就可以同時分開走不同的細胞路徑，所以每小時吸收碳水化合物的量就可以增加到九十克。要在比賽過程中塞進這麼多碳水化合物，並不是一件簡單的事，這就是為何 Nike 馬拉松兩小時計畫的科學家，要花這麼多時間協助運動員，特別是澤森內・塔戴斯和勒利薩・戴西沙，就是為了增加他們跑步時能裝下肚的分量。Nike 團隊混合不同的飲料，為每一個跑者客製碳水化合物配方，希望達到最佳的可口和吸收效果。至於我們一般人的話，市面上的運動飲料都是混合了葡萄糖和果糖，例如雀巢 PowerBar 和開特力。如果你每小時能裝進六十克的碳水化合物，高吸收率就能幫你延緩耗盡體內的肝醣，讓你可以保持高速久一些，而不至於提早「撞牆」。

理論上來說，這種燃料補給計畫的估算很簡單：體內已經儲存的卡路里和準備要燃燒掉的卡路里，兩者的差距就是必須補充攝取的卡路里。不過，實務上來說，身體的運作其實要複雜許多。北歐研究員近期表示，肌肉儲存的肝醣不只是儲備能量[25]，也能幫助肌肉纖維有效收縮；換句話說，肌肉會因身體燃燒肝醣而變弱，因此在燃料用盡前，就會大幅消減身體的力氣。其實，肌肉有不倚賴大腦、可獨立運作的自我防禦聰明機制，此外，肌肉其實會優先燃燒肌肉裡的部分肝醣，之後才會動用血流裡的葡萄糖；這表示，就算喝了全世界的開特力，也無法無限期避免疲勞。

不過，就其他方面來說，運動飲料幾乎是莫名其妙令人意外地有效果。如果身體保存的碳水化合物足夠讓你運動達九十分鐘或更久，那麼為什麼有些研究發現，在運動比賽中，運動飲料提升表現只能持續短短的半小時呢？[26]另外，為什麼這些提升效用幾乎是瞬間發生，在碳水化合物離開胃的很早以前就出現了？簡單的答案是，這些好處都在你的大腦裡，這只是一種安慰劑效果。但這個答案其實只對了一部分。

運動營養研究員艾斯可・朱肯卓（Asker Jeukendrup）專注於葡萄糖和果糖配方研究，其系列研究發現，在一小時的單車計時測試中，以葡萄糖為基底的運動飲料可以提升表現。不過，如果不喝葡萄糖飲料，直接輸入葡萄糖到單車手的血流裡的話，照理效果應該更好，但居然卻不見效益。二〇〇四年，朱肯卓和同事決定改變方式，這次請單車手不要吞下運動飲料，而是漱口後吐掉[27]，結果奏效了，看來運動飲料進入口中的重要性，大過進到血流和肌肉。而且，這些研究都有設計安慰劑對照組，所以全部的飲料嚐起來的味道都一樣。即使如此，還是很難排除安慰劑作用悄悄存在的可能性，因此有許多科學家對此研究還是抱持著懷疑的態度。

到了二〇〇九年，伯明罕大學研究員的實驗，驗證了漱口吐掉碳水化合物飲料對成績表現的幫助後，才平息了這場辯論。該研究採用功能磁振造影[28]技術顯示，受試者嘴裡一有碳水化合物時，對應的大腦區塊就會有反應。重要的是，如果入口的是人工加糖飲料，大腦掃描和騎乘表現都沒有任何反應；但如果把無味且無法察覺的碳水化合物——麥芽糊精，加入人工加糖飲料，就會有反應。換句話說，糖的甜味還不足以誘發效用。更精確地說，嘴巴似乎包含之前未知（而且至今仍未確定）的感應器，能把碳水化合物的出現直接傳達給大腦。套用提姆・諾克斯的中樞調節概念，當大腦知道（或是被誘騙）有新的燃料要進入身體了，就會放鬆安全邊際。

這個研究結果說明，為何碳水化合物的提升作用幾乎是瞬間性的，也解釋了為何效用只有短短的半小時。另外，還有一個小問題，碳水化合物飲料的效用，端視身體有多飢餓或是燃料有多滿而定，可見大腦的控制機制有多精細複雜。二〇一五年，巴西研究人員請來單車手[29]做二十公里計時賽，條件分為飽足（早上六點吃早餐，八點計時賽）、禁食（八點計時賽之前都沒有吃早餐）、耗盡（同禁食組，但前一晚有操練而且吃的是低碳晚餐）。實驗發現，漱口吐掉運動飲料的效用，對耗盡組最有效，禁食組次之，飽足組則毫無作用。另外，其他實驗發現，喝下運動飲料後，騎乘低於九十分鐘的測量，也會出現類似的結果。因此，只有當身體一開始的燃料刻度就偏低的時候，才會起作用。

從上述研究結果看來，要是一開始運動時胃不是空的，儲備燃料也沒有耗盡，那麼運動飲料和比賽中補給碳水化合物，對於短暫提升表現並不會有任何幫助。（專業建議：千萬別空著肚子去運動。）從更理論的層次來說，這些實驗結果強烈說明，你的大腦會在你的意識控制外關照身體的健康，而且會在身體出現危機之前就介入。

二〇一三年，自從《男士雜誌》（*Men's Journal*）刊出一篇廣為流傳的文章[30]，指出菁英耐力運動員「鄙棄長久以來的義大利麵飲食，改吃……大量的健康脂肪」後，雖然仍有許多運動營養學家懷疑其效用，但低碳高脂飲食已經成為超馬社群的新風潮。這其實也不難理解；菲尼的實驗證明和史特林夫的解釋，都指出低碳高脂飲食有損衝刺的力量，但這對多數超馬選手來說影響不大，因為選手在意的是完成長距離賽事，而不是達成特定時間，也不必在意超越對手。長達十二、二十小時的賽事，美國田納西州知名的巴克利馬拉松賽甚至長達六十小時，就算是最快的跑者，也不可能單靠燃燒碳水化合物來支撐這種高強度的配速，所以燃燒脂肪成了長距離跑者代謝公式裡的重要一環。另外，對超馬選手來說，最大的挑戰包括重新補給，意思是在山徑跑了十二個鐘頭後，要強塞一條能量膠、一根香蕉或是其他食物進到食道，然後進到難搞的胃，而且還不能衝到草叢去吐出來。因此，減少從外部補充碳水化合物，轉而倚賴體內儲備的脂肪穩定燃燒，似乎很有幫助。另外，比對於馬拉松距離更遠的鐵人三項和耐力騎乘，也有類似的看法，因此有越來越多人轉而接受低碳高脂飲食。

高脂飲食帶來多大的變化呢？美國俄亥俄州立大學有支由傑夫・沃雷克（Jeff Volek）帶領的研究團隊（低碳高脂飲食研究先驅史蒂芬・菲尼也加入），邀請二十位菁英超馬選手和鐵人三項選手來到研究室做測量，其中有一半的人，在數個月前或甚至幾年前就已經採用低碳高脂飲食。二〇一六年，團隊在《代謝期刊》（*Metabolism*）發表測量結果，指出已適應脂肪飲食的跑者[31]，其燃燒脂肪的速度是非脂肪飲食跑者的兩倍；而且在三小時中度配速跑步機測量中，已適應脂肪飲食跑者的能量有八十八％來自脂肪，而採一般大量碳水化合物飲食的跑者只有五十六％，最後一個數字還滿重要的，因為說明了就算飲食中有大量的碳水化合物，跑者運動時還是會用到儲備脂肪。低碳高脂飲食跑者把燃燒脂肪的能力，推向一個嶄新而前所未見的程度，沃雷克說了：「依據傳統所知，這種燃燒脂肪的速度可真讓人嘖嘖稱奇。」

有些剛轉換到低碳高脂飲食者，會跟史瓦特卡一樣選擇攝取超過八十%的脂肪，而且真的完全不碰碳水化合物。扎克・比特（Zach Bitter）於二〇一五年，創下美國一百英里田徑新紀錄，而蒂莫西・奧爾森（Timothy Olson）也在二〇一二年西部一百英里耐力賽中刷新紀錄（更是二〇一三年《男士雜誌》該篇報導的焦點運動員），兩人都表示整體的碳水化合物攝取量偏低[32]，但在長距離跑步訓練或是賽事期間，則會提高碳水化合物的攝取量。舉例來說，奧爾森長距離跑步前一晚會吃地瓜，比賽時每小時會吸一到兩條能量膠（每一條含一百大卡的碳水化合物）。

《男士雜誌》報導提到的另外兩名運動員，也是採用類似的適度飲食習慣。譬如說，擁有兩面奧運鐵人獎牌的賽門・懷菲德[33]（Simon Whitfield），他採取的「高脂肪」飲食，其中有五十%的碳水化合物、三十%的蛋白質，而脂肪只有二十%，雖然不全然飲用脫脂牛奶和吃純蛋白，但這個比率其實很接近一般運動營養的建議，而非低碳高脂飲食。我曾致電環法賽單車手戴夫・札布里斯基（Dave Zabriskie）詢問低碳高脂飲食的經驗，他表示體驗過程很有趣但很難提升表現：「長期的訓練不費力，所以還不錯，但是像環法賽這種日復一日的比賽，一定要吃碳水化合物才行。」

從網路論壇和社群網站上一面倒的討論內容來看，你或許會覺得自己要選邊站，不是燃燒脂肪，就是燃燒碳水化合物，如果選錯了就是自己倒霉。其實，沃雷克的資料清楚說明，我們兩種都要吃，這樣兩種飲食法的優缺點才能互補：碳水化合物的儲存容量有限但可以快速燃燒；脂肪的來源無窮，所以可以作為速率限制步驟的替代燃料。澳洲體育學院的路易絲・伯克認為，這麼做可以最大化兩種燃料的化學反應，稱為「代謝靈活度」，也相當合理。其實，比特和奧爾森就是這麼做的，他們在重要訓練及賽事之前和過程中都會多攝取碳水化合物，而整體的脂肪攝取量很高。相對來說，標準高碳水化合物飲食者也可以每週開始幾次，刻意訓練減少碳水化合物儲量，這也是二〇〇六年伯克點出高脂飲食的「致命打擊」後，各地許多研究員追隨的方向。

伯克是位高效率的澳洲人，具有自我解嘲的幽默感，是運動科學界少見的奇葩。身為該領域的研究先驅，伯克在一九九〇年光榮地擔任澳洲體育學院運動營養組負責人，發展至今，她目前帶領的團隊已經多達十六人。幾年下來，伯克為運動營養領域帶來嚴密的科學驗證，還在具有同儕審查制度的學術期刊上發表了幾百篇論文，但她這樣居然還稱不上是學術界人士。

伯克說她在澳洲體育學院的主要職務是在「第一線」工作，幫助澳洲運動員在像是奧運這類國際賽事裡奪得獎牌，而且她自己也學到了，無論同儕審查文章時針對爭議議題提出什麼看法，「最重要的還是要傾聽運動員的想法」。初踏入職場時，伯克和同事都深信，比賽之前要攝取高劑量的咖啡因，如此才能提升成績表現，而且始終搞不懂為何單車手在數小時的比賽後段，總是堅持要喝消氣的可樂。為了證明單車手錯了[34]，他們還設計了有安慰劑對照組的雙盲實驗，讓受試者運動時攝取小劑量的咖啡因，結果真的奏效了！現在隨處可見添加了咖啡因的能量膠，多少與此研究有關。

低碳高脂飲食持續在耐力運動員界推廣開來，伯克認為值得針對菲尼提出的史瓦特卡式飲食，再次進行嚴密的測量實驗，因此就此誕生了大規模實驗的「超新星」計畫。受試者的脂肪適應期延長至三週，而且依據菲尼的建議，提高飲食中的脂肪比率。二〇一五年底，艾文・鄧非和多位競走選手一同來到坎培拉參加計畫；如果說有奧運選手能因低碳高脂飲食受惠的話，那肯定就是這一群選手了。男子五十公里競走是奧運裡距離最長的賽事之一，要勝出的話，得在四小時內完賽，此外比賽規則禁止選手全力衝刺，因此失去暴衝的力量也不成問題。

二〇一七年，超新星計畫發表研究成果[35]，耐力運動員持續三週高脂飲食後，身體轉變為燃燒脂肪的機器，速度之快，已經超乎大家想像。在二十五公里計時賽中，受試者各自採用期望在五十公里賽事走出的配速，結果發現運動員每分鐘燃燒一・五七克脂肪，是一般碳水化合物飲食運動員「正常」數值的二・五倍。這真是個好消息！不過，以燃燒脂肪為主的運動員遇到的問題是效率變差，而且需要更多氧氣才能達到比賽的配速；這是一連串把脂肪或碳水化合物轉換為三磷酸腺的代謝反應，也就是轉換成肌肉收縮所需的燃料型態，而脂肪的代謝反應需要更多的氧分子。若只是外出輕鬆走走，不會有什麼大問題，但若是賽跑（或競走）的配速，就會喘不過氣來，此時需要消耗更多氧氣的需求便成了累贅。因此，超新星計畫最後一項且最為關鍵的測量十公里競走，結果一點也不令人意外，低碳高脂飲食運動員的成績，比高碳水化合物運動員的表現更差。

這對想要成為低碳高脂飲食的奧運選手來說就不是好消息了，但伯克認為這還不是高脂飲食最終的「致命打擊」。超耐力運動作為休閒活動時，比較不介意效率變差，因為減少重新補給次數的益處很多，而且在速度較慢但距離較長的賽事類型中，像是超級鐵人三項中最後的馬拉松，效率變差或許影響也不大。另外，完成超新星計畫的低碳高脂飲食運動員倒是在真實比賽中，締造了令人驚喜的成績；除了鄧非的五十公里國家新紀錄外，另一位選手也在同場比賽裡創下非洲選手的新紀錄，還有幾位選手也紛紛走出自己最佳的成績紀錄。後來在同年的夏季奧運賽，日本選手荒井廣宙在最後一公里碰撞到鄧非，原本的銅牌被取消資格，荒井上訴後重獲銅牌，落居第四名的鄧非此時決定不再上訴爭取，因此小有名氣。雖然離開里約時，鄧非沒有拿到獎牌，但是卻創下新的國家紀錄，國際也讚揚他的運動家精神，並持續關注低碳高脂飲食逐漸帶來的益處。

二〇一七年，伯克在坎培拉啟動超新星計畫二，召集更多競走選手參與，而且觀察期間也拉長，以防三週低碳高脂飲食的代謝益處未能立即顯現，而是在改回高碳水化合物飲食後才出現。撰寫本書時，新計畫的研究成果尚未出爐，但無論結果如何，低碳高脂飲食突然得到高度關注，表示很快我們就可以進一步得知，不同代謝燃料對耐力極限的影響。伯克說：「營養是門循環科學，訝異的是，有許多『新想法』其實都是舊想法的重新想像，因此可能只是『呼拉圈效應』，風潮過了就沒了。不過，也可能有新研究因而誕生也說不定。」

伯克現階段肯定的作法是，訓練期間採取碳水化合物和脂肪都吃的「周期化」飲食法，也就是碳水化合物充足時操練特定訓練項目在，並在無碳水化合物時進行其他鍛鍊。目標不一定是要在比賽時提升脂肪使用量，反而是把消耗碳水化合物的鍛鍊當成一種負重背心，督促身體要更努力，以達到更強健的體適能。讓人容易昏倒的消耗性鍛鍊，往往是訓練品質不好的問題，這就是為什麼在身體還有足夠的碳水化合物以維持高強度的運動時，必須加入其他的訓練項目。伯克與其他研究員於二〇一六年用一個名為「低碳睡眠」（sleep low，讓身體在低碳水化合物存量狀態下睡覺）的規則發表了兩個研究[36]，受試者在傍晚要進行高強度訓練，以消耗一定的碳水化合物，接著吃無碳水化合物的晚餐，隔日早餐前再進行中強度訓練，以耗盡體內的碳水化合物。重複這個循環三次，總計六天，結果受試者在二十公里單車計時賽中，成績進步了三％。

在這樣的規則（甚至規則這個字眼本身）下，刻意消耗的訓練方法看起來規範非常嚴密與科學。不過伯克也指出，過去這幾年來，不管是精心設計，還是出於必要，很多領域的運動員也迷迷糊糊採取了類似的模式。據說在一九九〇年代，傳奇單車手邁格爾・安杜蘭（Miguel Indurain）的主要訓練就是空腹騎乘五小時。肯亞跑者雖然重度依賴碳水化合物，但他們一開始都很貧窮，所以常常是餓著肚皮在訓練。登山客也是一樣，在好幾天艱困的遠征中，已經學到要訓練自己提高脂肪燃燒，但不會犧牲碳水化合物的容量，這是一種在「昏倒」可能致命的環境下，創造代謝靈活性的方法。

二〇〇〇年六月，高山登山家史帝夫・豪斯（Steve House）、馬克・崔特（Mark Twight）、史考特・貝克斯（Scott Backes）三人前往北美最高峰德納利峰南壁，走的是鮮為人知、極富挑戰的路線，名為斯洛伐克直攻山徑。攀爬這段山徑的第一人（也因此以他的名字命名）花了十一天，當時是一九八六年，而且沿路還要用到栓在岩石和冰塊上長達一千英呎的固定繩索。第二批挑戰者花了七天。這次是第三批挑戰者，豪斯和夥伴沒有帶帳篷和睡袋，只帶了最少量的繩索，因為他們打算一口氣爬完整趟路程。

從某個角度來說，登山運動非常適合測試能量極限。阿爾卑斯登山方式要帶上全程要吃的食物，這對於要爬過一道又一道垂直冰牆才能往上坡走的運動來說，是有些不大方便。往上攀爬的一般強度，大約要消耗身體六十五％到七十五％的最大含氧量，因此倚賴儲備的脂肪是理想的方式。豪斯和教練史考特・強斯頓（Scott Johnston）在《高山登山新手訓練：運動登山家手冊》（*Training for the New Alpinism: A Manual for the Climber as Athlete*）一書中解釋：「背包裡的食物很重，而且我們身上也一直攜帶著大量的能量，所以重點是要鍛鍊體魄和策略性飲食，好讓身體能夠大量燃燒這種能量來源，這樣就能少吃一點了。」也就是說，均衡的鍛鍊配套計畫中，要有足夠的脂肪（豪斯的飲食中，脂肪佔了五％到三十％），也要有足夠的中強度耐力訓練，還要有豪斯實驗過覺得很有效的訓練——數小時禁食後的晨間鍛鍊。

二〇一六年，知名登山家暨山區導覽員艾德里安・巴林格[37]（Adrian Ballinger）沒帶氧氣筒挑戰珠穆朗瑪峰失敗後，請強斯頓和豪斯來訓練自己，而上述就是兩位教練給的建議。加州大學戴維斯分校運動表現研究室的測量結果顯示，巴林格在心跳率相對較慢的每分鐘一百一十五下時，身體的代謝就從燃燒脂肪為主，轉為燃燒碳水化合物為主。在珠峰的「死亡地帶」，食欲會變低，身體也會逐漸關閉消化與其他機能，此時倚賴碳水化合物的巴林格會失去能量，而不自覺地擅抖，雙手麻木後就更無法操作保護用的登山扣；還好巴林格夠聰明，攻頂兩小時後就折返。

為了幫助巴林格能夠有效動用儲備脂肪，強斯頓建議，在訓練計畫中加入禁食耐力鍛鍊，並改採用脂肪較高的飲食方式。一開始改變還滿難的，因為原本十二英里的跑步變成七英里的艱苦跋涉，而且時間還維持不變。但沒多久，巴林格就可以不用吃東西完成五小時的鍛鍊。四個月後，回到實驗室進行測量，確認巴林格的脂肪與碳水化合物轉換點，已經從心跳每分鐘一百一十五下提高到一百四十一下，因此巴林格做中強度爬升時，可以多倚賴脂肪燃燒，而碳水化合物可以放到真的需要的時候才用。二〇一七年春天，巴林格和登山夥伴柯瑞‧理查茲（Cory Richards）再度回到珠峰，強斯頓和豪斯則從遠端監控他們上傳的心跳率紀錄。巴林格爬升十二英里，抵達海拔高過北美最高峰的基地營，此時心跳率仍低於一百二十。兩天後爬升到北壁小屋，心跳率依舊低於一百二十五，和去年的差異很大。五月二十七日，巴林格只靠著自己的肺部呼吸，就順利站上世界的屋頂，成為三十多年前才開始締造的世界紀錄中，繼梅斯納和哈伯勒之後的第三人，加入了目前還很少人挑戰成功的名單。

但若以為這個壯舉完全是脂肪的勝利，那就大錯特錯了。豪斯說，除了訓練身體燃燒脂肪，還是需要碳水化合物來幫助迅速移動。換句話說，就如同路易絲‧伯克的建議，在高山上時，要盡量讓身體動用到碳水化合物，以求每一個代謝途徑都發揮出最大功效。二〇〇〇年，豪斯和夥伴打包了一百四十四條純碳水化合物的能量膠，前往斯洛伐克直攻山徑。整趟四十八小時的旅途中，他們打算每小時各吃一條能量膠，其餘什麼都不吃。這樣的輕裝備也能平衡外來的碳水化合物和體內儲備脂肪的基準能量。他們估計可以在燃料消耗完之前勉強攻頂，就勉強而已。

攀爬了二十四小時後，豪斯、崔特、貝克斯通過無法回頭的點，因為往回走原路也沒有足夠的錨定工具。幾小時過去，三人開始被睡神纏上，感到又麻又冷，身體非常疲勞。由於要交替走在石頭和冰雪上，他們得停下來兩次，好收拾替換的爬山工具。四十八小時後，用來融雪的兩個爐子都沒有燃料了。由於趕路和海拔關係，三人都出現噁心感，因此攝取能量膠的進度落後於預期的計畫。他們的能量開始低到危險的地步，身體的警告訊號也越來越強烈。崔特後來回憶說：「嚴重的抽筋，而且幻聽的狀況也很難忘。」[38]

換句話說，在緊抓著冰冷的山壁時，豪斯和夥伴面對的體能極限，真是就是聽到腦袋裡有回音。和前面六個章節討論過的所有其他極限挑戰者一樣，在最後的體能危機之前，也就是肌肉因為缺乏燃料而停止收縮，會出現一系列穩定加強的警告訊號。體內燃料過低的訊號特別強烈和堅持，這是非自願的預期調節機制（involuntary anticipatory regulation）最有力的證據。非自願的預期調節包括漱口吐掉運動飲料後，會提升體能的表現；儲備燃料仍是半滿，但肌肉纖維的效率已經變差。不過，我們還是可以忽略訊號一段時間。崔特指出，大多數的美國登山家「都很怕餓，否則不會背這麼多食物上山。」

豪斯、崔特、貝克斯三人冒著超過自己極限的風險，在意識模糊之際，三人曾短暫迷路，當時還企圖沿著一座巨大的冰峰行走，那是德納利峰南壁最大的一座冰峰。還好後來找到一條介於冰峰和急遽陡峭岩面之間，還算可以攀爬的混合地形，一行三人才總算回到山徑。最後，歷經六十小時的不停攀爬，三人不僅疲勞至極，還感到飢餓、嚴重脫水、睡眠不足，但總算攻頂成功。不過，就像踉蹌跨過終點線的馬拉松跑者還是得繼續跑，三人仍然必須撐到下山。

兩小時　二〇一七年三月六日

一場慘劇正在我們面前以慢動作演出。義大利的國立蒙莎賽道，又名極速聖殿，興建於一九二二年，這裡常迴盪著各大重要賽事高辛烷值的轟隆聲，見證了無數的新極速速度紀錄（哥倫比亞賽車手胡安・蒙托亞〔Juan Pablo Montoya〕於二〇〇五年義大利國際賽車大獎賽，締造了每小時二三一・五二三英里的紀錄，等於是以不到七分鐘的時間跑完一場馬拉松），但也悲傷地送走超過五十位賽車手和超過四十位觀眾，大多數是在早期自由賽車運動中身亡的。從好一點的角度來看，在三月初的北義大利遇到的問題是配速員。

基普喬格、塔戴斯、戴西沙來到極速聖殿，完成最後一次半馬預跑，三人預計在五月初要正式挑戰全馬。去年十二月時，Nike 向全世界宣布了 Breaking2 計畫，但大部分的細節仍然保密，所以好奇與抱怨的人大概一半一半。由於鞋款和初步計畫皆未對外公開，所以民眾不是認為，Nike 只是要以一個不可能達成的目標來吸引大眾關注，就是覺得 Nike 準備偷吃步，玩一些像是跑下坡、穿上輪鞋等各種行銷把戲。今天早上的記者會裡，Nike 總算公布了挑戰的細節資訊。現在，在整個路跑界的緊盯之下，Nike 的科學團隊終於有機會，看看他們在研究室揮汗如雨所做的精密微調工作與堪稱不切實際的計畫，如何在真實世界中發揮作用。

記者會開始前的幾個鐘頭，Nike下世代研究中心主任布萊德・威金斯（Brad Wilkins）帶我快速參觀賽道。一・五英里的「小賽道」幾乎全都是平的，一圈下來整體的起伏只有十八英呎。蒙莎賽道的海拔高度只有六百英呎，所以跑者每一口呼吸都能吸飽氧氣，也可以避免我在海拔一千九百英呎的坎培拉所遇到的問題（詳見第170頁）。威金斯在邁步走向華麗的終點線時指出，賽道中每四百公尺就安裝非常平坦的計時踏墊，能夠即時回傳跑者的配速（正式全馬時會變成每兩百公尺一道）。另外，團隊還架設了氣象站以搜集賽道的溫度、濕度和風速。五月初的溫度應該會落在華氏五十五度以下，這個溫度夠低，可以避免身體過熱，降低脫水的風險。威金斯還表示，今天的風勢不好，如果是正式挑戰的話就得取消活動。這就是為什麼正式挑戰不是定在某一天，而是定了三天的「發射期限」。威金斯抬頭看了一眼襯著幾朵白雲的藍天，嚴肅表示：「身為生理學家，另一個我不喜歡的要素是陽光，散發太多熱能了。」

跑者終於在喇叭響起後開跑，後方跟著一輛線條流暢而且零廢氣排放的特斯拉賽車[1]，操控方向盤的是一級方程式賽車的試駕車手。第一批的六位配速員很快排成一、二、三排的箭頭隊伍，這是美國新罕布夏州一位空氣動力學天才，做了風洞試驗和電腦模擬流體動力學後，決定的最佳隊形。這是一個令人印象深刻的畫面，但維持不久。有一個配速員很快就腿軟退出，另一個則是跟不上速度。即使很快就有其他配速員加入頂替，但是跑者還是很難在這種緊緊排列在一起，在令人很不舒服的情況下維持飛快的配速。箭頭隊形很快就散開，變成鬆散的變形蟲隊形，導致基普喬格和隊友也從隊伍中現身了出來。

更糟的是，還沒跑到一半，戴西沙開始逐漸落後。威金斯堅稱，這一天的半馬預跑純粹只是後勤方面的操演，可是運動員正值密集訓練期間，戴西沙的練跑距離卻是一週突破二百英里。雖然威金斯說：「我們不是要測試運動員的體力，而是測試我們自己。」可是眼見戴西沙落後的距離從一英呎，到三碼，甚至十多碼，在終點線的團隊成員看到後也彼此交換憂心的眼神。儘管全都按照科學精算過，請來全世界最厲害的運動員，還投入數百萬美元，但大家都清楚，仍然可能會失敗。

這一回是在我的職涯裡，頭一次收到辱罵的來信，指控我是在幫 Nike 誘拐消費者，因為我的共謀報導玷汙了純淨清高的路跑界，害路跑變成廉價的餘興活動。雖然我很驚訝看到如此強硬的語氣，但我也能瞭解為什麼讀者會這麼想。路跑的簡單性就是它的定義特徵，這就是為什麼有這麼多跑者都是來自全球最貧窮的地區，也是為什麼主管單位國際田徑總會的合作國家與區域有二百一十四個之多，甚至超過了聯合國的會員數。此外，馬拉松還有一段精采的歷史，其中包含極機密的鞋款設計、箭頭隊形，還有公關公司從未嚴格規範的大規模行銷展售活動。

有人批評，現在已經不像以前那樣的美好時光，羅傑・班尼斯特是利用學醫時的午餐時間鍛鍊自己一英里破四。從某些層面來說，此言不虛。但馬拉松破二和每英里破四兩者之間，還有很多令人意外的相似之處。首先，班尼斯特的事蹟背後有著一連串精心策劃的配速，而不是直接和約翰・蘭迪或是破四挑戰者正面交鋒。一九五三年，班尼斯特出席一場高中賽事的特別活動，由另一位跑者帶領他配速跑了兩圈半，後來改由有過被配速經驗的牛津同學克里斯・布萊舍（Chris Brasher）幫他一路配速，最後成績是四分零二秒，但因為跟 Nike 的「馬拉松破二計畫」一樣，違反了不可更換配速員的規定，所以未被認可為英國紀錄。但這個成績還是有其意義，班尼斯特後來解釋：「只差短短兩秒就可以破四了，所以我很確定我可以縮短時間。」[2]

基本上，Nike 科學家也是抱持一樣的看法，如果基普喬格或其他兩位跑者之一，能在精心策劃過的蒙莎賽道環境中破二，就等於是於正式的城市馬拉松賽中幫其他跑者破二鋪路了。換句話說，這個心態形成了我們認為的人類能耐的外部極限。

這讓人聯想到帶氧氣筒登珠穆朗瑪峰的爭論。一九二〇年代，第一支英國遠征隊前往挑戰珠峰，當時科技才剛起步，有些隊員覺得吸氧氣桶的行為沒有運動精神[3]，也有損他們達成目標的光輝。一九五三年，艾德蒙・希拉里和丹增・諾蓋是在氧氣筒的輔助下順利攀登成功。又過了二十五年，梅斯納和哈伯勒才達成無氧氣筒攀爬的成就。但是，如果沒有前人在氧氣筒的輔助之下，先去探險找出路徑，他們還可能成功嗎？「不可能」這個答案感覺是非常久的時間，而我猜想的答案是，恐怕到現在都還沒人上得了珠峰。

跑鞋也是另一個問題。半馬預跑這一天，《紐約時報》刊登了一張電腦斷層掃描的照片[4]，可以看見跑鞋裡的碳纖維鞋底，宛如機場安檢查看偷藏的刀械一樣，這是另一項破二計畫主持人亞尼斯．比茲萊迪斯提供的鞋款原型。《時代雜誌》（*Times*）指出，這個鞋底「的作用就像是投射器或是彈弓，幫助跑者往前推進。」根據報告，這個鞋款可以提升四％的效率，這樣公平嗎？

或許，跑步遇到的難題跟其他運動一樣，像是一九九〇年代，單車場地一小時賽事主辦單位決定，「禁止」已有的技術進入比賽，還有二〇一〇年時，游泳界也決定禁穿由聚氨酯製成的「飛快泳裝」（fast suits）。技術不斷進步，但如果進步到可以決定誰是冠軍時，就是一個問題了。二〇一六年奧運男子馬拉松比賽的前三名跑者，穿的都是由 Nike 名為 Vaporfly 的這款新鞋原型偽裝而成的鞋款；另外同場女子馬拉松冠軍，還有二〇一六年倫敦、芝加哥、柏林、紐約馬拉松賽事的男子組冠軍，全部都是穿這款鞋。如果我們感興趣的是人類的極限，結果馬拉松破二需要的只是一個可以跑出二小時零三分的跑者和一雙超級跑鞋，那真正的意義何在？

隨著太陽下沉到如洞穴般的空蕩大看臺時，我緊盯著基普喬格在賽道上奮力跑最後一圈，同時也在思考著上述的問題。塔戴斯也開始落後了，只有基普喬格的步伐還是一樣輕盈，幾乎不費勁地彈跳前進。基普喬格抵達終點時，時間是令人難以理解的五十九分十九秒，接著他慢慢走向附近的體重計，安德魯・瓊斯準備好要幫他量體重，以估算總共流失的汗量。塔戴斯抵達終點的時間是五十九分四十二秒，快過瑞恩・霍爾創下的美國紀錄五十九分四十三秒；他後來解釋他其實可以跑更快，但是選擇遵守賽前的規劃，就是跑六十分鐘。戴西沙的士氣低弱，但仍堅持要跑完，成績是一小時零二分五十六秒。

他們流汗、冷卻後，自然但巧妙地回答記者爭相提出的問題。在場的除了一般運動記者外，還有設計雜誌、健康生活節目、時尚部落格的代表。戴西沙提到惱人的舊傷，而基普喬格則是忙著應付一連串的古怪提問，例如：「你有用餐嗎？」「有的，有吃午餐。」「但是，比賽過程中，你有用任何餐點嗎？」「沒有，比賽中沒有吃東西。」「這樣不會有問題嗎？平常跑馬拉松賽時，你通常會吃一餐嗎？」「不會，跑馬拉松時不必用餐。」後來，我提出了個大哉問：跑出五十九分十九秒成績的你，有多拚命？九十五％的力氣嗎？還是九十八％？百分之百？基普喬格咧嘴笑了，回道：「六十％，因為這算是練習。」

隔日天剛破曉時，天氣乾冷、有陽光，但沒有一絲風，彷彿驗證了威金斯選擇三天發射期限的用意，這天也是科學家與執行團隊仔細研究分析的時刻。負責跑鞋的人員對著穿過的跑鞋細部拍照，仔細勘察泡綿裡的蛛絲馬跡，還有鞋底呈現的足跡分布，力求找出需要微調的地方。戴西沙學到教訓了，同意換掉預跑前一刻因為習慣所以臨時決定換穿的飄飄褲，改穿新穎的高科技壓縮短褲。另外，生理學家也在仔細檢查，從跑者在賽前吞下的膠囊溫度計所搜集到的資料，以及從黏貼式肌肉含氧量和皮膚溫度感應器中，瞭解三位跑者是否能夠保持同樣的配速到兩倍時間。一個振奮人心的消息是，基普喬格的核心體溫從頭到尾幾乎沒有變化，完全沒有體溫過高的跡象。急著想要分析資料的威金斯說了：「今天預跑結果最棒的一點，就是以前都沒有五十九分十九秒的半馬資料，但我們現在有了！套到模型裡後，模型就會有所變化了！」

儘管基普喬格的跑績很令人驚豔，但他並不是史上第一人。總計有三十三名男跑者，曾經跑出短於五十九分十九秒的成績，但都不曾跑出接近破二的成績。基普喬格說只花了「六十％」的力氣，或許只是逞強罷了，也或許只是緊張之下的幽默玩笑。「馬拉松破二計畫」預定在二〇一七年五月六日（這個日期是為了紀念班尼斯特破四）舉行，到時即可見真章。

預跑後幾週，基普喬格接受許多採訪，並一再把焦點拉回到信念的議題。有一名肯亞記者問到美國奧勒岡州 Nike 總部所做的生理測量數據結果，他回道：「最終的決定點在於，我準備好靠著相信自己的信念，接受這項未知的挑戰。」[5]基普喬格還告訴另外一位記者：「唯一的差別是思維[6]……你覺得不可能，但我覺得可能。」

但是，對於一個已經稱霸賽道十多年的奧運冠軍，要進一步再次推進大腦的極限，可能嗎？如果可能，又該如何做呢？

PART 3

突破極限

第十一章 訓練大腦

在本書開頭的幾個章節裡，我把談到耐力的觀點，清楚分成「人體機器」和「一切取決於大腦」兩種選擇。人體機器是指，當肌肉沒有足夠的氧氣或是你的燃料筒空了，就會達到耐力極限；而一切取決於大腦是說，身體會失去作用是自我保護的一種選擇或行為。在前面六章中，我們嘗試檢視哪一個世界觀最符合各種極限挑戰的現實。而我必須坦白說，答案並不如我開始寫這本書時以為的那麼明顯了。

我想起提姆・諾克斯曾注意到奧運馬拉松銀牌選手，在賽後揮舞著國旗滿場跑，他說：「你有注意到他並沒有累個半死嗎？這表示他其實可以跑更快！」有些情況下，還好是很少見的情況，有人的確會因挑戰耐力極限而送命，例如亨利・伍斯萊在南極洲雪地遠征最後衰竭而死、麥斯・吉爾平跑步跑到細胞在高溫中滋滋作響、自由潛水選手未能在氧氣用完前回到水面。或許你認為這些案例都是特殊情況，或許是因為感染等外來因素介入才導致這些悲劇的。不過人體有時候會達到極限，這是無可避免而且真的會發生的事實。有的時候，無論是誰被困在車輪下，你怎麼樣就是抬不起車子來救他。

既然接受了有點令人沮喪的事實，那麼也應該來仔細思考一下這六個章節內容的共同思路。你如何達到最後的終點，也就是跑到想求饒或是直接從跑步機上摔下來的程度，很大程度是根據具體的情況而定，例如你在高山上是否缺氧、在沙漠是否渴得要命還繼續被燒烤著，或者是否打算再哄騙燃料耗盡的肌肉再邁出一步。無論是哪一種情況，早在身體達到極限之前，你已經先感受到了。你一開始可能不會注意到這些微小的變化，但慢慢的維持速度需要的努力越來越大，直到你意識到自己不可能永遠繼續下去，這艱困的一分鐘必須結束。在這時候，你的核心體溫還在正常範圍內，肌肉也還有所需的燃料和氧氣，而且運動代謝的副產品也還沒累積到會影響身體的前進。只有你的大腦知道快要出狀況了。而且時間過得很快。

山繆・馬科拉會主張，這股越來越大的努力感就是重點，我們會在還可以應付得來的努力程度下調整自己的速度，並在超過我們能忍受的努力程度時放棄。相反的，諾克斯會引用與共同作者艾倫・吉普森[1]的研究，把努力感視為神經迴路本能的意識表現，會在危急時拉我們一把。馬科拉最有力的一個論點是他的理論的簡單性，他把他的理論與物理學尋求人一統理論（Grand Unified Theory）相比較，這個理論可以解釋整個宇宙的萬事萬物。但這場辯論也讓我想到另一個物理學的類比：量子力學不同詮釋（哥本哈根〔Copenhagen〕、多世界理論〔many-worlds〕、德布羅意—波姆〔De Broglie-Bohm〕）之間的爭議，全部都集中在同一套公式和預測。所以他們是對同一件事情有不同看法。

二〇〇九年，諾克斯之前的學生羅斯・塔克，就「運動表現的預期性調節」議題，在《英國運動醫學期刊》發表了一篇論文[2]，嘗試解釋大腦到底是如何事先知情，然後要身體在發生大問題前就要你慢下速度。哪個單一機制有辦法整合體溫、含氧量、儲備燃料等資訊，還能夠回應像是心情、昨晚睡了多少等細節呢？塔克指出，答案是博格量表的自覺強度，也就是「統合心理和生理線索的意識或口語表現」。此外，努力感會隨著體溫升高或是碳水化合物儲量減少而逐步加劇，也就是說，努力感不是等著讓大問題發生，而是會去預測。

在塔克的公式裡，配速是一個比較的過程，比較的是你在比賽中的某個時間點感受到的努力，和你預期在該階段應有的努力。這是你從經驗中發展、微調而來的內在模式。如果比賽一開始的努力程度是二十級博格量表中的十級，而你預期自己比賽結束時可以達到二十級，那麼比賽過半時，努力感應該是十五級；可是，如果比賽過半時，努力感已經來到十六級，那麼即使離最大值二十級還很遠，你還是會有一股強烈的衝動想要降速。照這樣來看，當年我無法從一千五百公尺晉升到五千公尺比賽，正是因為配速模式不健全。每次比賽進入第四公里，我就開始感到無法維持配速，原因就是我預期的和實際的努力程度不相符，並不是因為我已經達到生理極限了；這也是為何到了最後一圈，我預期自己的努力會很接近極限，卻突然可以再次加速的原因。

這真的是耐力如何調節的解釋嗎？或者只是描述調節耐力的感受而已？這也是爭論最激烈的地方。博格量表的操作都是在規劃的環境中，沒有人真的在比賽中計算或有意識的描述過。馬科拉不同意塔克和諾克斯的地方在於，這樣的決策與計算中，有多少程度是有意識而自願的，多少程度是無意識而自動產生的。另外，對於從身體各處到大腦產生努力感的回饋作用，三個人的想法也不一樣。馬科拉認為，這種回饋對疼痛感和不適有用，但不是努力感，因為努力感是由大腦向外傳遞給肌肉的訊號下命令的[3]。然而，潛藏在這些爭論背後的問題是：這些想法的形成，到底該歸功於誰呢？至少，三個人都同意努力感是最重要的。在真實與字面意義上，感受到這個命令有多堅定，決定你能持續多久，這比目前已經設計出來的任何生理測量方法都更準確。

喜劇明星埃莫・菲力浦斯[4]（Emo Phillips）曾說過一個很有名的笑話，這是一個一八七九年與一九一二年的北方保守浸信會大湖區委員會之間分裂的故事[5]。這個笑話告訴我們，最令人難以釋懷的爭論，經常出現在實質差異最小的地方。的確，大腦在耐力中扮演的角色，還有許多問題等著解答。在我看來，馬科拉、塔克、諾克斯三個人在核心問題上講的基本上都是同一件事：努力（effort）很重要。

一旦接受這個結論，就一定會出現一個問題：要如何訓練努力呢？標準答案也是目前最好的答案是：鍛鍊體魄。如果你希望可以輕鬆一點跑出每英里五分鐘的成績，就必須以每英里五分鐘的速度跑很多很多次，過一陣子後，你的心臟就會變強壯，肌肉裡負責製造能量的粒線體會增加，身體也會增加新的微血管，以輸送富有氧氣的血液。有了這些改變，你維持五分鐘配速的生理壓力就會變輕，肌肉和心臟傳遞給大腦的求救訊號也會減少，因此，你就會感覺比較輕鬆，也能堅持比較久一些。不用最大攝氧量，改用努力來解釋訓練的效果，是一種觀念上的啟發性改變，但並沒有任何新訊息告訴我們如何訓練。

不過，還是有一個重大的差異。努力不再是讓你速度變慢或停下來的生理壓力的副產品。如同本書第86頁的圖表顯示，以努力為中心的觀點認為，是努力決定了身體速度會變慢或是停下來。所以，任何能把大腦裡的「努力調節器」轉上或轉下的東西，就能影響你的耐力表現，即使它不會影響到肌肉、心臟和最大攝氧量。這是山繆・馬科拉於二〇一〇年澳洲研討會中提出的看法，這是他最重要的原創見解，也吸引到我的注意。這是為什麼他後來主持了軍方資助的咖啡因口香糖研究，因為咖啡因口香糖可以阻絕大腦累積疲勞相關的化學物質；也是為什麼他要顯示努力相關的潛意識圖像，或甚至是笑臉或愁眉苦臉，都會改變努力的感知，進而提升或降低耐力表現。另外，這也是他提出「大腦耐力訓練」想法的理由。

英國肯特大學位於臨海城鎮查塔姆市的校園古色古香，但我抵達的第一天[6]就在草叢裡吐了，還吐了兩次。其實是我說服了《跑者世界》雜誌編輯，讓我到馬科拉的研究室進一步瞭解大腦訓練理論，這樣我就可以用來準備第一場馬拉松賽。出發前不久，馬科拉的同事艾利克斯・莫格發表了一項研究，他運用以努力為主的新規則，[7]來測量最大攝氧量，而引發不少爭議。莫格讓受試者自己決定以穩定提升的努力程度跑步或騎單車，而不是以設定好的增量幅度來提升速度，也就是「不用腦」的測試。在至今依舊充滿爭議的實驗結果指出，比起傳統的測量，受試者在這個以努力為主的測試中，可以達到更高的最大攝氧量。如果你相信最大攝氧量是身體耗氧量的物理上限，一定會覺得這個結果是不可能出現的矛盾現象。

莫格身穿牛仔褲和夾腳拖，是位看似悠閒的資深講師，他提議要幫我做這項新穎的測量，這樣我就可以跟以前做過的標準測量經驗比較。他幫我戴上口鼻面罩，穿上懸吊屋頂的安全背帶，然後有點太愉悅地對我說：「因為最後一個階段難度有點高，所以是預防萬一用的。」測量中最需要適應的部分是，為了維持相對固定的努力程度（譬如全力是二十級，第一階段就要跑到十二級），一開始就得跑很快，之後已經疲勞的雙腿才以每兩分鐘為一個小節的速度逐漸降速。在最後一個階段裡，我得以二十級全力再跑上兩分鐘，先是衝刺狂奔一百公尺，然後逐漸調降跑步機的速度，但調降的幅度只是剛好預防我因疲勞而被甩出去而已。要在紅線邊緣保持平衡真的真的很難，困難到腸道都反了。還好，我在被拋出去前，已經想辦法回到停車場了。

莫格的研究協同另一項研究[8]，一同發表在《英國運動醫學期刊》，該研究也是運用新方法達到高過於「最大值」的最大攝氧量，研究單位是諾克斯位於開普敦的團隊，研究主持人是諾克斯的學生費蘭度・貝爾采米（Fernando Beltrami）。該研究也是採用類似的「反向」模式，一開始速度很快，然後才逐漸變慢，但降幅只是讓開始感到疲倦的受試者還能夠待在跑步機上的程度。貝爾采米的研究有個有趣的小地方，當受試者回到研究室做追蹤測量時，採用的是傳統逐步增加的最大攝氧量方法，但受試者的最大攝氧量還是維持在較高的新數值，這個結果對於也在訓練跑者的貝爾采米來說，代表達到較高的耗氧量後，大腦的設定好像也重置了。後來，他就開始實驗用反向的最大攝氧量規則來訓練跑者，包含訓練運動員參加阿根廷巴塔哥尼亞高原的一百公里競賽。

調整大腦設定的做法引發了長久未解的爭論：兩小時半和三小時半的馬拉松跑者，誰比較費勁呢？有種標準（如果故意挑釁的話）答案是三小時半的跑者，因為要多花一小時挑戰極限。但是，我總覺得要判斷誰更費勁，比較好的方式是看經年累月的訓練總量，而非完賽時間。訓練過程會擴大肌肉和心臟的機能，也會重新校正大腦的水平線。如同本書第五章所述，比起非運動員，受過訓練的超馬選手擁有較高的疼痛耐受度，而且隨著一整年的訓練週期，運動員的疼痛耐受度會增強然後變弱。這樣來說，即使不是專門針對大腦的訓練，還是會訓練到大腦。

手錶鬧鈴一響起，我就立刻跳下床穿上運動短褲和跑鞋，塗抹大量的防曬乳液之後，我在電腦前坐了下來。這是五月中旬某個星期天的早上七點，從英國肯特參訪回來幾個月了，距離我的第一場馬拉松還有兩週的時間，所以該來做最後一次的重要測試。電腦螢幕上，空蕩蕩的道路盡頭消逝在藍天白雲之中，這是一九八〇年代簡易的電腦遊戲畫面。喘一口氣後，我淨空思緒，按下藍色起始鍵，開始投入枯燥乏味的測試。畫面上開始跑出各種圖形，有時是在道路左邊，有時在右邊。跑出三角形時，我得迅速在螢幕旁邊按下對應的按鍵，通常是在幾百毫秒的時間之內就要做出反應；若跑出圓形，就什麼都不用按。如果沒能在兩秒內反應，或是回錯了，螢幕就會大閃紅色畫面，然後電腦還會生氣地大聲鳴叫。

就是這樣持續六十分鐘，我唯一要做的事，就是讓大腦專注看著無敵枯燥的圖形出來遊行，跑的速度非常快，所以不能做白日夢，不能查看時間，甚至也不能偷瞄窗外，可是有時候還是會有其他思緒闖入。我發現自己會飄去想著外頭有多熱，想說應該早一點起來做這個測試的，然後就會聽到嗶！畫面也瞬間變紅。測試越到後面，我犯錯的頻率就越多。一小時結束後，感覺自己成了呆瓜，精神疲勞至極，這通常代表應該把自己丟到電視機前幾個小時，但我卻是一口氣喝下一杯水之後，走到戶外迎接耀眼的陽光，然後開始跑步。

闊步跑了二英里後，我的配速逐漸變慢。我預計要跑十五英里，而且最後六英里打算用馬拉松的配速來跑。跑步時感覺雙腿還行，但持續覺得自己感受到的努力和手錶上的分段速度不相符，這個配速感覺起來比應該的情形更困難，所以我必須專心維持配速。我再一次逼迫大腦只能專注在一件事情上，但這次不是專心注視螢幕上的圖形，而是讓雙腿持續一直跑，並達成分段目標。可是，對我的大腦而言，這個努力程度感覺不是在跑馬拉松的頭十五英里，而是最後十五英里。不過這也表示我的計畫奏效了。

因為所有的訓練都是在訓練大腦，所以參訪馬科拉的研究室時，我學會了讓大腦專注在會影響身體耐力表現的事情上。如同本書第四章指出，馬科拉還有其他研究員發現了一個關鍵的認知特性，叫做反應抑制，可以用來抑制最初的直覺。英國普茲茅斯大學的生理學家克里斯・瓦格斯塔（Chris Wagstaff），特別提出一張示意圖，說明反應抑制對運動員的重要性[9]。在瓦格斯塔的研究中，會先請單車手觀看三分鐘影片，內容有關「一名亞洲女性催吐後，又吞回自己的嘔吐物」，部分受試者被要求要抑制情緒反應，因此觀看時要保持面無表情，其餘受試者則沒有收到任何指示。看完影片後就直接進行十公里計時賽，必須保持面無表情的單車手一開始都騎得比較慢，而且自覺比較努力，騎了一公里之後，雖然速度還是比較慢，但回報的努力程度平均接近等級十五（最大值為等級二十），而控制組平均是等級十二，差距頗大。

該如何增強反應抑制呢？那就是一而再，再而三，以有系統的方式不斷去抑制反應。馬科拉的精神疲勞研究，採用一套標準的認知作業，可以針對像是反應抑制等不同的認知控制進行操練。完成莫格的最大攝氧量測量初體驗後，馬科拉介紹我跟他的博士後研究夥伴華特・斯塔伊諾認識。斯塔伊諾帶我到一間鋪了地毯的房間，牆上貼了一張尤塞恩・波特的大海報，裡頭還有一輛健身車，周圍圍繞了好幾臺電腦螢幕和一堆交錯複雜的電線。他在我頭上貼了電極片，準備觀察我的大腦活動，之後要我上健身車，一邊以自在的速度踩踏，一邊聽從螢幕的指示。我收到的任務是：有五個箭頭跑入像素方格拼湊成的道路和天空背景畫面時，我要按下正中間箭頭所指的方向對應按鍵，同時忽略其他四個箭頭。閱讀指示說明時，我還做了兩次練習。

回想起馬科拉跟我說這些實驗有多恐怖時，我趕緊問道：「就這樣？」

斯塔伊諾回我說：「就這樣！你準備好了就可以隨時開始！」

一開始的時候，我覺得這個任務真是簡單得可笑。幾秒鐘過去，箭頭持續閃爍著，也沒感覺到有什麼難度。但很快地，我發現我很想去做點其他事情，任何事情都好！我的思緒開始游移，開始盤算著想問馬科拉的問題，想著我是否趕得及回到旅館吃午餐，突然間傳來一陣蜂鳴聲，螢幕畫面也突然變紅，原來我按錯了。得到教訓後，我重新把注意力放回螢幕上。又過了一會兒，我覺得這項實驗做得夠久了，就建議做下一個實驗。我問斯塔伊諾我做了多久，他笑著回我說：「五分鐘，但在精神疲勞研究計畫裡，受試者要做九十分鐘。」那一瞬間，我明白了為什麼馬科拉的受試者都很討厭他。

過去幾年來，馬科拉獲得英國軍方的國防企業中心資助，都在研究各種大腦耐力的訓練方式，每週三或五天，每次三十到六十分鐘，不是坐在電腦前面，就是踩固定式訓練臺自行車。除了閃爍的箭頭軟體，也試了其他種圖形和文字的認知任務實驗。為了幫我準備春季的渥太華馬拉松，馬科拉設計了一個每週五天，共計十二週的例行操練計畫給我，當中有三種不同的認知任務（箭頭、圖形、文字）輪番操練；一開始還算適中，只要十五分鐘；但到後面幾週，若進展順利，我得操練到一個半小時。藉由一再觸發大量與精神疲勞和反應抑制相關的神經傳導物質，期望我的大腦能夠適應這種傷害，特別是反應抑制的部分；如此一來，抗拒精神疲勞的能力，就可以幫助我在同樣的努力程度下，保持比較快的配速。

我應該暫停說明一下，我沒有辦法評估到底精神訓練對我的馬拉松賽有沒有幫助，這也是我選馬拉松賽來做實驗的原因，因為我從來沒跑過全馬這種長距離，無法與之前的比賽成績比較，這樣就可避免誤導之嫌了。與其說是「研究」，我倒覺得我的實驗提供的是一個機會，以瞭解到底大腦耐力訓練的感覺如何？是否能忍受呢？過程是否愉快呢？是否難以達成呢？為了解答這幾個問題，回到家自己著手賽前訓練時，我都會努力壓制自己的懷疑，確實遵從訓練計畫。

這一點也不容易。一開始，為了延緩厭煩的感覺，三種訓練任務中，我每五分鐘輪流做一種。但我寫信跟馬科拉確認這項決定時，他回了我一個不好的消息：「感到厭煩是誘發精神疲勞以及達到大腦訓練效果的重要元素，不然每次測試都做久一點好了！」幾週後，我進步到每次做三十分鐘，有時候就遵從馬科拉的建議，測試後立即去跑步，練習精神疲勞狀態下跑步。此時跑步的感覺其實非常熟悉，就像是忙碌工作了一整天或是舟車勞頓了一天後，立即出門去跑步（要加入大腦訓練到例行運動計畫裡，馬科拉給的實用建議是工作忙碌一天後，可以偶爾先直接去一趟健身房，不要總是在精神飽滿的時候做訓練）。這個感覺並不是無法跑更快，而是感覺比平時更困難，是一種難以解釋的感覺。我在過程中查看自己的配速，發現必須加速才行，可是不知為何就是無法集中意志力，無法跑更快一點。

賽前十週，我決定跑個半馬來測試自己的體能狀態。成績是一小時十五分，我非常滿意，但不滿意的是努力的分配。一開始和最後的五公里都是跑最快的，其餘中間跑很慢，害我想起自己全盛時期無法成功挑戰五千公尺比賽的失敗紀錄。我打算四週後再來試跑一次，同時把電腦測試時間先拉長到六十分鐘，之後再拉到八十分鐘。第二次半馬試跑，成績是一小時十三分，分段狀況也很不錯，中段數英里的配速都相當穩定，而且最慢的配速落在最後幾英里。這種跑到後段才降速的模式正是我努力追求的模式，所以我感到很驚喜。或許，只是或許，大腦訓練真的發揮作用了。

渥太華比賽這天，賽程一半時的成績是一小時十八分二十五秒，剛好可以達到事前預設的全馬目標二分三十七秒的平均配速（依據半馬試跑成績，算是有點挑戰但也還算適當）。我的呼吸順暢，雙腿感覺良好，心智也專心在配速上。當然了，大家馬拉松跑一半時都是這種感覺，我知道真正的考驗在後頭。後半段賽事中，我已經準備好加入新技巧來操控我的努力。為了運用口中有碳水化合物的作用來騙過大腦，一有機會我就用運動飲料漱口後吐掉。另外，依據馬科拉關於臉部表情影響自覺努力程度的研究結果，我請家人等距分散在賽道上，並要他們想辦法讓我笑。

在一處轉角，我看到好友雪倫高舉一個大型的黃色牌子，上頭寫道：記得有一次我買了緬甸食物要給你，最後卻被我吃掉了嗎？那一次她買了我最喜歡的美食，大老遠從華盛頓特區（我之前在這裡工作過幾年）開車十個鐘頭，想給我驚喜，但陰錯陽差有朋友跟她說我出遠門了，等到我回電話給雪倫時，她正唏哩呼嚕吞下最後一口驚喜美食，但其實朋友搞錯了，我並沒有出遠門。在賽道上，雪倫老公也在一旁，高舉另一個巨大的牌子，簡單寫著：她真的覺得很抱歉！我以優雅的電光藍色弧形，吐掉一大口 Powerade 運動飲料，然後咧嘴笑了！

不久，我開始穩穩地陸續超越其他跑者，不是我加快速度，而是他們變慢了。其實，我就像是節拍器，每段分段時間都控制在幾秒之差，並集中精神保持這個節奏。跑到三十公里處，我的時間是一小時五十一分三十五秒，約略快過二分三十七秒的目標配速，感覺我的計畫執行得頗為成功。不過，還是有一個不大對勁的地方，就是我的股四頭肌感覺越來越痠了，因為我平時訓練都是跑上下起伏的山路沙地，所以雙腿並不習慣在柏油平地上重複跨出規律的步伐。

賽事最後的十公里，我太太、母親、父親仔細安置了一連串的啦啦隊站，好鼓勵我堅持下去。每當我跑經過其中一站，看到他們拿著標誌或是戴著可笑的帽子，大喊鼓勵的話時，我發現我越來越難把臉部肌肉湊成一抹微笑。我想起馬科拉曾跟我說過努力和疼痛的差別。我常覺得比賽是「痛苦的」，但身體的疼痛和努力的感覺截然不同，那是一種想要繼續跑的想法在對抗越來越強烈渴望停下來的欲望；也因為這樣，跑步速度就被限制住了。現在，我的股四頭肌感受到的疼痛，是雙腿肌肉纖維受傷形成的疼痛感。突來的一陣陣電擊般的刺痛感覺，這是數小時的電腦測試都沒有操練到的部分！而且，這股刺痛感很快就到了無法忍受的地步！我按了一下錶，顯示我剛跑過三十五公里的當下是全馬成績二分三十八秒的平均配速，但感覺推進的輪子就快解體了！

最後四英里裡，我感覺很不真實，剛剛我超越的跑者現在又逐一超越我。隨著股四頭肌的疼痛越來越劇烈，我整體的努力感變弱了，呼吸和心跳率也變慢了，因為雙腿跑不快，現在連沒見過面的陌生跑者也超越我了。我的速度降到蹣跚的慢跑，我很沮喪但無力加速。我不再查看分段時間，也不再重計完賽時間，因為我的精神全都放在要想辦法跑完，而不是走完。

比賽結束後，我還有一個棘手的任務，就是把這次的經驗寫成雜誌文章。跛行越過終點線，時間是二小時四十四分四十八秒，失望但卻是鐵錚錚的事實。對於大腦訓練到底有沒有奏效，我能寫些什麼呢？賽後，我跟馬科拉詳細討論比賽狀況，其實我最想知道的是比賽後段變弱是因為疼痛吧？不是因為大腦耐力訓練失去作用吧？馬科拉回說：「當然是呀！你是因為肌肉疼得太厲害，所以限制了你的表現。」他進一步解釋說，我無法「克服」受了傷的腿部肌肉纖維，如同腳踝受傷也是一樣。大多數情況下，運動都會造成中等程度的肌肉痠痛，這是受到努力程度的極限限制；不過，我發現有的時候是顛倒過來。

最後，從這次經驗中，我累積了一些見解和看法。耐力訓練一方面是在麻痺心智，極為無趣，另一方面非常耗費時間。運動訓練同時要兼顧工作和照顧家庭，要挪出時間做馬拉松訓練已經夠難了，還要每天再加入一個小時以上的大腦鍛鍊，其實是很大的挑戰，更不要說還不確定是否會有成效。這就是為何馬科拉最新的研究採用了綜合的作法，受試者同時要做體能和精神的鍛鍊。二〇一五年，斯塔伊諾和馬科拉公布軍方贊助的研究實驗成果，共計有三十五位受試者，每週三次，每次一小時的固定式訓練臺自行車操練，其中一半的受試者一邊踩踏單車一邊做我做過的快閃字母大腦訓練。十二週後，僅做體能操練的受試者，騎到疲勞的時間提升了四十二%，而體能和大腦皆有操練的受試者成績更大幅躍進，達一百二十六%。綜合操練的作法，時間上較有效率外，也比我只做大腦訓練有趣一些，效益也滿大的，所以我想應該會有不少人會樂意忍受這一點點的無趣吧。

但這並不是代表大腦耐力訓練已經要進入輝煌時期了。近幾年來，整個大腦訓練領域，特別是用來做為阻止認知衰退的工具，深陷於各種爭議之中。相關領域現在的產值更高達數十億美元，不過，在二〇一六年，有一份研究幾乎把所有已發表的大腦訓練實驗[10]都分析了一遍，得到的結論是這種「可轉換性」的證據寥寥無幾，也就是說，訓練自己按下快閃字母或圖形的對應按鍵，不一定可以轉換成記住電話號碼，或是考試成績變好，但可以轉換成馬拉松跑步變快嗎？我們應該等到各個研究室的研究員施作實驗後，再來確認該如何下定論。

此外，還有一個例外狀況，也是馬科拉研究成果中最令人印象深刻的部分，幾乎在每一個情況下，之前沒受過訓練的受試者成績都會大幅改善，但對於受過精神要求很高的體能耐力訓練的運動員來說，是否也有一樣的效果呢？或許，藉由專注於數小時的長程單車和費時費力的山跑運動，能夠磨練心智的體適能，但過了某個點，效果就會開始大打折扣。馬科拉也清楚此一可能性，所以正著手規劃菁英運動員的大腦訓練研究；另外他和澳洲體育學院的研究員合作，一起研究菁英單車手（詳見本書第262頁），也是因為想要知道該如何讓大腦變好的一個方法，就是先檢視已經是菁英選手的大腦。

二〇〇八年北京奧運，二百公尺自由式決賽進入最後一段，泳將莎拉．伊莎科貝（Sara

Isakovi）捲身翻轉後，要伸直雙腿時，卻……沒了知覺。本來應該是觸牆後彈出，但這位二十歲斯洛維尼亞選手卻只感覺到腳趾輕輕滑過。伊莎科貝回憶說：「我記得我當時在想：『這不是真的吧？怎麼會在這時候發生呢？』[11]接著，有一瞬間我無法再次集中注意力。」伊莎科貝仍舊使出全身的腎上腺素，迅速游完最後一段後，奪得銀牌，還打破了世界紀錄，但卻以〇・一五秒之差錯失金牌。

奧運選手都非常強壯、健康、訓練有素，但若沒有同時兼具彈性度、快速適應意外狀況、擺脫挫敗感等能力的話，那也是白搭。我第一次見到伊莎科貝是在二〇一三年，當時她是美國加州大學聖地牙哥分校助理研究員，並和神經科學家暨精神科醫師馬汀・保祿（Martin Paulus）合作，想找出能區別菁英耐力選手和一般人的神經特質，也因為這些心智技能，伊莎科貝在北京遭受打擊時才能重新振作。保祿跟我解釋：「我們通常會思考如何讓人變得不那麼糟糕，但我們現在要問的是，是否能夠運用神經科學，特別是腦部影像技術，來瞭解如何讓大腦運作得更好。」

保祿於一九八六年從德國來到加州大學聖地牙哥分校，很快就習慣了加州的生活方式（不過他最近獲得交叉指派，也在奧克拉荷馬州桂冠腦部研究機構任職）。他熱衷於單車運動，練禪打坐三十年，神態舉止都相當平和，他說：「我都五點起床，五點十分，人就在坐墊上了。」保祿主要的研究是在焦慮症和上癮症中，內在感受發揮的作用，也就是大腦監測體溫、飢餓感、血液含氧量等體內訊號的工作。他的研究發現，焦慮的人對於負面刺激的反應很大，所以大腦會出現顯著的活動模式。另一方面，菁英耐力運動員卻呈現截然不同的反應模式。因此保祿開始思索，是否有方法可以把焦慮的大腦訓練成像菁英運動員的模式。

一個明亮的秋日，伊莎科貝帶我離開保祿的研究室，穿過加州大學聖地牙哥分校的校園，前往受試者做腦部影像的大樓。測量過程包含要爬進巨大的隧道式 3 Tesla 型功能磁振造影儀，以觀測氧氣的微妙變化，然後辨別哪個大腦區塊正在處理某項工作任務。受試者被關在可能會引發幽閉恐懼的功能磁振造影儀裡，還得施作一些簡單的認知測驗，跟馬科拉用的測試很類似。另外，呼吸是透過一條特殊的管子，而且在無預警的情況之下，會定時限制氧氣的輸送，所以會暫時性感到呼吸困難（但還不至於無法呼吸）。我到訪這一天的受試者參加的是吸毒青少年的研究，該研究想從該族群對「嫌惡刺激」（aversive stimulus）的反應模式中找出一些蛛絲馬跡。

保祿與同僚發現，負責監測體內感官訊號的島葉皮質啟動後，會有重大的差異出現。在一個於二〇一二年啟動的研究裡，研究人員找來強韌的海軍陸戰隊、菁英冒險運動選手和一般人，進行功能磁振造影測量。部分控制組的受試者後來因恐慌不得不撤出造影儀，但菁英選手卻都能輕鬆面對。事實上，在限制空氣的輸送時，控制組的認知測量結果會變差，但菁英組的結果卻是變好。這正是只要獎勵夠高，無論是在高溫下戰鬥，還是在數日冒險運動賽事的最後階段，高壓都能讓你想再拚一下。

其實早在開始限制空氣之前，運動員的島葉皮質便已非常活躍，這結果與他們應該很擅長觀測體內訊號的想法一致。保祿的同事蘿莉・哈斯（Lori Haase）跟我說：「一般來說，運動員的身體覺察很協調。」他們處於一種對預期抱著警戒的狀態，所以隨時都準備好要應付任何發生的不適。所以當呼吸的空氣受到限制而出現了不適感，情況就相反了，運動員的島葉皮質活動力會偏低，但控制組的受試者以及有焦慮等相關症狀的受試者，其島葉皮質已經活躍到快出毛病了。

保祿認為上述的研究結果，與諾克斯和其他研究員發現自覺努力程度在耐力中很重要，兩者有直接的相關。首先，內在察覺增強後，菁英耐力運動員就能夠做預測，並準備好迎接不好的事情，避免產生塔克所說的預期與實際的努力差距太大。另外，他們能抑制住對不適感的自然反應（或是過度反應），馬科拉稱為反應抑制，如此一來運動員就能繼續堅持下去了。

那麼，該如何訓練島葉皮質呢？保祿提出的方法源自他對佛教的學習，畢竟，菁英耐力運動員的內在覺察，聽起來就很像佛教的正念概念，而且在這幾年已經蔚為風潮，相關手機練習軟體屢屢上榜，並聲稱從憂鬱到一般感冒，全都可以治癒。一九七〇年代，美國麻州大學研究員喬・卡巴金（Jon Kabat-Zinn），本身有在修行禪學，並發展了一套為期八週的標準化「正念減壓」課程，這就是近期應用佛教正念的源頭。保祿解釋，目標是要培養「不帶批判性的自我覺察力」，而不是充滿情緒性的慌張警告，因為對馬拉松選手來說，腿部疼痛和呼吸急促的訊號都會變成用來調整速度的中性資訊。他說：「你得學習監測身體的實際感受，而且要學習不去批判這些感受。」

保祿效法馬科拉的大腦訓練研究，先找上軍方來做研究計畫。聖地牙哥附近有海軍健康研究中心、訓練海軍陸戰隊的彭德爾頓營基地，另外聖地牙哥灣區還有海豹部隊等特種部隊的科羅納多海軍兩棲基地，具有地利之便。哈斯在加州大學的同事道格拉斯・強生（Douglas Johnson），同時任職於海軍健康研究中心的戰場勇士表現部門，和保祿一起於二〇一六年發表研究成果，該計畫觀測了八排即將派往阿富汗的海軍陸戰隊步兵[12]；其中有一半的士兵上了特別調整過的卡巴金八週正念訓練課程。他們想要觀察這群未經訓練的士兵的大腦活動，是否能變得跟之前測量過的強韌海豹部隊和菁英耐力運動員[13]一樣。結果，當空氣被限制時，大腦掃描顯示，沒有接受額外訓練的士兵，大腦島葉皮質的活動會變得慌張；但受了正念訓練的士兵，島葉皮質的活動反而下降了。雖然還需要進一步驗證，但期望在面對壓力的彈性加強後，可以幫助士兵更能處理戰爭中一定會發生的各種混亂，以降低創傷後壓力症候群的可能性。

當然了，運動員和士兵的需求不同，因此哈斯和保祿也與加州大學聖地牙哥分校正念中心合作，專為改善運動表現打造一套課程，稱為「正念強化表現、覺察與知識課程」（Mindful

Performance Enhancement, Awareness & Knowledge, mPEAK），一樣是從調整卡巴金減壓課程而來，為期八週。課程著重於特定的運動技能，像是集中注意力、不迴避而且接受疼痛感，還藉由教授自我疼惜技巧，以解決運動員追求完美等共通的問題。另外也運用了哈斯所謂的「體驗式練習」，像是用吸管呼吸、能把手放到冰水筒裡多久等方式練習。

美國 BMX 極限單車奧運隊[14]參加的比賽，不僅強度高、競爭激烈，賽道也很驚險，不容許發生一絲錯誤。哈斯決定和該隊的七名隊員共組團隊，以測試本課程的效果。大腦影像掃描結果再次顯示，受試者對於像是空氣限制等壓力挑戰的反應有變好，說明了本課程能讓運動員思考，在遇到高壓時該如何處理心智的變化。哈斯說：「（假想的內容）大多是像『我無法呼吸！』『我需要空氣！』『再沒有空氣，我就要昏過去了！』等等。」雖然假想的內容很明確，不過潛在的事件陳述也會影響你面對正面或負面感知變化時，會如何做出反應。主觀而言，心理測試結果顯示，BMX 極限單車手的身體感知察覺力增強了，而且國家代表隊總教練發現受試者的賽事成績也大有改善，教練說：「他們在柵門時的肢體語言顯得比較冷靜，雙手在把手上游移的頻率變低，而且衝出柵門的速度也快了一些。」[15]

馬科拉的大腦訓練方法，或哈斯和保祿的方法，目前還很難不被歸類為新奇趣聞。兩者都以健全的研究概念為基礎，但是從理論到實務的過程，充斥著數不清高度炒作但不會成功的想法煙霧。因此我們必須再等等。但在同時，馬科拉也和手機軟體開發商合作，期望大腦耐力訓練方法可以更加簡單便利。哈斯和同事則進一步邀請高中長曲棍球隊參與實驗，並且提議運用mPEAK課程，訓練美國太空總署派往火星的太空人人選，這可以說是最具挑戰性的耐力實驗。訓練是一個誘人的想法，畢竟「合適的特質」不一定是與生俱來。或許，只要有足夠的嚴格操練，心智也夠努力，就可以透過訓練而來。

或是，還有其他的捷徑。

第十二章　電擊大腦

一聲尖銳巨響[1]，宛如步槍發射的槍響，迴盪在倉庫改建而成的建物牆壁之間。因為驚嚇，大家短暫沉默了一會兒就趕緊衝去查看單車，看看是哪一輛車的輪胎爆了。但我個人比較擔心在房間最內側躺在牙醫座椅上，那一位全身流著汗的傢伙，他身上掛著各種電線，正在接受腦部刺激器電擊，這臺機器看起來像是有兩顆頭的乒乓球拍。我迅速儲存筆電裡胡亂敲打的思緒文字後，也跟著跑出去一探究竟。如果我們把提姆・強生（Tim Johnson）的腦袋轟掉了……我可不想寫這篇報導。

為了一訪紅牛取名為「耐力計畫」（Project Endurance）、兼具訓練和科學目的的極限測試訓練實驗營，我到了美國加州聖塔莫尼卡低矮工業區中的紅牛能量飲料總部。有五位世界級單車手和鐵人三項選手飛到這裡，據我所知，他們都是出於自願來被一群十幾位跨國研究員電擊刺激，並記錄每一下的收縮與悸動。研究員在探索的問題是，在設定體能極限上，大腦到底扮演什麼樣的角色？可能藉由一道小電流進入大腦運動皮質區，來改變極限並提升到另一個層級嗎？

為了找出答案，紐約伯克復健中心的狄倫・艾德華斯（Dylan Edwards）以及紐約威爾康乃爾醫學院的大衛・普崔諾（David Putrino），這兩位在澳洲出生的神經科學家，受到紅牛的邀請，一同設計為期五天的測試方法，其中三天在加州聖塔莫尼卡的紅牛總部，兩天是在沿著四〇五公路行駛二十英里後的卡森市家得寶自行車館。他們要在運動員一再被逼突破極限時，藉由腦部電刺激和磁刺激、周邊神經刺激、肌電圖、腦電圖等一連串的測量工具，區分出（大腦內）中樞疲勞與（肌肉內）周邊疲勞。

強生榮獲六次國家越野公路車錦標賽冠軍，巨響發生前幾分鐘，他還在跟我解釋：「我覺得我的腦袋像個工具。」強生說，對他而言，比賽比較像是在跟自己心智設下的極限戰鬥，而不像是在跟其他競爭對手比賽。還好他的工具沒有受到巨響的波及，但真要嚴格來說，其實是強生的腦袋燒壞了一臺腦刺激儀器的電路，所以我就利用備用儀器運來之前幾個鐘頭的空檔，逮到機會向美國佩珀代因大學運動醫學教授兼紅牛首席生理學學家荷頓・麥可瑞（Holden MacRae）詢問該計畫的終極目標。

麥可瑞是南非外僑，身材修長，背部挺直，他向我解釋：「『耐力計畫』是要探討疲勞的本質，為什麼速度會變慢？為什麼我們會決定要讓速度變慢？」猜猜看麥可瑞以前和誰合作過？提姆・諾克斯。在一九八〇年代末期，由於麥可瑞的博士研究是關於耐力訓練對乳酸根離子生成的影響，所以深受諾克斯影響，也就是大腦在運動中扮演的作用。但是，針對紅牛挑戰耐力和期望為運動員提升優勢的計畫，光是中樞調節理論是不夠的，又或是光有諾克斯和馬科拉之間內行人的爭論內容也不夠。麥可瑞以實事求是的態度說：「我們知道大腦有調解表現的機制，現在我們想瞭解是否可以操控這個機制。」

早在認識「電」這玩意之前，人類就為了好玩和賺錢而電擊大腦。兩千多年以前，古羅馬皇帝克勞狄的宮廷醫師斯奎波尼斯·拉格斯（Scribonius Largus）[2]就曾經建議，放一隻活的電鰩在額頭上可以舒緩頭痛。電鰩一次產生的電力可達二百伏特。另外，世界各地的其他文化中，也用會放電的魚來醫治各種大小病症，從癲癇到驅魔，比比皆是。到了十八世紀末，在路易吉·賈法尼（Luigi Galvani）和亞歷山卓·伏特（Alessandro Volta）的偉大辯論後，「動物電」的概念也出現了。沒多久，賈法尼的外甥吉歐凡尼·阿迪尼（Giovanni Aldini）開始在義大利波隆那市，使用「電療法」治療憂鬱症（另外也用電刺激剛被斬首罪犯[3]的腦袋，以觸發詭異的臉部表情）。兩百年過去，各種醫治心理疾病等問題的腦部電刺激，相繼流行之後又沒落，成效相當混亂不清。

直到現代，只要談到電和大腦就會引起評論，內容不是和《科學怪人》（*Frankenstein*，據說該書有部分是受到阿迪尼的公開展示所啟發）有關，就是和《飛越杜鵑窩》（*One Flew Over the Cuckoo's Nest*）有關。今天早上，第一位坐上牙醫座椅的紅牛運動員，是長距離登山車選手瑞貝卡・羅許（Rebecca Rusch），她對我承認：「我第一個念頭是『這和五〇年代的電擊療法有何差別！』當時我就在想，他們要對我的腦袋瓜做什麼？」不過，艾德華斯和普崔諾打算採用的方法其實很不一樣，叫做經顱直流電刺激。羅許會改變想法來參加實驗是因為，研究員答應分享可以幫助羅許進一步瞭解潛藏的儲備力氣的方法。羅許說：「如果你被獅子追著跑，或是有輛車子朝著嬰兒的方向墜落，你就會發現自己還有額外的力氣。對於『該如何訓練』，我想我們只是摸到了冰山的一角！」

就功能的角度來說，大腦基本上就是一個巨型電路，相互連接的神經元組成龐大的網絡，透過放電來彼此溝通。電擊療法的電流相對較強，一次就能觸發相關的神經元，進而引發抽蓄。但是，經顱直流電刺激的電流弱了五百到一千倍，微弱到無法直接觸發神經元，不過，持續施用微弱電流達十到二十分鐘，就可以改變神經元的靈敏性，變得稍微比較容易被觸發（如果電流的方向是相反的，就稍微比較不容易被觸發）。電流本身沒有任何作用，卻可以讓大腦做好準備，無論接下來發生什麼事，都能做出不同的反應。

對施測者來說，這個技術簡單到令人懷疑（幾乎讓人不安），就是把貼在腦袋兩側的電極片與電壓源（九伏特的電池即可）連接，而電極片的位置取決於電流要流經的大腦區塊。經顱直流電刺激法肯定是有發揮作用；因為光是二〇一三年到二〇一六年間，研究人員就發表了超過兩千篇的研究，都是在探討該法的可能性，譬如加強學習力、對抗憂鬱症和上癮症、改善神經病變患者的行走能力；其中有份研究指出，一名七十二歲中度帕金森氏症的阿根廷患者，大幅改善了跳探戈[4]時的「軀幹尖峰速度」（trunk peak velocity）；另外還有一份研究表示，士兵在虛擬實境模擬中，大幅提升了揪出狙擊手的能力[5]。

然而，毫無疑問的是，經顱直流電刺激法早就已經偏離了研究員（或者會在自己身上實驗的熱情社群）一開始示範的內容，並引起了懷疑者的反彈力道。二〇一六年，美國紐約大學的顧爾吉・布扎基（György Buzsáki）在一場研討會裡發表有關屍體的研究結果，他表示只有十%的電流會穿過頭骨進到大腦，但有位經顱直流電刺激法的研究員反駁表示，這個研究「全是狗屎和壞科學！」參訪紅牛總部的一系列活動過程中，我是帶著懷疑的態度來過濾我的所見所聞。的確，電會改變大腦的功能，這一點看起來是合理的，但要達到改善耐力的效用，必須先知道是哪個大腦區塊負責掌控身體極限。

二〇一二年倫敦奧運結束後幾週，我來到蘇黎世報導國際田聯黃金聯賽，這算是賽季結束前的傳統超級比賽，已經連續舉辦超過二十四年，創下了賽事舉辦的世界紀錄。不過，早上我沒去參加媒體記者會，放棄和尤塞恩・波特與其他明星選手碰面的機會，改搭電車前往瑞士蘇黎世大學位於北邊郊區的外圍校園。神經心理學家凱・盧茲（Kai Lutz）倡導一種新的耐力研究方法，我和他約好了要碰面。數年以來，諾克斯和其他研究人員都在思索，大腦疲勞時會發生什麼事情，而盧茲花了十五年的時間學得先進的神經造影技術後，提出看起來非常激進的看法：為何不直接進大腦去看個清楚呢？

說句公道話，要在運動時進入大腦觀察，在技術層面上感覺有些驚悚，因此直到現在，只能在特定的條件下才做得到，而且批評者會說這是不自然的條件。諾克斯給我看過核磁共振儀的固定式訓練臺自行車，就是躺在磁性滾筒隧道裡踩驅動軸的那臺機器，但是並沒有產出什麼重大成果。盧茲是因為研究了謎樣的牙疼腦部影像之後，才對耐力極限產生興趣，而且他的方法更縝密而有條理。這位說話輕柔、做事一絲不苟的德國研究員，在完成博士課程後就搬到瑞士，並展開相對簡單的握力實驗[6]。這一系列的十三秒收縮測量，會精心操控受試者的力量，因此受試者只能握到一半的秒數。功能磁振造影儀顯示，握力失敗時，大腦島葉皮質和丘腦兩個區塊活動會增加。這個結果算是合理，因為前一章討論到馬汀・保祿的彈性度研究，一樣指出是島葉皮質區負責監測其他身體部位的訊號。不過，盧茲解釋：「其實不只是肌肉的訊號，島葉皮質也會因聽到心跳等，而發出情緒反應訊號。」

核磁共振儀能夠準確指出是哪一個大腦區塊在負責某項活動，但無法協助說明每一個大腦區塊實際在做什麼，主要是因為速度太慢，如果要達到高解析度，每二、三秒就得拍一張。另外，核磁共振儀觀測大腦活動的方式並不直接，因為機器觀測的是大腦區塊的血流變化，而血流變化是發生在人體使用了該人腦區塊之後的結果。相對來說，雖然資料會比較亂，也比較難解讀，但腦電圖可以直接聆聽即時的腦電活動。盧茲解釋：「可以先用核磁共振儀找出活動的區塊」，然後腦電圖就可以聚焦在該區塊進一步研究。

腦電圖研究[7]中，受試者要頭戴像是浴帽的玩意，上頭有一百二十八塊銀色電極片負責監測大腦活動，接著受試者要騎乘固定式訓練臺自行車三十到四十分鐘，直到疲勞為止。不過，受試者的頭部必須盡量保持不動，眼睛要直直看著前方紙上的叉叉，這是為了避免眼睛一動就毀了腦電圖的觀測資料。腦電圖觀測資料的時間敏感度較佳，蒐集到的資料揭露了一些蛛絲馬跡：受試者放棄繼續騎之後，島葉皮質和運動皮質兩個區塊的互動頻率會增加，前者的工作是監測體內狀況，後者是負責下最終指令給腿部肌肉。換句話說，大腦在雙腿真的動不了之前，就已經知道受試者快到極限了，這似乎證明了諾克斯的預期性調節有發揮作用。

盧茲的博士班學生，也就是本實驗的執行人，寫了一封信給諾克斯，基本上就是說「瞧，我們已經找到中樞調節了！」

如果對盧茲的腦刺激運動潛能研究有興趣，其成果已於二〇一一年底發表，並明確點出兩大腦部區塊，即島葉皮質區和運動皮質區。藉由壓抑島葉皮質區神經元易於興奮的本性（盧茲版的中樞調節），就可能可以回絕島葉皮質的煞車訊號，這樣運動皮質就可以繼續驅動肌肉久一點。或者，換個做法是，增強運動皮質區神經元易於興奮的本性，這樣該區的神經元或許就能忽略煞車訊號，然後繼續爆發肌力。

有份研究探討了刺激運動皮質的做法，但知道的人不多，這是四年前義大利米蘭大學研究員，也是經顱直流電刺激技術先鋒阿爾貝托・皮歐力[8]（Alberto Priori）的實驗。皮歐力發現，和假的刺激相比，使用經顱直流電刺激運動皮質區，可以提升受試者的肘屈肌群耐力約十五%。這個結果看起來，是支持腦刺激可以擴大運動皮質，在身體疲勞時訊號輸出的看法。

盧茲發表研究成果後沒多久，其他研究員也開始嘗試刺激島葉皮質區。二〇一五年，巴西北大河州聯邦大學的亞力山大・岡野（Alexandre Okano），發表十位國家級單車手的腦刺激測試[9]結果。這次用經顱直流電刺激二十分鐘，因為腦結構的關係，電流必須先流經顳葉皮質區，才能抵達島葉皮質區，所以同時會刺激到顳葉皮質區和島葉皮質區。持續加速騎乘到疲勞過程中，比起安慰作用的假刺激，真的有經顱直流電刺激時，單車手的頂峰值增加了大約四%。特別令人注意的是，單車手的自覺強度等級從單車測試一開始就偏低，這個發現與島葉皮質的工作是監測來自全身各處的訊號，以及評估訊號重要性的看法一致。

看到上述的實驗結果就像拼圖，可以整齊放進大腦如何控制耐力的連貫畫面裡，實在是非常吸引人的事，畢竟，在這些研究中不斷出現島葉皮質，這件事非常具有啟發性。不過全貌可能更複雜。舉例來說，在岡野的實驗中，受試者心跳率起了變化，這表示腦刺激改變了中央神經系統的作用。經顱直流電刺激法終究是很直接的工具，無法限制只是刺激單一大腦區塊，因為電流從一塊電極片到另一塊電極片，勢必會經過數個大腦區塊。我向皮歐力詢問他如何解讀自己的實驗結果，他表示他也很不想把經顱直流電刺激法，簡單分為抑制進入大腦的訊號和加強大腦輸出的訊號，因為很可能是兩種方式的混合。

現在，關於假設的中樞調節如何運作的確實方式，我們暫時先不做結論。初步的研究成果提出了某些很有前景的方法，在腦部影像與刺激技術改良後，研究人員就可以去進行；而在同時，進一步的研究也發現，耐力調節也牽涉到其他的大腦區塊，包括前額葉皮質[10]（在體能接近疲勞時，似乎就會開始缺氧）和前扣帶迴皮質（與自覺努力強度有關係密切）。對凱・盧茲來說，他的腦電圖研究指出了島葉皮質區，但所有的可能性不一定互相排斥。相反的，他認為動機、努力和疼痛，是不同但相互關聯的因素，經由不同大腦區塊之間獨立的「處理迴圈」而影響耐力表現。最後，在皮歐力和岡野的研究中，最可靠的結論反而較為簡單，但一樣強而有力：原則上已經證明，有某個東西不知為何，似乎對操控大腦來增強耐力在起作用。而這就足以引起運動界的關注。

超長距離鐵人三項選手傑西・湯瑪士，也是從奧勒岡州的家飛來參與紅牛的計畫。他說：「如果我沒算錯，目前至少有十七臺儀器掛在我身上，而且我還沒把腦袋瓜上的東西算進去，應該至少還有三十條電線吧！」湯瑪士被一群科學家和技術人員圍繞，他們一直往他身上接上電線，準備要做另一套極限運動測試。測試的高潮是，他必須使出全力做四公里固定式訓練臺自行車的計時測量。除了腦刺激，紅牛的科學團隊還要測量一堆費解的變數，從抽血、尿液採樣，到腦波、腿的角度、肌肉細胞裡的氧飽和度等等。湯瑪士承認：「要是往後站一步，想像自己飄起來，由上往下看這一切，其實會覺得很好笑。我們為什麼會走到這一步呢？」

紅牛對於極限探險和極限測試的信念，不只應用在體能表現的研究計畫上，也同樣適用於運動員挑選和廣告製作（當然全都是密不可分的元素）。菲力・鮑加納（Felix Baumgartner）創下從平流層高空跳傘的紀錄，跳出每小時八百三十三・九英里的超音速速度，是紅牛喜歡結合特技與科學的完美說明。紅牛也喜歡召集不同運動領域的頂尖運動員，然後運用新穎的方式來挑戰運動員的極限，譬如把衝浪選手、滑雪選手、滑雪板選手，送去夏威夷學自由潛水和閉氣的技能。同樣的，腦刺激中心營是要說服運動員，他們的能耐其實超過他們的理解，因為這與科學有關。

然而，澳洲神經科學家艾德華斯和普崔諾，決定要把握這個能收集某些獨特資料的機會，以凸顯出身體從腦部和脊髓受傷中恢復與運動員訓練和之間的關聯性，因為這是兩人的主要研究興趣。普崔諾說：「復健運動和高強度運動，其實不像人們以為的那樣截然不同。不論你是高階運動員，還是在對抗閉鎖症候群的病人，其實都是在挑戰肌肉疲勞的極限。」皮歐力於二〇〇七年刺激運動皮質區的研究，促使研究員進行對經顱直流電刺激法的研究，以幫助癱瘓的病人熬過重新學走路的漫長辛苦過程。後來，艾德華斯和普崔諾決定對運動員施以類似的方法。普崔諾解釋：「大腦會傳送訊號給肌肉，當身體疲勞時，這些訊號就會越來越弱。大腦正在做出選擇，但大腦的意見不一定都是對的。」

該實驗的關鍵點在於，其實運動員只有一半的時間真的受到腦刺激。運動員在四天之內，共計要做六次全力踩踏四公里計時測量，第一次是在紅牛總部，是在受控制條件的研究室環境裡，之後才到自行車館。每次測量前還會逐一檢查動作。另外，電流會在時間過半後的一分鐘關閉。為了示範給我看，艾德華斯幫我戴上橡膠帽，帽子上有八塊電極片，我隱約感受到頭上像是有上千隻螞蟻在爬，但只有很短暫的時間，很快感覺就淡化了，之後我就無從判斷到底電流是開啟還是關閉。（其實，即使把帽子拿掉了，我還是不斷感覺好像還有螞蟻在爬。）所以計時測量時，運動員不會知道大腦有沒有被電；理論上來說，只有計時錶才會知道。

二〇一六年三月，金州勇士隊的詹姆士・麥卡杜（James Michael McAdoo）[11]在推特上放了一張自己在訓練室裡，戴著銀色耳罩式耳機在運動的照片。從照片可能看不出來，但這副特製耳機的每一邊，其實用軟塑膠做了迷你版的苦行僧針床，可以輕柔地按摩頭殼並傳遞電流脈衝到大腦裡。耳機的製造商是一家矽谷新創公司，叫做光環神經科學公司（Halo Neuroscience），公司聲稱這款耳機「可以加快獲取力氣、爆發力、敏捷度」，而其運用的是名為神經啟動（neuropriming）的專利技術，其實就是經過微幅改良的經顱直流電刺激法。麥卡杜的推文裡說：「謝謝光環公司讓我和隊友試用這個產品，期待看到成效！」

隨著籃球季到來，勇士隊輕輕鬆鬆橫掃球場，最後創下常規賽的新紀錄，共贏了七十三場，只輸了九場。但是，沒有人把功勞歸給光環公司的經顱直流電刺激耳機（但一名負責球隊訓練的人承認，有幾個隊員的確試用過這款耳機），不過高科技產品也很符合該隊的科技烏托邦情節。因為二〇一〇年時，勇士隊的經銷權管理不彰，由一票矽谷創投公司買下，從此之後就有了「科技之隊」的封號，也開始和體格虛弱、追求數字根據的沙丘路創投家為伍。勇士隊從早期就很熱衷於科技技術，從應付時差的「智慧睡眠眼罩」，到穿戴感應器測量膝蓋和腳踝的壓力等。現在，勇士隊成為第一支嘗試腦刺激法的籃球隊，競爭對手（另外還有球迷和業餘運動員）也不難不去注意到勇士隊贏了好多場球賽。

丹尼爾．趙（Daniel Chao）和布雷特．溫格利爾（Brett Wingeier）的前東家使用腦刺激法治療癲癇症，爾後兩人於二〇一三年成立光環公司。他們的耳機用法跟紅牛給單車手的測試一樣（紅牛提升表現計畫主任安迪．華爾許〔Andy Walshe〕的名字剛好就出現在光環公司的顧問名單裡，非屬巧合）：電極片會傳遞電流，流經運動皮質區，然後使用者可以依據運動目標調整設定，把電流集中在上半身肌肉群、下半身肌肉群或兩種肌肉群的對應大腦區塊。光環公司聲稱，暖身時就可以戴上耳機二十分鐘，而且透過手機應用程式就可以啟動耳機，接著大腦就會學習傳遞「更同步、更強烈」的訊號到肌肉群。

皮歐力和岡野的研究，引發運動界對經顱直流電刺激的高度興趣，不過後續發表的研究結果卻好壞參半。二〇一七年年初，艾利克斯・莫格帶領的肯特大學耐力研究中心，針對現有解釋經顱直流電刺激如何影響耐力（定義為七十五秒以上的持續性運動）的文獻進行探討[12]，發現於二〇一三年以後發表的十項研究，所採用的實驗方法條件不一，刺激時間、電流、電極片的位置、運動方式等都不一樣。整體來看，十二項研究中，有八項顯示表現獲得改善，但有四項表示沒有任何改變。舉例來說，光環公司沒有公開發表自行做的先導研究，卻請來美國國家滑雪隊等團體參與實驗後聲稱，在訓練時多次使用後，滑雪跳躍推動力大幅提升，可是實驗都沒有盲測、安慰劑等控制組互相比較。公司表示，打算把研究成果投稿到有同儕審查制度的期刊，但他們最初的策略其實就是沿用矽谷常見的模式，把商品發送給麥卡杜這種高名氣的運動明星，期望藉此建立口碑。

因此，在此很難對光環公司的耳機提出有憑有據的看法。我有一次為《紐約客》（the *New Yorker*）撰文，當時金州勇士隊打算搶奪第二次美國職籃總冠軍，文中我下的結論是：最糟的情況就是，它們的作用就像有工業強度的安慰劑，背後有真的（還頗有爭議）科學依據，但其效用應該只在人的大腦裡。結果，勇士隊最後輸給了勒布朗・詹姆士的克里夫蘭騎士隊。雖然我一直以來都不相信主觀性強的試用報告，但當光環公司打電話給我，說要借我一副耳機試用一個月的時候，我還是決定來試試看。我穿戴上 GPS 手錶、心跳帶，以及高科技的多軸加速度計，以分析我的步幅參數，我想我也許可以檢查腦刺激是否對我的跑步造成可測量的影響。

在此說明一下，身為運動科學和科技線的記者，我幾乎每天都會收到測試新商品的邀約，從美味的能量棒到複雜性極高的電子調整 T 恤、跑鞋、步幅分析器都有，但往往我都會回絕，因為我想寫的內容是關於有沒有效，而不是我喜不喜歡，所以我覺得對於商品沒有意見和想法時，比較能夠寫出我想寫的看法；我要的是資料，不是感受。所以，決定試用光環公司的耳機，對我而言是很大的改變，可見腦刺激的想法真的可以激發不尋常的強烈興趣呀！只要仔細選擇大腦區塊，簡單貼上幾塊電極片，就可能可以無痛誘發身體隱藏的耐力潛力，這個部分真的相當吸引我。在舍布魯克市的那場比賽裡，因為語言上的小誤會，解開了我成為一千五百公尺跑者的潛力，至今超過二十年了，感覺這次來到了尋覓激發潛能旅途過程的最高潮。

可是，這並不是真的沒有痛感。這個耳機附了三塊電極片，每塊共有二十四根海棉針頭，每次使用前要先浸泡生理食鹽水，以確保可以和頭部有良好導電。但是，我有顆光頭，在加拿大嚴峻氣候的磨練之下，我的腦袋瓜異常堅硬。為了讓綠燈亮起，確保電極片確實接觸到，我得用力壓耳機，壓到感覺像是果嶺叉想在我頭上畫出草痕那樣！有時候不管怎樣就是接觸不良，有時候雖然接觸到了，但即使調到最小，還是感覺得到燒燙的電流。在很少數我可以設法撐到二十分鐘的情況下，我覺得很不順、很不舒服，如果要說的話，最後戴著它出門跑步時的感覺更糟。我應該要強調一下，正是這種主觀的使用經驗，無法告訴我們到底這項技術可不可行。但是，我很慶幸沒有為它花七百五十美元。

如果腦刺激真的起作用，代表什麼意思呢？我向亞力山大・岡野詢問他的研究應用時，他說一個明顯的可能應用就是作為大腦興奮劑，他說這項技術的「效用和吃藥一樣」，而且「目前沒有已知的方法，可以可靠地檢查出某人最近是否接受腦刺激」。一般認為，經顱直流電刺激的安全風險很小（不過有些研究人員認為，現在仍然缺乏長期性的研究，特別是有關開發年輕人大腦的相關研究），但是激發腦力的道德問題勢必會引發許多討論和批判。我個人的直覺，是希望藥物管理主管機關能在該項技術普及之前，就先主動禁用，單純是因為我不希望看到自己的十六歲女兒，會為了獲取運動優勢就在腦袋瓜上貼滿各種電極片。不過，我也能理解其他人會持相反意見，認為沒有必要禁用看起來安全的[13]非侵入性方法來提升表現。

對艾利克斯・莫格這類研究員來說，經顱直流電刺激是一個有趣的研究工具，而非具競爭力的醫療工具。在莫格早期的研究中，為了證明疼痛的重要性，就用了泰諾止痛藥來提升耐力表現；同樣的，經顱直流電刺激是全新的工具，可以用來探索各種感知和大腦區塊在調節耐力上所扮演的角色。莫格的最新研究暗示，方法可能會有所突破，並可以解釋現在看似相互衝突的研究結果。大部分的經顱直流電刺激研究，都是把兩塊電極片放在頭殼上，這表示你加強了負極下方神經元的興奮度，但抑制了正極下方神經元的興奮度。一個電極做輸出，另一個電極做輸入，而好處就根據電極片的放置位置而定。不過，莫格在刺激運動皮質區時，把正極放在肩膀上[14]，而不是放在頭上，立即出現令人鼓舞的成果：頭殼上還是有兩塊電極片，只是加貼了肩膀電極片，在其他參數不變下，努力感降低了，騎單車到疲勞的時間也增加了二十三%。

不過，要把研究成果轉換成可以應用在真實世界的競爭比賽環境之中，依舊是個難以克服的障礙，這就是我第四天在加州時腦海裡的想法；這天紅牛的單車手也在一票科學家陪同下，準備前往家得寶自行車館做最後一回測量。離開環境受到控制的研究室和不會往前動的固定式訓練臺自行車後，終於可以把枯燥的「最大自主收縮」和「任務失敗」臨床討論，與真實的無拘束混戰連結在一起了。這天的第一趟四公里計時測量中，越野公路車冠軍提姆・強生拔得頭籌，成績是五分二十秒，而超長距離鐵人三項選手傑西・湯瑪士只慢了兩秒鐘。數小時後，再次接受腦刺激後，湯瑪士的成績縮短到剩五分十秒，之後就站在場邊當啦啦隊，看著強生，想辦法要奪回冠軍寶座的車輪，完美緊貼著賽道的弧線。

強生急速通過終點線，計時錶也即時按下，時間是五分十七秒。不一會兒，強生喘吁吁地繞回終點線問：「我有贏嗎？」湯瑪士略帶著勝利者的傲氣大笑說：「我騎完的時候，第一件事也是問這個問題，我們的心態完全一樣！」強生看了看周圍一字排開、價值成千上萬美元的儀器設備，有筆電和傳輸器，還有把身上車衣擠到凸起的感應器和電線，他脫口說：「搞了這麼一堆東西，最後還是兩個在單車上的傢伙在廝殺！」

從那時起，我就思考了很多關於腦刺激的事情，腦刺激可能可以成為好的研究工具，但其商業應用目前還不成熟、太草率（至少我腦袋瓜的體驗結果是這麼覺得的），很可能是可以協助運動員在合理範圍內自我提升。另外就是湯瑪士的感想，我聽到的時候真是嚇了一跳。湯瑪士和強生單挑過後的早上，我在前往機場前堵到一位科學家，並要求偷看一眼隨機分配的資料，結果發現在兩場比賽中，勝利者受的都是假刺激，輸家才是真的受到腦刺激。可是，不能從一次令人莞爾的結果就斷定經顱直流電刺激是否「有用」，但的確是有被潑冷水的感覺。

我在想，電極片或許不是重點。從紅牛的角度來看，把運動員聚集到營地，無論是做腦刺激還是閉氣訓練，都是為了告訴運動員，他們的能耐超過自己認為的範圍。腦刺激或許是也或許不是揭露潛在儲備力氣的方法，但可以確認的是，來到營地的運動員都被說服相信自己真的有潛在的力氣。所以，最後當兩個在單車上的傢伙單挑時，真正的祕密武器其實是：要相信你還有一個齒輪可以變速。

第十三章　信念

二〇〇三年櫻花十英里路跑前一晚，我仔細查看這次菁英參賽者名單，其中男性跑者約有二十四名，多數來自肯亞，都是衝著備受推崇的華盛頓特區大型賽事，提供的三萬美元獎金而來。雖然我有許多田徑賽和越野賽跑的經驗，但倒是第一次認真參加有鉅額獎金的路跑賽。前十二名完賽的選手可以直接抱回現金大獎，我翻看著選手的名字，然後查看他們的過往經歷，開始懷疑我能否得名。

隔天早上，我和一萬五千名跑者從櫻花遍地的國家廣場起跑了。菁英跑者很快就和後方的一般跑者拉開距離，但真正的比賽還沒開始！頭二英里，人家都在等待、觀察，他們的步伐飛快，同時也在聽其他競爭跑者的呼吸節奏。最後是肯亞的約翰・科里爾（John Korir）和魯賓・切魯約特（Reuben Cheruiyot）兩人出線，這兩個人之前輪流贏了這個比賽最近三次的冠軍寶座。兩人配速加快，速度相當，不斷釋出神經緊繃的能量，此時比賽才算是真正的開始。

賽跑時，跨出去的每一步都是小小的決策，要加速嗎？要減速嗎？還是保持現在的配速就好？不過，有些決策的影響比較大。當科里爾和切魯約特開始跑遠，在他們背後留下的是領先的爆發能量，我必須決定自己要多拚命好追上他們。我擔心的不是配速，也不是分段時間。其實，過去這十年來，我充分累積在危急時刻趕跑的經驗，所以我的直覺可以清楚知道，自己還撐不撐得下去。我的體能狀況跟以前一樣好，而且老實說我也很想要現金獎金，但我也是個重紀律的務實男人。正當我附近的跑者突然開始加速到接近衝刺的地步時，我則選擇穩定加速，期望這樣可以讓我撐過最後的八英里。很快，約莫二十四個最前頭的跑者，逐漸在我前方拉開距離，我希望我等等還能再看到他們。

我對下半場比賽的記憶猶新，那時我開始追趕落後的跑者，一個接著一個超越，那股追逐的緊張感仍然非常清晰。有些跑者勇於放手一搏，有些只能維持慢跑的速度，我幾乎可以在這類跑者的身後看到一股引擎過熱冒出的黑煙。後來，我追上了肯亞跑者賽門・羅諾（Simon Rono），幾年前他曾創下史上第二快的新紀錄。現在我擠進前十二名了，現金獎金就在眼前了呀！剩下最後幾百碼，我場邊的啦啦隊指向一個搖搖晃晃邁向終點的肯亞跑者；我低下頭加速猛衝，就在終點前逐漸成功超過他，我的獎金也從二百美元增加到二百五十美元。

後來幾年，我都把這段故事當成是我的冠軍傳說，謙卑但不忘要吹噓一下自己精明的配速調配。知道自己的極限在哪裡，然後不去超越極限，在比賽時幫我擊敗了一半的菁英跑者。至於另一半菁英跑者，我想他們就是比我快，我是無法跑贏他們的了。但直到近十年，歷經數場類似的比賽經驗後，我開始懷疑這種說法了。

瑞德・庫爾賽特（Reid Coolsaet）一點都沒有睏意[1]，於是躺在旅館房間的床尾上，好讓雙腿可以跨在床頭。這晚是在二〇一一年多倫多湖濱馬拉松賽的前一天，外頭強風急吹，湖濱大道首當其衝，而明天庫爾賽特就要出賽爭取參加倫敦奧運的資格。庫爾賽特不停地在心裡盤算著會遇到的狀況，還有各種配速的分段公里數：如果要取得奧運資格，成績必須達到二小時十一分二十九秒才行；如果要刷新傑羅米・德雷頓（Jerome Drayton）三十六歲時創下的加拿大國家紀錄，就必須跑出二小時十分零九秒，也就是每公里三分五秒。受訓時，庫爾賽特持續操練，希望大腦和雙腿都要記得這樣的配速，直到成為自然而然的習慣為止。

櫻花十英里路跑中，非洲跑者包辦了前面幾個名次，他們多半來自肯亞和衣索匹亞，而且目標都設在要比德雷頓的紀錄快上幾分鐘。但庫爾賽特完全不在意這群非洲跑者。不論是為了完成參加奧運的夢想，還是為了奪取創新紀錄的三萬六千美元獎金，他的唯一對手其實都是時間。

不過，有股不大對勁的感覺。最後，庫爾賽特還是摘掉耳塞，爬下床，輕步走下樓，來到旅館的酒吧，長久以來配合的教練戴夫・史考特湯姆士（Dave Scott-Thomas）正在這裡喝啤酒。庫爾賽特開口說：「我明天想要拚冠軍，我希望你告訴我，我是不是瘋了！？」史考特湯姆士從一九九八年就和庫爾賽特一起合作，一路陪伴他從一個無名小卒，躍身為世界級長距離跑者，而井然有序的計畫和務實的目標設定，可以說是兩人之間教練與運動員關係的基石。雖然庫爾賽特看起來很猶豫，但史考特湯姆士看得出來，他心裡有一股辛苦得來的自信，所以史考特湯姆士就點點頭，回道：「有什麼不行？衝吧！」突然間，他們就這麼丟棄了數個月來研擬的計畫。回到樓上後，庫爾賽特爬回床上，幾分鐘內就進入夢鄉了。

隔天一早，賽事有如往常一樣沸騰，數千名跑者擠在起跑線上，然後像長期堵塞的火山熔岩一樣，沿著大學大道擴散。媒體採訪車行駛在賽道前方四十、五十公尺的地方，我靠在車窗邊看著領軍的跑者開始拉開了距離，自行形成一團。最前面的都是非洲跑者，隨後是有望出賽奧運的加拿大跑者，接著是女性跑者的領軍團、頂尖的地區性跑者等等。開跑幾英里後，我開始和其他記者交換困惑的眼神，然後相互挑眉示意。這次的男性領軍跑團有十一人，一群人沿著賽道，排成不整齊的箭頭隊形；其中有十個人來自肯亞和衣索比亞，但隊伍後方顯然有個顯眼的紅髮跑者。當領軍跑團急速衝過五公里路牌時，後方的庫爾賽特低頭看了一下手錶，還按了一下，接著就繼續跟著領軍跑團跑。我們後來發現，一起步就狂奔不一定是不好的決定。幾天前的賽前媒體記者會上，庫爾賽特大略解釋過精心策劃的配速計畫，但他現在放棄了原來的計畫，單純為了冠軍而跑。

這時候，我已經很習慣路跑賽的模式了；領軍在前的東非跑者會不顧一切狂奔，在後方追趕的是冷靜的北美跑者。我想會出現這樣的差異，大概的原因應該就是經濟因素考量，但不見得可以套用在每個跑者身上就是了。我和約瑟・丹迪度[2]（Joseph Nderitu）聊過，他開始跑步前是一個工人，第一年到北美洲跑步，帶了六百美元回家鄉，這筆錢都夠買兩隻小牛了，隔年他還花了二千五百美元，買了〇・二五英畝的地，蓋了一棟有五個房間的房子，然後又買了一隻牛。他很自豪地跟我說：「這可是我們家第一隻負責生產牛奶的牛耶！」像我這種跑者，能夠跑出最佳成績，就算排名第六依然是一種勝利，即使獎金只有前五名才有。但對丹迪度來說，個人最好的自我實現就是獲得現金、擺脫貧窮。

但是，真的到過肯亞、認識當地大批懷有雄心壯志的跑者的人就會發現，和完整的真相相比，我講得太輕描淡寫了。舉例來說，一年之中，庫爾賽特會固定花幾個月的時間，在空氣稀薄的肯亞高地和當地跑者一同訓練。即使只是訓練，沒有獎金只有顏面問題的時候，庫爾賽特就發現，肯亞跑者和西方跑者的心態差異非常大[3]。決心要成功的肯亞跑者純粹就是跟著領軍跑者跑，通常也就是跟著國際冠軍跑者在跑，能跟跑多久就多久，隨後才逐漸落後，跟不上的時候就開始慢跑。在此同時，庫爾賽特和其他國外跑者則是保持穩定、可以長時間維持的配速。有一回，庫爾賽特找來幾個朋友到肯亞伊坦小鎮附近的丘陵上，觀看著名的法特雷克（fartlek，混合間歇與持續訓練的鍛鍊方法）週訓；有超過二百個跑者在他們面前流竄而過，激起一陣紅沙，但到了訓練路程的一半時，大約三分之一的人就放棄了。

聽過這麼多的故事後，我開始思考一個明顯的問題：肯亞跑者都這麼厲害，與其取笑他們，我是否應該效法他們的跑法呢？畢竟，某些先天因素也限制了對「等速配速」的著迷程度。如果打算落實精密計算過的配速，那麼起跑開始的幾個步伐裡，就得趕快決定整場比賽要跑多快；不會有什麼意外驚喜，也不會突然出現好運，因為從開跑鳴槍開始，體能就已經有限，因此平均而言，有效配速可以得到比較好的成果，但也很難締造讓人掉下巴的戲劇化成績。

回頭看我在櫻花十英里路跑裡的成績，我發現我打敗了幾個潛力十足的跑者，譬如前冠軍賽門・羅諾，如果他跑得謹慎一點，就不會輸給我了。不過，我也輸給了幾個沒被看好的跑者，還有一個叫做法蘭西斯・柯穆（Francis Komu）的肯亞跑者，他平常的成績就和我差不多。柯穆比賽歷史的不同之處在於，由於他對比賽很積極，三不五十也會大獲全勝，就像在華盛頓比賽那次，他比我快了一分半。不過，他在比賽中的卓越表現並不穩定，有幾場很厲害，有些還滿糟的。但我想想，這或許也是一種不錯的交易。二〇一一年這天風很大的早上，庫爾賽特在多倫多馬拉松賽，或許就是做了這個決定，所以比賽過半時，領軍跑者的速度都少於二小時八分，比加拿大的國家紀錄快了兩分鐘以上，也幾乎比庫爾賽特之前的最快紀錄少了三分半，而他本人卻還遠遠落後著。

如果不是為了獎金，肯亞選手為什麼要跑得這麼積極呢？導演麥可・德蒙特（Michael Del Monte）之前也是菁英跑者，他曾花了數個月深入瞭解肯亞的跑步文化，並拍了紀錄片《馬拉松之路》（*Transcend*），描述衛斯理・科里爾（Wesley Korir）如何從馬拉松選手轉而踏上政途，結果發現其實都與信念有關。德蒙特發現，即使是最不起眼的肯亞跑者，每天早上醒來時，他們都強烈確信自己今天終於要出頭了。因為相信自己能夠贏過他們，所以就跟著領軍跑者跑，如果最後證明失敗了，就重新打起精神，明天再試一次！這樣的信念培養出許多代的肯亞跑者，持續佔領國際賽事的領導地位，也成了一個自我實現的預言。

對於學術界的運動科學家來說，安慰劑是一個不受歡迎的字眼。因為安慰劑效應會破壞研究成果，讓江湖兜售沒有實際提升體能表現提升商品，有利可圖。但對於實際和菁英運動員合作過的人來說，想法就不一樣了。二〇一三年，澳洲體育學院生理學家修納・哈森（Shona Halson）和大衛・馬汀（David Martin），在《國際運動心理學與表現期刊》（*International Journal of Sports Physiology and Performance*）發表一篇評論文章指出，應該要區分安慰劑效應和「信念效應」，信念效應是可以幫助運動員提升表現的絕佳條件，因此應該加強與鍛鍊信念，而非抑制。畢竟，如果有一顆比喻性的糖片讓你跑得更快，甚至贏得比賽，誰又會在乎這些效果是否只存在於大腦中？

事實上，哈森和馬汀指出，「真實的」機能增進（提升表現）輔助方法與「虛假的」信念效應，兩者之間的界線，比包含科學家在內的大多數人想的還要模糊。運動科學家特倫特・史特林夫訓練過許多運動員，包括他的妻子，曾經榮獲兩次奧運一千五百公尺冠軍的希拉里。在二〇一三年一場研討會裡，史特林夫觀察發現，有非常多種輔助訓練方法，像是咖啡因、紅菜頭汁、高原訓練等等，都提出可以提升運動表現一％到三％。理論上來說，如果這些方法全部一起用上，應該可以打造出一位超級運動員。但實際上，綜合各種訓練法操練菁英運動員的實驗顯示，整體表現可以提升……一到三％。因此，如果一加一再加一只等於一，就某些層面說來，各種「經證實有用」的訓練方式，其實都是針對同一個目標——大腦。

史特林夫強調，這不是在說糖片有多好用：「給運動員服用沒有效果的物質，然後說成是別的東西，這種安慰劑對我來說就是一種欺騙；除了實驗需要，我從來就不會這樣搞！」但是，利用信念效應就不是欺騙了，而是「一種極具策略性，而且是運動員和教練要花上一段時間，才能緩慢培養形成的最大信賴、信念和信心程度。」史特林夫還指出在理想狀況下，給運動員的建議必須是真實的，而且已經證實能帶來生理上的好處，同時要記得給建議時，「選用的字眼，提供的資訊量，還有描述的方式，都會決定這個干預最後對表現的影響效果。」

試想一下，運動後冰浴的好處[4]據稱可以減緩發炎和加速肌肉恢復，所有的運動員也都深信不已。而且，研究員還發表了數百篇調查冰敷功效的研究，但說好聽一點，結果仍然曖昧不明。如果在運動後隔天詢問運動員痠痛情形，他們都會說冰浴好像有幫助，但如果想要客觀的證據，抽血檢查卻未顯示肌肉傷害有降低跡象。

當然，我們很難做到「安慰劑控制」的冰浴實驗[5]，因為我們無法假裝自己沒有浸泡在冰凍的水裡。不過，二〇一四年，澳洲維多利亞大學的研究人員找到了解決辦法。他們讓騎乘單車十五分鐘後的受試者，分別浸泡在冷水裡、微熱的水裡，以及在微熱的水中加入特製的「修復精油」等三組。該項實驗的資深研究員大衛・畢修普（David Bishop）回憶說：「我們還特別在受試者面前加入精油，就是要讓他們親眼看到，然後還給受試者閱讀成效漂亮的假資料，解釋這個『修復精油』經科學證實很有效。」

後續兩天，研究員測試了受試者的腿力，因為肌肉恢復狀況就屬腿力最重要了。以兩天的時間來說，冰浴的效果肯定比泡微熱的水好，不過添加修復精油的效果也很好，甚至還比冰浴稍微好一些，可是這個精油其實就只是舒特膚（Cetaphil）潔面乳罷了。看到這裡，你或許會認為冰浴的價值終於被徹底揭穿了，但實情是運動過後兩天，無論是泡冰浴還是精油的運動員，腿力都變得比較有力。另外，畢修普和史特林夫一樣，認為信念效應是教練和運動科學家操練運動員的重要工具。潔面乳並無法長久隱瞞（運動員最後還是會發現，夥伴怎麼會聞起來這麼香），倒是冰浴在生理學上的抗炎效果，好像是有那麼一點道理，所以也不至於說是昧著良心的建議。

如果這看起來像在為自欺欺人找藉口，就像在兜售另類醫療權威大師的說詞，那請放心，我也跟你有一樣的感覺。我寫過十多篇有關冰浴研究的報導，至今仍不確定其中的道理，所以現在我一般會說：如果你喜歡冰浴，而且覺得對你有幫助，那就繼續冰浴吧！但如果你不喜歡冰浴，或是從來沒試過，也沒有一定要開始泡冰浴的理由。至於冷桑拿，就是會連續數分鐘噴灑液態氮的小型艙室，我真的就想皺眉了；因為相關的效果研究還不明朗，只為了安慰劑效果就砸下數萬美元，其實很說不過去，雖然我也清楚我的立場很矛盾就是了。

另外，把「真正的」和「虛假的」效用截然分開，會有另一個問題值得一提，那就是安慰劑可以引發可測量的生化改變。一九七八年，美國加州大學舊金山分校對一群牙科手術後在恢復期的病患進行實驗，結果與傳統想法相反[6]。為了減輕疼痛，這群病患以靜脈施打嗎啡或是生理食鹽水，如同預期，有些施打食鹽水的病患出現「安慰劑反應」，感覺疼痛減輕了。後來研究員再加入另一種叫做納洛酮的藥物，它可以藉由阻礙體內的鴉片感受器，來抵消過量的嗎啡和海洛因。結果食鹽水的止痛效果馬上就失效了，這個結果說明，食鹽水的止痛作用是腦內啡激增的結果，這就是人體內的嗎啡。

不只是腦內啡，後續研究顯示，還有許多回應安慰劑作用的不同訊號路徑[7]，像是內源性大麻素（即體內的大麻）和免疫系統。協調這些反應的是大腦的預期和獎勵機制，這個機制靠的是神經傳導物質多巴胺。機制啟動時，有一個叫做兒茶酚-O-甲基轉移酶（COMT）的基因，會決定大腦的前額葉皮質有多少多巴胺可以用：這種基因擁有的多巴胺，比不同基因多達三到四倍。哈佛醫學院的安慰劑療效研究中，研究員使用假針灸來治療腸躁症[8]發現，多巴胺比較多的基因對安慰劑治療的反應比較強烈，這進一步證實，對安慰劑有反應的人，不只是想像出來的。

這些和耐力極限有什麼關係呢？簡單來說，就跟糖片的效用一樣，如果你真的相信糖片可以讓你跑更快，通常就會發生效用。英國坎特伯利基督大學的研究員克里斯・畢迪（Chris Beedie）專門研究運動的安慰劑作用，有次找來一群單車手做一系列的十公里時間測量，並告知每次測量前都要服用不同劑量的咖啡因，但不會告知實際服用的劑量是多少。結果就跟預期的一樣，單車手認為自己服用的是中劑量咖啡因時，速度會快上一・三%[9]；認為服用的是高劑量時，速度會快上三・一%；但認為服用的只是安慰劑時，速度就會降低一・四%。但是，他們其實全部都是服用安慰劑。因此，運動表現提升，以及賽中相關的疼痛感知或努力感變化，全都是出於自己的期望。

類似的信念效應也會出現在沒有看到藥片的情形。舉例來說，根據調查發現，你對運動的興趣越大，就越會相信自己真能做到。大家都知道，超級運動員麥可・喬登（Michael Jordan）據說很迷信，他會在隊服裡頭穿上大學時期的舊短褲。德國科隆大學研究員林恩・達彌施（Lynn Damisch）對此感到很有趣，決定實驗看看幸運物是否真能奏效[10]。果不其然，達彌施實驗發現，比起說「這顆球是大家都在打的球」，改成簡單說「這顆是你的幸運球！」推桿成績會提升三十三%。在其他項目中，受試者帶上自己的幸運物時，一開始設的目標會比較高，也願意花上比較多的時間來挑戰，這恰好證明了心理學家所謂的「自我效能」，或是相信自己有能力做到的信念，因此就會以自我實現的方式改變行為，就像積極比賽的肯亞跑者一樣。

所以，是的，自信可以讓你更努力，但是也以更微妙的方式在作用。告知跑者他們看起來很放鬆，可以幫助他們燃燒比較少的能量來維持相同配速。在英式橄欖球賽後檢討會[11]中，聚焦於做對的地方，較少著墨做不好的地方，其產生的效果可以持續一整個星期，因為正向回饋可以提升隊員的睪酮素濃度，有助於下一場比賽的表現。即使是做好事，或是想像你是在做好事[12]，也能夠藉由增強能動感來提升耐力表現。有項研究發現，和平時相較，捐一美元給慈善機構，志工提五磅重物的時間可以延長二十%；不過令人擔憂的是，如果是想像做邪惡的事，志工其實會獲得更多力氣。這證實了一個長期在線上跑友留言版討論的理論，跑八百公尺比賽最好的方式，就是以「純粹的怨念」來燃燒動力[13]。

這不是建議你下次去比賽的路上先去搶一下便利商店，其實大多數的例子都只是一種把戲罷了。儘管如此，退一步來看，就會看到一個更大的模式。當我到開普敦拜訪提姆．諾克斯，並請教他提出大腦對耐力作用的這套理論，對訓練能提供什麼建議。如果真的有中樞調節機制，有辦法操練嗎？他以一則趣聞作為回答。一九七〇年代初期，諾克斯當時還是一名大專划手，平常的訓練內容是和隊友奮力划五百公尺六趟。「一天下午，我們練完第六趟，掉頭要回船屋，但教練卻說：『不對，回到起點，再來一趟！』我們就再划五百公尺，後來教練又要我們回到起點，最後我們總共多划了四趟。你知道嗎？如果你事先問我和隊友，不會有人相信我們可以做到的。」諾克斯一路從運動員到科學家，一直都沒忘記這一次的訓練經驗，他繼續回憶說：「到了某個階段，你就得告訴運動員，他們的能耐其實超過自己的想像。」

安比・伯富特之前是波士頓馬拉松冠軍，長期擔任《跑者世界》主編，也和諾克斯得到的頓悟一樣，他曾這麼描述：「絕對、肯定是你在世界上能找到的最佳跑步訓練。[14]」當時伯富特在撰寫一篇有關耶魯大學研究的文章，該研究發現，受試者被告知喝下的是高卡路里的「放縱」奶昔後，食欲荷爾蒙濃度就會大幅降低，但被告知喝的是低卡路里的「理性」奶昔後，食欲荷爾蒙濃度就沒有改變，但其實兩杯是一模一樣的奶昔。伯富特得到的結論是，大腦會控制身體，這就是為什麼他的超級訓練內容是全力跑一英里共五趟之後，教練又要求以同樣的速度再跑一趟。文中寫道：「藉由這樣的運動你就會知道，自己的能力超出自己原有的認知，這也是從跑步運動中學到的最受用的一課。」

大量的運動相關研究結果也支持了上述見解，這些研究藉由各種方式欺騙[15]受試者，好讓他們超越平時的能耐，可以更用力運動、也拚更久。譬如，操縱溫度計作假顯示低溫，以抵消高溫削弱耐力表現的效應；把時鐘調成走比較快或慢，又或是謊稱運動員已經完成的距離，都會影響表現。有些研究還運用了虛擬實境技術，讓受試者跟自己之前的紀錄比賽，根據定義，這是受試者有信心可以一較高下的基準點。結果證明是真的，即使虛擬的對手暗中加速，但只快了一點點。二〇一七年，一群法國研究員發現，如果和比自己能力強二%的對手比賽[16]，你會對自己的表現感到驚訝，但如果和比自己強五%的對手比賽，發現自己跟不上時很快就會覺得氣餒。

可是，欺騙的效果有限。即使你的教練很愛跟你玩把戲，為了達到以前的「額外成長空間」，你也只會被騙那麼幾次，但之後在每一次的訓練時，就會開始想要保留一點。而對伯富特來說，他寫道：「欺騙並不是這個現象的核心，它只是為了讓吸引人的故事有令人驚喜的結局。核心的重點還是強大的信念。」

賽程剛過一半時，庫爾賽特逐漸脫離領軍跑者團，最後消失在媒體採訪車的視線範圍，記者群彼此會意地點了點頭：有自信很棒，但馬拉松賽會嚴厲懲罰過度自信的人。幾英里後，我們再次見到庫爾賽特出現在遠方，真是太令人驚喜了！他低著頭，咬著牙，決心努力回到領軍團。到了三十公里處時，領軍團只剩下六個跑者。教練接受現場轉播訪問，解釋說這只是暫時的小失誤：「他在二十二公里處，必須停下來去大號一下。」

對庫爾賽特來說，深信自己能夠與肯亞跑者比賽，是因為有一起訓練過。多倫多賽事後幾個月，庫爾賽特來到位於東非大地塹丘陵上的跑步訓練聖地伊坦小鎮，和兩百多名從運動明星到素人都有的肯亞跑者，一起在小鎮外塵土飛揚的山路上進行法特雷克週訓。訓練項目很簡單：兩分鐘用力奔跑和一分鐘輕鬆跑，交替進行，共計二十次。就跟比賽時一樣，大家一開始就拚命往前衝，能衝多遠就衝多遠，而且沒有人想要被一個單獨跑的白種人甩在後面，不過最後庫爾賽特幾乎拚到了最前頭。跑回到鎮上時，他身上覆蓋著紅塵和汗漬，一大票跑者都為他鼓掌，大家還告訴庫爾賽特，他已經可以跑二小時零五分了[17]，這份肯定給予的能量宛如滿滿一輛手推車的咖啡因錠。

「如果他可以，我也可以」這種努力得來、可轉移的信念，也展現在最高層次的運動上。為什麼挑戰人類耐力的世界紀錄，總是能持續進步、突破呢？你或許會以為，是因為人類的相關知識持續增加的關係，譬如訓練、營養、補水、恢復等，還有就是發明冷桑拿這種很炫的新技術。可是人類也同樣熱衷於把這些知識和技術應用到人類以外的運動，譬如賽馬和賽狗。由於賭博合法化，賽馬的賭金早就遠超過人類運動賽事的賭金，而且可以確定的是二十世紀上半葉期間，純種馬和人類的進步程度差不多。二〇〇六年，英國諾丁漢大學研究員大衛・加德納（David Gardner），分析了美國肯塔基賽馬大會和英國葉森賽馬大會[18]等主要賽事的勝出時間，發現打從一九五〇年開始就沒再進步過；但在同樣的期間，奧運等主要馬拉松比賽的勝出時間卻進步了超過十五％。

馬拉松冠軍和賽馬冠軍都是生理表現上的奇蹟，但兩者的差別在於，馬拉松選手可以看到超越當下的時刻。從一九七三年以來，祕書長（Secretariat）在肯塔基賽馬大會的一分五十九秒四紀錄一直保持不變。將近三十年後，到了二〇〇一年，滿利高（Monarchos）成為第二匹跑出低於二分鐘的賽馬，足足贏了五個馬位。那麼，滿利高可能成功挑戰祕書長的紀錄嗎？也許，如果祕書長能在牠面前的話。但是，只有人類能在虛擬的競爭中做出抽象的躍升：如果你知道某個人在某個地方以一分五十九秒四跑完某段距離，那麼你就會知道，以一分五十九秒三的時間跑完同樣的距離是可能的，接著就能以此為依據，規劃、執行自己的比賽計畫。

當然，相信自己馬拉松可以跑二小時零五分，和真的要跑出二小時零五分，還是兩碼子事。哲學家認為，證成的信念不同於真實的信念[19]。你可以有充分的理由相信某一件事（例如，你的車子在車庫裡），即使這件事最後不是真的（因為被人偷走了）。反過來說，你也可以沒有充分的理由就相信某一件最後成真的事（例如抽到一張撲克A）。依據某些哲學家的說法，知識需要的是已經證成的真信念。對運動員來說，要確認自己的能力是已經證成的真信念，最簡單的方式就是測試，不管以前是否做過，你可以再做多一點點。不過，諾克斯、馬科拉等學者提出的疑問是，對大部分的人來說，這種漸進式被證成的信念是否低估了人類真正的能力。要發展未知的新領域，譬如讓馬拉松紀錄能像埃魯德．基普喬格所期望的直接進步三分鐘，而不是三秒鐘，需要的是極富想像力的大躍進。

快抵達三十五公里處之前，跑者正跑上一段斜坡，庫爾賽特突然竄入領軍跑團，此時只剩下四個人在爭奪冠軍了。正當庫爾賽特持續往前衝時，曾跑出二小時零八分馬拉松成績的尼克森・馬奇肯（Nixon Machichim）開始落後了，接著脫離了領軍團，後來甚至還棄賽了。剩下的賽程裡，跑者必須挺過強勁的逆風。庫爾賽特的股四頭肌灼熱不已，步伐逐漸變慢、變不穩，最後在距離終點二英里的地方，前頭還有兩個對手，一個是二小時零七分的跑者，另一個是二小時零五分的跑者，也都逐漸遠離了。庫爾賽特繼續在強風中搖晃前進，顯然是無法刷新國家紀錄了，不過媒體採訪車裡的記者已經議論紛紛。即使情況很糟，但庫爾賽特的完賽時間是二小時十分五十五秒，位居第三名，成為有史以來跑第二快的加拿大籍跑者，並成功獲得加入奧運隊的資格。但在我心裡牢記的，不是時間本身，而是他如何做到的。

本書不是一本訓練手冊。不過，在探討人類極限的本質時，不可能不納悶該如何超越這個極限。考慮了這一切的最後，改變極限最有效的方式還是最簡單的方法，簡單到我們幾乎不去提。如果你想跑快點，真得讀讀一九九一年梅約醫院的生理學家邁克爾・喬伊納，於發表的期刊論文內寫的訓練短語，還真預言了馬拉松兩小時的追逐賽：

跑很多英里[20]，

有些要比比賽的配速更快，

偶爾也要休息一下。

喬伊納在人類耐力生理學領域上，可以說是全球數一數二的專家，但本人卻樂稱自己是「赤裸裸的技術人員」。在一場未來運動科技與表現改善的研討會裡，喬伊納卻帶了一條一九七二年拳擊手用的復古跳繩。其實，和像日復一日、年復一年鍛鍊心智和身體等更基礎的訓練項目比起來，被說得天花亂墜的現代運動科學技術，譬如高原帳、心率變化追蹤、與運用生物工程生產的運動飲料等等，只是非常小的改進。

事實上，在某些情況下，正好就是運動技術所保證的客觀性，而把自己限制住了。想踏出特定的心跳率目標或是輸出功率，像是在服用類固醇後強迫自己平均配速，這麼做是降低了崩潰的風險，但也奪走了突破創新的可能性。菁英田徑教練史帝夫・麥格尼斯（Steve Magness）曾寫道[21]，像是戴 GPS 手錶跑步這種運用科技加強的做法，「會鬆開感知和行動之間的關聯」。生態心理學家經常以騎機車作例子。當世界被你拋在身後時，經由感覺機車和道路的韻律，你可以監控自己的速度，不過你也可以查看車速器。車速器比較精準，但至少對專家來說，它並不是評估你是否安全移動的較好選擇。同樣的道理，在騎單車時，在決定加速或減速之前先查看功率計，等於是額外加進了一道認知步驟，而且靠的是一種針對你該如何感覺的不完美外在評估，而不是靠你的感覺。

如果基礎訓練這麼簡單，大家也都能懂，那麼這些有關大腦潛藏儲備力氣的研究告訴了我們哪些新資訊呢？提姆・諾克斯跟我說：「我認為所有的好教練都會訓練到大腦。」不過，就訓練這件事來說，並不是每個人都會遇到好教練，甚至有些人根本就沒有教練。我真的認為，大多數人都能更有效取得「潛藏的儲備力氣」，特別是已經在接受大量訓練和最大化體能潛力，但表現尚未改善的運動員。也許大腦訓練和腦刺激等方法可以順利發展，並帶來可以預測、可以重複的表現改善效果。或者，也許我們還是必須依賴直接挑戰自我信念的低技術性方法，例如自我對話。

信念的力量經常被過度解讀，有些勵志書籍就輕描淡寫說，因為羅傑・班尼斯特破四了，所以破四不是難事。老實說，訓練可以比喻成蛋糕本體，而信念則是蛋糕上的糖衣，有時候隨意塗抹糖霜，蛋糕就會變得不一樣。山謬・馬科拉於二〇一四年的研究發現，簡單的激勵型自我對話訓練就能夠延長單車測量的時間，其他研究也發現，同樣的技巧可以扭轉配速和努力的關係。英國有項實地實驗發現，自我對話訓練可以提升運動員在六十英里跨夜超馬賽[22]的表現。另外，本書第八章談到張守誠的研究發現，經過特別專注在應付炎熱天氣的自我對話訓練後，單車手在華氏九十五度環境下的表現變得更好。寫了十年關於最新耐力訓練研究議題之後，如果我能回到過去調整自己的跑步事業，對於當時年輕而充滿疑惑的自己，我最大的建議就是，遵循激勵型的自我對話訓練，而且不要竊笑，要勤奮練習。

不過，最後要提出來的是，新一波的大腦耐力研究之所以讓我著迷，真的不是有提升運動表現的潛力。對於全球各地數百萬人來說，耐力挑戰處於嗜好與上癮之間，是一種艱苦的自我測試，而且對健康沒有特別的幫助。為什麼？如果比賽真的只是在測量競爭，測試誰可以輸送最多氧氣，打出最大血量，輸贏結果就會非常確定，也非常無趣。你比賽一次就知道你的極限了。但是，耐力其實不是這麼一回事。

大一時，我加入田徑校隊，當時我想討一個籃球校隊女孩的歡心，但和她卻有了一段令人沮喪的對話。當時這個女孩和我各有一場比賽要準備，然後我們在討論自己有多緊張。她問我：「你會緊張嗎？跑步不用像籃球要在尖叫的觀眾面前，想辦法罰球投籃成功，不過就是鳴槍響起，大家就開始跑，跑最快的人就贏了那樣？」我試著解釋，如果要有好成績，就得很拚命，感覺像要衝過自己體能極限那樣拚命才行。如果練習時盡全力跑八百公尺，我可能跑二分十秒，但到了比賽時，就可能是一分五十五秒。取得潛藏的儲備力氣是遲早的事，因此期待看到自己可以挖出多少潛力，讓比賽變得令人又興奮又害怕。（補充一下，我從沒和她約會過。）

即使到了現在，大部分害怕的感覺都消失了，但也不是完全消失。在比賽的起跑線上，我提醒自己，最大的敵人是大腦會出自好意保護身體的迴路。這是二十多年前，我在舍布魯克市突破一千五百公尺成績後學到的一課，而且其中的含意還持續讓我感到驚奇。未來幾年，我期望可以學到更多有關大腦回應的訊號有哪些？如何處理這些訊號？以及當然就是能否改變訊號？但目前為止，我們已經知道真相，科學已經確認了運動員一直以來都相信的事：只要願意相信，你就有更多潛力。

兩小時 二〇一七年五月六日

Nike 精心策劃的馬拉松兩小時，應該會相當滑稽、無趣。如果一切順利，就不會出現狂奔、停滯、重新加速，甚至連配速都不會有稍微的變化，只會有三個男性、箭頭隊形、一個時鐘。儘管如此，雖然「馬拉松破二計畫」比賽沒有開放給大眾觀賽，但非官方門票在義大利仍是相當熱門。山謬・馬科拉是在距離義大利蒙莎市二十五英里的波士托阿瑞歐市長大的，當時他正好向肯特大學請了研究假，在家照顧母親。我想盡一切辦法幫他弄了一張媒體評論員證，因為我太想聽他即時解說這場終極耐力測試。但是，比賽預定在五點四十五分開始，我一直到當天早上四點才傳訊息和他確認我搞定了。沒想到他立即回我：「我一直在等你的訊息，我根本就睡不著！」

黎明來臨前的朦朧之中，只見一級方程式賽車道上正在忙著大型活動前的最後準備，一切卻是那麼的寂靜和不真實。歷經一整天的截稿工作、短短數小時的休息和漫長無眠的飛行後，我雙眼通紅，但我的身體已經熬過了疲倦階段，現在是因為腎上腺素發達而感到亢奮，加上吃了 Nutella 榛果巧克力可頌，感到無比愉快。在推特上，有許多人問我結果預測，我的回答是基普喬格，加上一％到十％的成功率；如果不是這兩個答案，我就回個電影《洛基三》（*Rocky III*）角色大棒槌的動態圖片，圖上說：「想知道會發生什麼事？就是會痛到死啊！」我太熟悉此時胃裡的感覺了，還有沉重無感的雙腿。長年的經驗告訴我，這無關生理，而是心理造成的。另外，我同情基普喬格，也瞭解他承受的一切，他就要自願跳入未知的深淵了。

比賽開始後，跑者很快就會進入經過仔細策劃而且看起來毫不費力的節奏。有了半馬的失敗經驗，特斯拉車上安裝了綠色雷射光，在車身後方跑道上照射出長達六公尺的箭頭隊形，這樣配速員就知道該怎麼跑了。配速員總計有三十人，都是世界頂尖的跑者，整整一週以來，他們都在預演，練習該如何組成隊形和接力，後來決定是每一圈一．五英里後，就會有三名配速員往外飄移，然後另外三個新的配速員從兩側加入箭頭隊伍。基普喬格、塔戴斯、戴西沙三人則維持不變，冷靜跑在後方即可，新舊交替的配速員必須快速跑步，並承擔最不利的真實風險，因而逐漸成為賽事的焦點。觀看這場比賽，好像是在看有趣的催眠表演，但也有點像是在觀賞抽象的芭雷舞演出。

可是，隊伍很快又出現變化，而且比所有人預期的還要早發生。才過十英里，戴西沙又開始落後隊伍，賽程近半的時候，塔戴斯也落後了。在這種時時刻刻都在跟時間賽跑的全力衝刺賽裡，他們兩人完全沒有機會再重新振作跟上了。不論 Nike 打算變出什麼樣的魔法，機會突然變得相當渺茫，只剩下基普喬格可能施展魔法了，但魔法失效的可能性也越來越大。我最近幾週讀了大量的文章，文中解釋為何馬拉松兩小時很荒謬，以及跑者要持續跑這麼快也太自傲了些。我發現我因為「我早就告訴過你了」這將會失敗的想法，而沒完沒了擔心著。

不過，配速員和最後一個挑戰者通過半程時的成績是五十九分五十四秒，頓時我的心中湧出一股雀躍的念頭。我打開推特手機軟體寫道：「在這種距離裡，基普喬格現在跨出的每一步，都是人類史上跑得最快的速度了！」

比賽下半場期間，我的筆記本幾乎是空白的。我和體育館裡的人，還有在線上觀看直播的數百萬名觀眾，都對基普喬格著迷不已，他的雙腿快到看不清，臉上沒有一絲緊張感，眼神更是異常冷靜。一開始，我們單純希望基普喬格能撐到搏得大家敬重的程度就可以了，但隨著圈數增加和時間推進，我們才察覺到我們見證的是多麼特別的時刻，無論結果如何，基普喬格的表現已經超乎大家對人類極限的期望了。過了約九十分鐘後，我發現馬科拉已經跟著人群，擠在終點線等著了，他眉毛挑得很高，一臉驚奇，所以我也回以一道挑眉，後來我們兩人靜靜回到貨車上，一時語塞而不知該說些什麼。

我在轉播包廂裡擔任客座評論員時，終於讓自己的念頭去想：是的，或許他真的可以破二。

我在迷宮般的走廊狂奔，衝下樓，抵達賽道時，正好就剩下一•五英里兩圈了。雖然幾乎察覺不到，但基普喬格終究開始不穩了。他的臉部緊繃，原本偶爾會出現的笑臉，現在成了怪表情。基普喬格目前的速度大約慢了目標配速十秒，所以配速員必須抉擇，是要緊跟著特斯拉的馬拉松兩小時速度，還是放慢一點繼續幫基普喬格擋風，因此原本緊貼的箭頭隊伍便散開來了。

我提醒自己，多明尼克・米可瑞對十一歲孩童做的配速研究指出，全世界偉大的耐力運動員都有一個特點：運動員抵達終點前，必有最後一擊。基普喬格的雙腿越來越沉重，肌肉裡的代謝物質持續累積，體內的燃料也逐漸耗盡，他的身體透過各種方式在警告體能已經達到極限了，沒有辦法再維持原本的配速了，可是，基普喬格的大腦是否偷藏著最後一股力氣，要等到快到終點時才會釋放出來呢？

還好，輪子還在。基普喬格沒有像塔戴斯和戴西沙那樣遭遇撞牆，他們兩人現在分別落後了六分鐘和十四分鐘。但是，基普喬格也沒能再重新加速，就一路奮戰到跨越終點，成績是二小時二十五秒。基普喬格短暫停留原地一下下後，就慢步跑向長期配合的教練派崔克・尚恩（Patrick Sang），尚恩靜靜給他了一個擁抱。接著，基普喬格小心翼翼地低下身，躺在地上，用手蓋住雙眼。我周遭的人自然地相互擁抱、擊掌、尖叫歡呼。基普喬格沒有破二，也因為配速員的規劃策略，所以也沒有列入正式的世界紀錄，但我知道，我剛剛見證了人類追求極限的轉折點。因為今天的這一戰，以後馬拉松賽的計時，聽起來都會不一樣了。

之後數週，大家對於基普喬格突破表現的關鍵是什麼，無不議論紛紛。如果跑鞋真的有幫助，那是幫上了多少忙呢？實驗性的瑞典運動飲料[1]呢？是不是讓他不至於感到疲倦不堪呢？這是基普喬格到最後一刻才決定飲用，一種把碳水化合物包覆在水凝膠中，以加速消化吸收的運動飲料。另外就是特斯拉配速車，車頂上安裝的巨型時鐘，是否暗中提供了跟跑作用呢？就像約翰・帕克的《雨中的三分五十八秒》裡寫的：「他們什麼方法都試了，就是想知道其中的祕密。」

就連 Nike 也無法回答這些問題，不是因為答案是機密（雖然是機密沒錯），而是因為全都是未知領域。賽後數週，美國丹佛有一場研討會，科羅拉多大學的研究員伍特・赫夫蓋瑪（Wouter Hoogkamer）和羅傑・克萊姆（Rodger Kram），發表了他們對 Vaporfly 鞋款的外部測試[2]，結果顯示，真的可以改善跑步經濟性，平均可達四%。當然，除非你認為，基普喬格穿上普通鞋款後，就只能跑二小時零五分，否則這數據並不代表馬拉松成績會因此縮短四%。對於新鞋款能帶來的實際優勢到底有多大，科學家紛紛提出不同的意見與想法。我自己根據粗略計算推論，也許可以幫助基普喬格減少一分鐘的時間，其中還包括因為相信自己穿的是有史以來跑最快的鞋款，而產生的心理優勢。

不過，挑戰賽一結束，我心中迴盪著不一樣的疑問：如果基普喬格有競爭對手一起跑最後兩圈，他的時間可以快多少？畢竟，我們都知道，和單純與時鐘賽跑的計時賽相比，有對手較勁的比賽，即使面對的是虛擬對手，也能提升表現達一%到二%。基普喬格在實際有較勁對手的賽事中，最後是否能夠再來個奮力一擊呢？思考過後，我覺得不大可能。Nike 挑戰賽預設的條件很罕見，包括事先就決定好配速、場地不大、也沒有任何戰術的考慮，都是為了讓基普喬格能夠發揮全力。因為沒有競爭對手要擔心，基普喬格就能夠不顧一切後果往前跑，直到雙腿再也無法向前為止。三月時，他曾說只用了六十%的力氣，現在看起來不是這麼一回事。

基普喬格完賽後幾分鐘，笑著證實：「今天是發揮百分之百的力氣了，可是，你也知道，我們終究是人類而已。」

正是因為他是非常脆弱的人類，讓熬夜通宵和半夜硬爬起床的觀眾，在看著基普喬格的挑戰賽時，格外扣人心弦。當我們在世界各地的單車道與山路上挑戰個人極限時，也是因為人類的脆弱性，讓我們所有人與為我們提升極限的人相連在一起。沒有所謂必然的事，也沒有所謂只是簡單的數學運算。我可以確定的是，基普喬格剛剛真的就快碰到了自己體能的最外圍。這讓我對未來感到非常興奮，因為就像在挑戰賽結束後，基普喬格在歡樂吵鬧的蒙莎賽道上表示，這從來就不只是他一個人的事。他說：「對全世界來說，現在只差二十五秒了。」

致謝

這本書的核心是科學家們努力鑽研的研究成果，所以在此我誠心感謝科學家的付出，但因為人數太多，所以很難逐一致謝。讀者從書中可見，這些科學家與我書信往返，也花時間多次與我電話討論，甚至還歡迎我去拜訪他們的研究室。本書第三章裡，羅斯・塔克就直接與我分享他的第一手資料。另外，還有多位讀過我的手稿、協助檢閱的科學家朋友，包含提姆・諾克斯、山繆・馬科拉、艾利克斯・莫格、紀堯姆・米勒、張守誠、約翰・霍利、蘿莉・哈斯、馬汀・保祿、凱・盧茲、羅傑・克萊姆，此外還有馬克・伯恩利。如果書中仍有錯誤疏失，那肯定都是我的錯了，但若沒有上述科學家朋友們的協助，錯誤肯定會更多。我還要感謝經紀人瑞克・博德海（Rick Broadhead），以及美國威廉莫羅出版社（William Morrow）的彼得・哈伯德（Peter Hubbard），因為有你們，這本書才得以成真，而不只是一篇篇部落格長文。我也非常謝謝雜誌多位編輯派給我去採訪，才有這麼多故事可以寫到本書裡，在此特別感謝克里絲汀・芬納斯（Christine Fennessy）、傑諾米・基恩（Jeremy Keehn）、安東尼・利德格（Anthony Lydgate）、史考特・羅森菲爾德（Scott Rosenfield）。因此，本書裡有些是曾出現在《跑者世界》、《戶外探索》、《紐約客》、《海象》（the *Walrus*）、《環球郵報》（*Globe and Mail*）等雜誌的報導，不過絕大多數的文字已經大幅修改過，但我發現，有些地方還是自己一開始寫的句子最能清楚描述。

另外，也要謝謝德州大學奧斯汀分校史塔克體育與運動中心的辛蒂・史雷特（Cindy Slater），幫我挖出蘇聯時代的研究資料，也謝謝根納地・薛奈爾（Gennady Sheyner）幫我把資料從俄文翻成英文。還有我的叔叔沃夫・拉斯穆森（Wolf Rasmussen），謝謝他在電話那頭幫我翻譯十九世紀的德國期刊論文。也感謝佛洛拉・崔（Flora Tsui）循循善誘，幫忙拍出我最好的一面（我就不含蓄了），成為本書的作者照。

我個人對於耐力的看法（以及各種想法），都是因為和媒體圈以及各個領域的前輩、同儕朋友聊天討論得來的，所以我還要特別感謝安比・伯富特、邁克爾・喬伊納、大衛・艾波思坦、莉絲蒂・艾許萬登（Christie Aschwanden）、史帝夫・麥格尼斯、布萊德・史托伯格（Brad Stulberg）、強納森・魏（Jonathan Wai）、泰瑞・羅克林（Terry Laughlin）、史考特・道格拉斯（Scott Douglas）等人。也許沒有分心花時間和你們談天，這本書會早一點完成，但內容肯定會不夠精采！

最後，但卻是最重要的，因為沒有家人的支持，我不可能會完成這本書。我的母親莫伊拉（Moira）和父親羅傑（Roger）不斷幫我找研究資料之外，還是這麼照顧小孩，此外也因為他們一直以來的無限支持，我才能夠成為作家。還有我的太太、摯友蘿倫（Lauren）、我的孩子艾拉（Ella）和娜塔莉（Natalie），非常謝謝你們，我愛你們。

兩小時

1 Alex Hutchinson, "After a Near Sub-2 Marathon, What's Next?," *Runner's World*, May 6, 2017.

2 Hoogkamer, "New Running Shoe."

Performance," *Psychological Science* 21, no. 7 (2010). 254 Telling runners they look relaxed: I. Stoate et al., "Enhanced Expectancies Improve Movement Efficiency in Runners," *Journal of Sports Sciences* 30, no. 8 (2012).

11 B. T. Crewther and C. J. Cook, "Effects of Different Post-Match Recovery Interventions on Subsequent Athlete Hormonal State and Game Performance," *Physiology & Behavior* 106, no. 4 (2012).

12 Kurt Gray, "Moral Transformation: Good and Evil Turn the Weak into the Mighty," *Social Psychological and Personality Science* 1, no. 3 (2010).

13 悠久的 Letsrun.com 網站上清楚描述了這件事，篇名為〈純粹靠著怨念跑八百公尺〉（Running the 800 on Pure Hate），日期是二〇〇八年十一月十七日。

14 Amby Burfoot, "Milkshakes, Mile Repeats, and Your Mind: A Delicious Combination," *Runner's World*, June 12, 2011.

15 E. L. Williams, "Deception Studies Manipulating Centrally Acting Performance Modifiers: A Review," *Medicine & Science in Sports & Exercise* 46, no. 7 (2014).

16 G. P. Ducrocq et al., "Increased Fatigue Response to Augmented Deceptive Feedback During Cycling Time Trial," *Medicine & Science in Sports & Exercise* 49, no. 8 (2017).

17 "You Were Springing Like a Gazelle," www.reidcoolsaet.com, January 27, 2012.

18 D. S. Gardner, "Historical Progression of Racing Performance in Thoroughbreds and Man," *Equine Veterinary Journal* 38, no. 6 (2006).

19 Edmund Gettier, "Is Justified True Belief Knowledge?," *Analysis* 23, no. 6 (1963).

20 喬伊納在二〇一六年二月三日寫給我的電子郵件裡，給我了這段訓練短語，後來我就時常引用。

21 "A Case for Running by Feel—Ditching Your GPS Because of Ecological Psychology," scienceofrunning.com, February 8, 2016.

22 A. McCormick et al., "The Effects of Self-Talk on Performance in an Ultramarathon," presented at the Endurance Research Conference, University of Kent, September 2015.

13 A. Antal et al., "Low Intensity Transcranial Electric Stimulation: Safety, Ethical, Legal Regulatory and Application guidelines," *Clinical Neurophysiology*, June 19, 2017.

14 L. Angius et al., "Transcranial Direct Current Stimulation Improves Isometric Time to Exhaustion of the Knee Extensors," *Neuroscience* 339 (2016): 363–75; L. Angius et al., "Transcranial direct current stimulation improves cycling performance in healthy individuals," *Proceedings of The Physiological Society* 35, no. C03.

第十三章

1 我在二〇一二年《海象》七八月號裡，撰寫了有關庫爾賽特的馬拉松賽，篇名為〈與時間賽跑的比賽〉（The Race Against Time）。

2 Alex Hutchinson, "Any Race, Every Weekend," Ottawa Citizen, May 28, 2006.

3 "Trampled Under Foot," www.reidcoolsaet.com, February 9, 2013.

4 J. Leeder, "Cold Water Immersion and Recovery from Strenuous Exercise: A Meta-Analysis," *British Journal of Sports Medicine* 46, no. 4 (2012).

5 J. R. Broatch et al., "Postexercise Cold Water Immersion Benefits Are Not Greater than the Placebo Effect," *Medicine & Science in Sports & Exercise* 46, no. 11 (2014).

6 J. D. Levine et al., "The Mechanism of Placebo Analgesia," *Lancet* 2, no. 8091 (1978).

7 Sumathi Reddy, "Why Placebos Really Work: The Latest Science," *Wall Street Journal*, July 18, 2016.

8 Kathryn Hall et al., "Catechol-O-Methyltrans-ferase val158met Polymorphism Predicts Placebo Effect in Irritable Bowel Syndrome," *PLoS One* 7, no. 10(2012).

9 C. J. Beedie et al., "Placebo Effects of Caffeine on Cycling Performance," *Medicine & Science in Sports & Exercise* 38, no. 12 (2006).

10 L. Damisch et al., "Keep Your Fingers Crossed! How Superstition Improves

2 C. I. Sarmiento et al., "Brief History of Transcranial Direct Current Stimulation (tDCS): From Electric Fishes to Microcontrollers," *Psychological Medicine* 46, no. 3259 (2016).

3 André Parent, "Giovanni Aldini: From Animal Electricity to Human Brain Stimulation," *Canadian Journal of Neurological Sciences* 31 (2004): 576–84.

4 D. Kaski et al., "Applying Anodal tDCS During Tango Dancing in a Patient with Parkinson's Disease," *Neuroscience Letters* 568 (2014): 39–43.

5 Vincent Clark et al., "TDCS Guided Using fMRI Significantly Accelerates Learning to Identify Concealed Objects," *NeuroImage* 59, no. 1 (2012). 232 "*a sea of bullshit . . .*": Emily Underwood, "Cadaver Study Casts Doubts on How Zapping Brain May Boost Mood, Relieve Pain," *Science*, April 20, 2016.

6 L. Hilty et al., "Limitation of Physical Performance in a Muscle Fatiguing Handgrip Exercise Is Mediated by Thalamo-Insular Activity," *Human Brain Mapping* 32, no. 12 (2011).

7 "Fatigue-Induced Increase in Intracortical Communication Between Mid/Anterior Insular and Motor Cortex During Cycling Exercise," *European Journal of Neuroscience* 34, no. 12 (2011).

8 F. Cogiamanian et al., "Improved Isometric Force Endurance After Transcranial Direct Current Stimulation over the Human Motor Cortical Areas," *European Journal of Neuroscience* 26, no. 1 (2007).

9 Alexandre Okano et al., "Brain Stimulation Modulates the Autonomic Nervous System, Rating of Perceived Exertion and Performance During Maximal Exercise," *British Journal of Sports Medicine* 49, no. 18 (2015).

10 C. V. Robertson and F. E. Marino, "A Role for the Prefrontal Cortex in Exercise Tolerance and Termination," *Journal of Applied Physiology* 120, no. 4 (2016).

11 是孔武有力的前鋒：Alex Hutchinson, "For the Golden State Warriors, Brain Zapping Could Provide an Edge," *New Yorker*, June 15, 2016.

12 Luca Angius et al., "The Ergogenic Effects of Transcranial Direct Current Stimulation on Exercise Performance," *Frontiers in Physiology*, February 14, 2017.

(2012).

8 F. G. Beltrami et al., "Conventional Testing Methods Produce Submaximal Values of Maximum Oxygen Consumption," *British Journal of Sports Medicine* 46, no. 1 (2012).

9 C. R. Wagstaff, "Emotion Regulation and Sport Performance," *Journal of Sport and Exercise Psychology* 36, no. 4 (2014). 221 *Staiano and Marcora presented recently declassified results*: Walter Staiano et al., "A Randomized Controlled Trial of Brain Endurance Training (BET) to Reduce Fatigue During Endurance Exercise," *Medicine & Science in Sports & Exercise* 47, no. 5S (2015).

10 Daniel Simons et al., "Do 'Brain-Training' Programs Work?," *Psychological Science in the Public Interest* 17, no. 3 (2016).

11 I first wrote about Isakovi , and Paulus's research, in "Cracking the Athlete's Brain," *Outside*, February 2014.

12 L. Haase et al., "Mindfulness-Based Training Attenuates Insula Response to an Aversive Interoceptive Challenge," *Social Cognitive and Affective Neuroscience* 11, no. 1 (2016).

13 M. P. Paulus et al., "Subjecting Elite Athletes to Inspiratory Breathing Load Reveals Behavioral and Neural Signatures of Optimal Performers in Extreme Environments," *PLoS One* 7, no. 1 (2012).

14 L. Haase, "A Pilot Study Investigating Changes in Neural Processing After Mindfulness Training in Elite Athletes," *Frontiers in Behavioral Neuroscience* 9, no. 229 (2015); see also Alex Hutchinson, "Can Mindfulness Training Make You a Better Athlete?," *Outside*, September 15, 2015.

15 quoted in Christina Johnson, "Mindfulness Training Program May Help Olympic Athletes Reach Peak Performance," UC San Diego News Center, June 5, 2014.

第十二章

1 二〇一四年八月二日，我在《戶外探索》撰寫有關紅牛的耐力計畫，篇名為〈大腦亢奮時的身體狀態〉（Your Body on Brain Doping）。

6 "Kenyan Star Prepares 'Crazy' Sub-2 Marathon Bid," Agence France-Presse, April 3, 2017.

第十一章

1 Alan St. Clair Gibson et al., "The Conscious Perception of the Sensation of Fatigue," *Sports Medicine* 33, no. 3 (2003).

2 R. Tucker, "The Anticipatory Regulation of Performance: The Physiological Basis for Pacing Strategies and the Development of a Perception-Based Model for Exercise Performance," *British Journal of Sports Medicine* 43, no. 6 (2009).

3 這是個非常有趣的生理問題，但對於本書討論到的研究內容並無實質影響。疲勞肌肉運動的挑戰性很高，因為肌肉會發送求救訊號給大腦，也可能是因為大腦必須傳送更強的訊號，才能得到肌肉一樣程度的表現回應，而多數情況下的最終結果是一樣的，而且我猜兩個可能原因應該都有參雜一些成分。另可參見 M. Amann and N.H. Secher, "Point: Afferent feedback from fatigued locomotor muscles is an important determinant of endurance exercise performance," *Journal of Applied Physiology* 108, no. 2 (2009); Helma de Morree and Samuele Marcora, "Psychobiology of Perceived Ef- fort During Physical Tasks," in *Handbook of Biobehavioral Approaches to Self-Regulation* (New York: Springer, 2015).

4 Emo Phillips, "The Best God Joke Ever—and It's Mine!," *Guardian*, September 29, 2005.

5 譯者注 有個人在橋上想輕生，我上前阻止。對方說：「都沒有人愛我！」，我回說：「上帝愛你呀！你相信神嗎？」他回我說：「我相信。」後來我花了好一段時間終於搞清楚了，原來他跟我一樣是屬於「北方保守浸信會大湖區分會」。可是，我最後發現他隸屬一九一二年的支派，但我是一八七九年的，所以我認定他是異教徒，就把他推下橋去了。

6 有關我去訪問大腦耐力訓練的報導，首次刊登於二〇一三年《跑者世界》十月號，篇名為〈如何鍛鍊心理的肌肉〉（How to Build Mental Muscle）。

7 A. R. Mauger and N. Sculthorpe, "A New VOmax Protocol Allowing Self-Pacing in Maximal Incremental Exercise," *British Journal of Sports Medicine* 46, no. 1

31 J. S. Volek et al., "Metabolic Charac- teristics of Keto-Adapted Ultra-Endurance Runners," *Metabolism* 65, no. 3 (2016).

32 Alex Hutchinson, "The High-Fat Diet for Runners," *Outside*, November 2014.

33 "Whitfield: What Do You Eat?," SimonWhitfield.com, August 1, 2008, https://simonwhitfield.blogspot.ca/2008/08/glo.html.

34 Louise Burke, Ben Desbrow, and Lawrence Spriet, *Caffeine and Sports Performance* (Champaign, IL: Human Kinetics, 2013).

35 Burke, "Low Carbohydrate."

36 L. A. Marquet et al., "Enhanced Endurance Performance by Periodization of Carbohydrate Intake: 'Sleep Low' Strategy," *Medicine & Science in Sports & Exercise* 48, no. 4 (2016); L. A. Marquet et al., "Periodization of Carbohydrate Intake: Short-Term Effect on Performance," *Nutrients* 8, no. 12 (2016).

37 Marissa Stephenson, "How Adrian Ballinger Summited Everest Without Oxygen," *Men's Journal*, May 27, 2017; Kyle McCall, "Everest No Filter: The Second Ascent," *Strava Stories*, June 7, 2017.

38 "Have At It," Mark Twight, press release issued after climbing Slovak Direct in 2000, https://www.marktwight.com/blogs/discourse/84295748-have-at-it.

兩小時

1 Alex Hutchinson, "Did the Tesla Pace Car Aid Eliud Kipchoge's 2:00:25 Marathon?," *Runner's World*, May 24, 2017.

2 Roger Bannister, *The Four-Minute Mile* (New York: Dodd, Mead, 1955).

3 Reinhold Messner, *Everest: Expedition to the Ultimate* (New York: Oxford University Press, 1979).

4 Jeré Longman, "Do Nike's New Shoes Give Runners an Unfair Advantage?," *New York Times*, March 8, 2017.

5 Peter Njenga, "Marathon King on a Mission to Break 'Impossible' Record," *Daily Nation*, February 12, 2017.

20 S. D. Phinney et al., "The Human Meta- bolic Response to Chronic Ketosis Without Caloric Restriction: Preservation of Submaximal Exercise Capability with Reduced Carbohydrate Oxidation," *Metabolism* 32, no. 8 (1983).

21 Rapoport, "Metabolic Factors."

22 Jeff Volek et al., "Rethinking Fat as a Fuel for Endurance Exercise," *European Journal of Sport Science* 15, no. 1 (2014).

23 L. Havemann et al., "Fat Adaptation Followed by Carbohydrate Loading Compromises High-Intensity Sprint Performance," *Journal of Applied Physiology* 100, no. 1 (2006); L. M. Burke and B. Kiens, "'Fat Adaptation' for Athletic Performance: The Nail in the Coffin?," *Journal of Applied Physiology* 100, no. 1 (2006); T. Stellingwerff et al., "Decreased PDH Activation and Glycogenolysis During Exercise Following Fat Adaptation with Carbohydrate Restoration," *American Journal of Physiology–Endocrinology and Metabolism* 290, no. 2 (2006).

24 R. L. Jentjens et al., "Oxidation of Combined Ingestion of Glucose and Fructose During Exercise," *Journal of Applied Physiology* 696, no. 4 (2004).

25 "Muscle glycogen stores and fatigue," N. Ørtenblad et al., *Journal of Physiology*, 2013, 591(18).

26 Ian Rollo et al., "The Influence of Carbohydrate Mouth Rinse on Self-Selected Speeds During a 30-min Treadmill Run," *International Journal of Sport Nutrition and Exercise Metabolism* 18 (2008): 585–600.

27 J. M. Carter et al., "The Effect of Carbohydrate Mouth Rinse on 1-h Cycle Time Trial Performance," *Medicine & Science in Sports & Exercise* 36, no. 12 (2004).

28 E. S. Chambers et al., "Carbohydrate Sensing in the Human Mouth: Effects on Exercise Performance and Brain Activity," *Journal of Physiology* 587, no. 8 (2009).

29 T. Ataide-Silva et al., "CHO Mouth Rinse Ameliorates Neuromuscular Response with Lower Endogenous CHO Stores," *Medicine & Science in Sports & Exercise* 48, no. 9 (2016).

30 Dorsey Kindler, "Paleo's Latest Converts," June 18, 2013.

8 Andrew Coggan, "Metabolic Systems: Substrate Utilization," in *History of Exercise Physiology*, ed. Tipton.

9 M. J. O'Brien et al., "Carbohydrate Dependence During Marathon Running," *Medicine & Science in Sports & Exercise* 25, no. 9 (1993). 181 *Bergström pioneered*: Jonas Bergström and Eric Hultman, "Muscle Glycogen after Exercise: an Enhancing Factor localized to the Muscle Cells in Man," *Nature* 210, no. 5033 (1966); see also John Hawley et al., "Exercise Metabolism: Historical Perspective," *Cell Metabolism* 22, no. 1 (2015).

10 Benjamin Rapoport, "Metabolic Factors Limiting Performance in Marathon Runners," *PLoS Computational Biology* 6, no. 10 (2010).

11 "Food and Macronutrient Intake of Elite Kenyan Distance Runners," *International Journal of Sport Nutrition and Exercise Metabolism* 14, no. 6 (2005).

12 Lukas Beis et al., "Food and Macronutrient Intake of Elite Ethiopian Distance Runners," *Journal of the International Society of Sports Nutrition* 8, no. 7 (2011).

13 William Gilder, *Schwatka's Search: Sledging in the Arctic in Quest of the Franklin Records*, 1881; Ronald Savitt, "Frederick Schwatka and the Search for the Franklin Expedition Records, 1878–1880," *Polar Record* 44, no. 230 (2008).

14 Bill Bryson, *In a Sunburned Country* (New York: Random House, 2001).

15 Gilder, *Schwatka's Search*.

16 F. Schwatka, *The Long Arctic Search*, ed. E. Stackpole, reprinted 1965, quoted in Stephen Phinney, "Ketogenic Diets and Physical Performance," *Nutrition & Metabolism* 1, no. 2 (2004).

17 Vilhjalmur Stefansson, "Adventures in Diet (Part II)," *Harper's Magazine*, December 1935.

18 Walter S. McClellan and Eugene F. Du Bois, "Prolonged Meat Diets with a Study of Kidney Function and Ketosis," *Journal of Biological Chemistry* 87 (1930): 651–68.

19 R. M. Kark, "Defects of Pemmican as an Emergency Ration for Infantry Troops," June 1945, quotation from a summary in *Nutrition Reviews*, October 1945.

34 G. Arnaoutis et al., "Water ingestion improves performance compared with mouth rinse in dehydrated subjects," *Medicine & Science in Sports & Exercise* 44, no. 1 (2012).

35 Alex Hutchinson, "How Much Water Should You Drink? Research Is Changing What We Know About Our Fluid Needs," *Globe and Mail*, May 31, 2015.

36 Alex Hutchinson, "Haile Gebrselassie's World Record Marathon Fueling Plan," *Runner's World*, November 8, 2013.

37 Gregor Brown, "'Dehydration Could Make You Climb Faster' Says Top Team Medical Consultant," *Cycling Weekly*, December 5, 2016.

第十章

1 Alex Hutchinson, "The Latest on Low-Carb, High-Fat Diets," *Outside*, March 9, 2016; Alex Hutchinson, "Canadian Race Walker Evan Dunfee Taking Part in Study on High-Fat Diets," *Globe and Mail*, January 26, 2017.

2 Joe Friel, *Fast After 50* (Boulder, CO: VeloPress, 2015).

3 Louise Burke et al., "Low Carbohydrate, High Fat Diet Impairs Exercise Economy and Negates the Performance Benefit from Intensified Training in Elite Race Walkers," *Journal of Physiology* 595, no. 9 (2017).

4 Jessica Hamzelou, "Maxed Out: How Long Could You Survive Without Food or Drink?," *New Scientist*, April 14, 2010.

5 W. K. Stewart and Laura W. Fleming, "Features of a Successful Therapeutic Fast of 382 Days' Duration," *Postgraduate Medical Journal* 49 (1973): 203–9. 180 *skipping breakfast*: D. J. Clayton et al., "Effect of Breakfast Omission on Energy Intake and Evening Exercise Performance," *Medicine & Science in Sports & Exercise* 47, no. 12 (2015).

6 Tucker, *The Great Starvation Experiment*.

7 Hiroyuki Kato et al., "Protein Requirements Are Elevated in Endurance Athletes After Exercise as Determined by the Indicator Amino Acid Oxidation Method," *PLoS One* 11, no. 6 (2016).

Exercise-Associated Postural Hypotension: A Randomised Clinical Trial," *British Journal of Sports Medicine* 45 (2010): 1113–18.

24 M. N. Sawka and T. D. Noakes, "Does Hydration Impair Exercise Performance?," *Medicine & Science in Sports & Exercise* 39, no. 8 (2007).

25 Cheuvront, "Physiologic Basis."

26 Heinrich Nolte et al., "Trained Humans Can Exercise Safely in Extreme Dry Heat When Drinking Water Ad Libitum," *Journal of Sports Sciences* 29, no. 12 (2011).

27 Cited in Nolte, "Trained Humans."

28 R. J. Maughan et al., "Errors in the Estimation of Hydration Status from Changes in Body Mass,"*Journal of Sports Sciences* 25, no. 7 (2007); N. Tam et al.,"Changes in Total Body Water Content During Running Races of 21.1 km and 56 km in Athletes Drinking Ad Libitum," *Clinical Journal of Sports Medicine* 21, no. 3 (2011).

29 Martin Hoffman et al., "Don't Lose More than 2% of Body Mass During Ultra-Endurance Running. Really?" *International Journal of Sports Physiology and Performance* 12, no. S1 (2017).

30 J. P. Dugas et al., "Rates of Fluid Ingestion Alter Pacing but Not Thermoregulatory Responses During Prolonged Exercise in Hot and Humid Conditions with Appropriate Convective Cooling," *European Journal of Applied Physiology* 105, no. 1 (2009).

31 E. D. Goulet, "Effect of Exercise-Induced Dehydration on Endurance Performance: Evaluating the Impact of Exercise Protocols on Outcomes Using a Meta-Analytic Procedure," *British Journal of Sports Medicine* 47, no. 11 (2013).

32 S. S. Cheung et al., "Separate and Combined Effects of Dehydration and Thirst Sensation on Exercise Performance in the Heat," *Scandinavian Journal of Medicine & Science in Sports* 25 (2015): 104–11.

33 M. Kathleen Figaro and Gary W. Mack, "Regulation of Fluid Intake in Dehydrated Humans: Role of Oropharyngeal Stimulation," *American Journal of Physiology* 272, no. 41 (1997).

ed. E. F. Adolph (New York: Hafner, 1948).

12 C. H. Wyndham and N. B. Strydom, "The Danger of an Inadequate Water Intake During Marathon Running," *South African Medical Journal* 43, no. 29 (1969); D. L. Costill et al., "Fluid Ingestion During Distance Running," *Archives of Environmental Health* 21, no. 4 (1970).

13 E. N. Craig and E. G. Cummings, "Dehydration and Muscular Work," *Journal of Applied Physiology* 21, no. 2 (1966).

14 David Epstein, "Off Track: Former Team Members Accuse Famed Coach Alberto Salazar of Breaking Drug Rules," ProPublica, June 3, 2015.

15 Alberto Salazar and John Brant, *14 Minutes: A Running Legend's Life and Death and Life* (Emmaus, PA: Rodale, 2013).

16 *Alberto Salazar, Dick Beardsley, and America's Greatest Marathon* (Emmaus, PA: Rodale, 2006). 奈爾・阿默德爾（Neil Amdur）在一九八二年四月二十日《紐約時報》文章〈薩拉扎爾跑出波士頓馬拉松最好的成績〉的頭一句，首次用此描述方法形容該場賽事。

17 L. E. Armstrong et al., "Preparing Alberto Salazar for the Heat of the 1984 Olympic Marathon," *Physician and Sports-medicine* 14, no. 3 (1986).

18 Thomas Boswell, "Salazar Sets Record in Boston Marathon," *Washington Post*, April 20, 1982.

19 As quoted in Heyward Nash, "Treating Thermal Injury: Disagreement Heats Up," *Physician and Sportsmedicine* 13, no. 7 (1985).

20 *The Colin McEnroe Show*, WNPR, May 26, 2016. Audio available at http://wnpr.org/post/how-much-water-do-you-need.

21 Lukas Beis et al., "Drinking Behaviors of Elite Male Runners During Marathon Competition," *Clinical Journal of Sports Medicine* 22, no. 3 (2012).

22 Hassane Zouhal et al., "Inverse Relationship Between Percentage Body Weight Change and Finishing Time in 643 Forty-Two-Kilometre Marathon Runners," *British Journal of Sports Medicine* 45, no. 14 (2011).

23 Cameron Anley, "A Comparison of Two Treatment Protocols in the Management of

第九章

1 W. J. McGee, "Desert Thirst in Disease," *Interstate Medical Journal* 13 (1906): 1–23, reprinted in *Journal of the Southwest* 30, no. 2 (1988), along with commentary, Bill Broyles, "W J McGee's 'Desert Thirst as Disease.'" The case is discussed in Tim Noakes, *Waterlogged: The Serious Problem of Overhydration in Endurance Sports* (Champaign, IL: Human Kinetics, 2012).

2 Robert Kenefick et al., "Dehydration and Rehydration," in *Wilderness Medicine*, ed. Paul Auerbach (Philadelphia: Mosby Elsevier, 2011); Samuel Cheuvront et al., "Physiologic Basis for Understanding Quantitative Dehydration Assessment," *American Journal of Clinical Nutrition* 97, no. 3 (2013).

3 "Beamte vergaßen Häftling in der Zelle: Verurteilt," *Hamburger Abendblatt*, November 6, 1979; Guinness World Records, 2003.

4 Quoted in Tim Noakes, "Hyperthermia, Hypothermia and Problems of Hydration," in *Endurance in Sport*, ed. R. J. Shephard and P.-O. Astrand (Oxford: Blackwell, 2000).

5 Amby Burfoot, "Running Scared," *Runner's World*, May 2008.

6 Transcript, Dr. James Robert Cade, Oral History Interview with Samuel Procter, April 22, 1996, Samuel Proctor Oral His- tory Program Collection, University of Florida; Richard Burnett, "Gatorade Inventor: My Success Based on Luck and Sweat," *Orlando Sentinel*, April 16, 1994.

7 Darren Rovell, *First in Thirst: How Gatorade Turned the Science of Sweat into a Cultural Phenomenon* (New York: American Management Associ- ation, 2005).

8 V.A. Convertino et al., "American College of Sports Medicine Position Stand. Exercise and Fluid Replacement," *Medicine & Science in Sports & Exercise* 28, no. 1 (1996).

9 Noakes, *Waterlogged*.

10 Gina Kolata, "New Advice to Runners: Don't Drink the Water," *New York Times*, May 6, 2003.

11 A. Rothstein et al., "Voluntary Dehydration," in *Physiology of Man in the Desert*,

Biometeorology 56, no. 1 (2012).

26 Stephen Cheung and Tom McLellan, "Heat Acclimation, Aerobic Fitness, and Hydration Effects on Tolerance During Uncompensable Heat Stress," *Journal of Applied Physiology* 84, no. 5 (1998); P. J. Wallace et al., "Effects of Motivational Self-Talk on Endurance and Cognitive Performance in the Heat," *Medicine & Science in Sports & Exercise* 49, no. 1 (2017).

27 Abderrezak Bouchama and James Knochel, "Heat Stroke," *New England Journal of Medicine* 346, no. 25 (2002).

28 "Heat Stroke: Role of the Systemic Inflammatory Response," *Journal of Applied Physiology* 109, no. 6 (2010).

29 William Fotheringham, *Put Me Back on My Bike* (London: Yellow Jersey Press, 2002).

30 J. L Manning, *Daily Mail*, July 31, 1967, as quoted by the Australian Associated Press in the *Age*, August 2, 1967.

31 Lindy Castell, "Obituary for Professor Eric Arthur Newsholme, MA, Dsc, (PhD, ScD Camb)," BJSM Blog, April 7, 2011; Bart Roelands and Romain Meeusen, "Alterations in Central Fatigue by Pharmacological Manipulations of Neurotransmitters in Normal and High Ambient Temperature," *Sports Medicine* 40, no. 3 (2010).

32 Romain Meeusen at the Nestlé Nutrition Institute Sport Nutrition Conference, Canberra, Australia, 2010.

33 Andrew Wolfson, "PRP Player Who Died Wasn't Dehydrated, Experts Say," *Louisville Courier-Journal*, March 8, 2009.

34 Grundstein, "A Retrospective Analysis"; Samuel Zuvekas and Benedetto Vitiello, "Stimulant Medication Use among U.S. Children: A Twelve-Year Perspective," *American Journal of Psychiatry* 169, no. 2 (2012).

35 譯者注 指在眾所皆知的明確情況下，就算沒有證據，法院還是會承認。

36 As quoted in Lake.

14 For a historical review, see Charles Tipton, *History of Exercise Physiology* (Champaign, IL: Human Kinetics, 2014).

15 Aldo Dreosti, "The Results of Some Investigations into the Medical Aspect of Deep Mining on the Witwatersrand," *Journal of the Chemical, Metallurgical and Mining Society of South Africa*, November 1935.

16 Sid Robinson et al., "Rapid Acclimatization to Work in Hot Climates," *American Journal of Physiology* 140 (1943): 168–76.

17 J. González-Alonso et al., "Influence of Body Temperature on the Development of Fatigue During Prolonged Exercise in the Heat," *Journal of Applied Physiology* 86, no. 3 (1999).

18 Alex Hutchinson, "Faster, Higher, Sneakier," *Walrus*, January 12, 2010.

19 Rodney Siegel et al., "Ice Slurry Ingestion Increases Core Temperature Capacity and Running Time in the Heat," *Medicine & Science in Sports & Exercise* 42, no. 4 (2010).

20 N. B. Morris et al., "Evidence That Transient Changes in Sudomotor Output with Cold and Warm Fluid Ingestion Are Independently Modulated by Abdominal, but Not Oral Thermoreceptors," *Journal of Applied Physiology* 116, no. 8 (2014).

21 P. C. Castle et al., "Deception of Ambient and Body Core Temperature Improves Self Paced Cycling in Hot, Humid Conditions," *European Journal of Applied Physiology* 112, no. 1 (2012).

22 R. Tucker et al., "Impaired Exercise Performance in the Heat Is Associated with an Anticipatory Reduction in Skeletal Muscle Recruitment," *Pflügers Archiv* 448, no. 4 (2004).

23 A. Marc et al., "Marathon Progress: Demography, Morphology and Environment," *Journal of Sports Sciences* 32, no. 6 (2014).

24 "Advantages of Smaller Body Mass During Distance Running in Warm, Humid Environments," *Pflügers Archiv* 441, nos. 2–3 (2000).

25 A. J. Grundstein et al., "A Retrospective Analysis of American Football Hyperthermia Deaths in the United States," *International Journal of*

Factors Unknown: The Tragedy That Put a Coach and Football on Trial (Morley, MO: Acclaim Press, 2011); Thomas Lake, "The Boy Who Died of Football," *Sports Illustrated*, December 6, 2010; 以及《路易威爾新聞報》(*Louisville Courier-Journal*)整理的法院文件(http://datacenter.courier-journal.com/ documents/ stinson/),涵蓋了意外發生與後續發展的報導。

2 As quoted in Lake.

3 As quoted in Lake.

4 As quoted in Daugherty.

5 "2009–10 High School Athletics Participation Survey," National Federation of State High School Associations.

6 Joe Schwarcz, *Monkeys, Myths, and Molecules* (Toronto: ECW Press, 2015).

7 Francis Benedict and Edward Cathcart, *Muscular Work: A Metabolic Study with Special Reference to the Efficiency of the Human Body as a Machine* (Washington, DC, 1913).

8 譯者注 熱力學名詞,指系統之輸出功扣掉抵抗大氣作功的淨值。

9 "Deaths from Exposure on Four Inns Walking Competition, March 14–15, 1964," *Lancet* 283, no. 7344 (1964).

10 Andrew Young and John Castellani, "Exertional Fatigue and Cold Exposure: Mechanisms of Hiker's Hypothermia," *Applied Physiology, Nutrition, and Metabolism* 32 (2007): 793–98.

11 "Skin Blood Flow in Adult Human Thermoregulation: How It Works, When It Does Not, and Why," *Mayo Clinic Proceedings* 78 (2003): 603–12.

12 For a comprehensive review, see Matthew Cramer and Ollie Jay, "Biophysical Aspects of Human Thermoregulation During Heat Stress," *Autonomic Neuroscience: Basic and Clinical* 196 (2016): 3–13.

13 J. D. Périard et al., "Adaptations and Mechanisms of Human Heat Acclimation: Applications for Competitive Athletes and Sports," *Scandinavian Journal of Medicine and Science in Sports* 25, no. S1 (2015).

35 "If All Goes to Plan, Big Future Predicted for Junior World Champion Oskar Svendsen," Velonation.com, September 25, 2012; Jarle Fred- agsvik, "Oskar Svendsen tar pause fra syklingen," Procycling.no, September 18, 2014.

36 C. J. Gore et al., "Reduced Performance of Male and Female Athletes at 580 m Altitude," *European Journal of Applied Physiology and Occupational Physiology* 75, no. 2 (1997).

37 Jeré Longman, "Man vs. Marathon: One Scientist's Quixotic Quest to Propel a Runner Past the Two-Hour Barrier," *New York Times*, May 11, 2016.

38 F. Billaut et al., "Cerebral Oxygenation Decreases but Does Not Impair Performance During Self-Paced, Strenuous Exercise," *Acta Physiologica* 198, no. 4 (2010); J. Santos-Concejero et al., "Maintained Cerebral Oxygenation During Maximal Self-Paced Exercise in Elite Kenyan Runners," *Journal of Applied Physiology* 118, no. 2 (2015).

39 G. Y. Millet et al., "Severe Hypoxia Affects Exercise Performance Independently of Afferent Feedback and Peripheral Fatigue," *Journal of Applied Physiology* 112, no. 8 (2012).

40 D. B. Dill, *Life, Heat, and Altitude* (Cambridge, MA: Harvard University Press, 1938); West, *High Life*; Sarah W. Tracy, "The Physiology of Extremes: Ancel Keys and the International High Altitude Expedition of 1935," *Bulletin of the History of Medicine* 86 (2012): 627–60.

41 "Evidence That Reduced Skeletal Muscle Recruitment Explains the Lactate Paradox During Exercise at High Altitude," *Journal of Applied Physiology* 106 (2009): 737–38.

42 M. J. MacInnis and M. S. Koehle, "Evidence for and Against Genetic Predispositions to Acute and Chronic Altitude Illnesses," *High Altitude Medicine & Biology* 17, no. 4 (2016).

第八章

1 麥斯・吉爾平意外死亡，還有教練傑森・史蒂森後續的案件審理，媒體大肆報導，內容有時候還相互衝突。我的主要消息來源為：Rodney Daugherty,

伯克（Mick Burke）的紀錄，因為伯克的最後身影出現在一九七五年距離峰頂數百公尺處。

23 Quoted in West, *High Life*.

24 "Reinhold Don't Care What You Think," *Outside*, October 2002.

25 Raymond A. Sokolov, "The Lonely Victory," *New York Times*, October 7, 1979.

26 As cited by Alan Arnette, "Everest by the Numbers: 2017 Edition," AlanArnette.com, December 30, 2016.

27 "Human Limits for Hypoxia: The Physiological Challenge of Climbing Mt. Everest," *Annals of the New York Academy of Sciences* 889 (2000): 15–27.

28 For example, Christoph Siebenmann et al., "'Live High-Train Low' Using Normobaric Hypoxia: A Double-Blinded, Placebo-Controlled Study," *Journal of Applied Physiology* 112, no. 1 (2012).

29 C. J. Gore et al., "Increased Arterial Desaturation in Trained Cyclists During Maximal Exercise at 580 m Altitude," *Journal of Applied Physiology* 80, no. 6 (1996).

30 K. Constantini et al., "Prevalence of Exercise-Induced Arterial Hypoxemia in Distance Runners at Sea Level," *Medicine & Science in Sports & Exercise* 49, no. 5 (2017).

31 Ben Londeree, "The Use of Laboratory Test Results with Long Distance Runners," *Sports Medicine* 3 (1986): 201–13.

32 Niels Vollaard et al., "Systematic Analysis of Adaptations in Aerobic Capacity and Sub-maximal Energy Metabolism Provides a Unique Insight into Determinants of Human Aerobic Performance," *Journal of Applied Physiology* 106, no. 5 (2009).

33 "Aerobic Capacity and Fractional Utilisation of Aerobic Capacity in Elite and Non-elite Male and Female Marathon Runners," *European Journal of Applied Physiology and Occupational Physiology* 52, no. 1 (1983).

34 Thomas Haugen et al., *International Journal of Sports Physiology and Performance*, September 5, 2017.

Mollaret, "Onze minutes en apnée pour Mifsud, l'homme poisson," *Le Figaro*, June 9, 2009.

11 *A Dictionary of Hallucinations*, Jan Dirk Blom (New York: Springer, 2010).

12 P. F. Scholander, "The Master Switch of Life," *Scientific American* 209 (1963): 92–106.

13 有項研究觀察威德爾海豹潛水八十七次，其中有八十六次約短於四十五分鐘，但有一次居然長達八十二分鐘。Michael Castellini et al., "Metabolic Rates of Freely Diving Weddell Seals: Correlations with Oxygen Stores, Swim Velocity and Diving Duration," *Journal of Experimental Biology* 165 (1992): 181–94.

14 C. Robert Olsen, "Some Effects of Breath Holding and Apneic Underwater Diving on Cardiac Rhythm in Man," *Journal of Applied Physiology* 17, no. 3 (1962).

15 陸地訓練期間，楚布里吉的脈搏跳動曾低到二十七下，但潛水的時候卻未曾真的量到類似的低數值（個人的通訊紀錄）。

16 W. Michael Panneton, "The Mammalian Diving Response: An Enigmatic Reflex to Preserve Life?," *Physiology* 28, no. 5 (2013).

17 Sarah Milton, "Go Ahead, Vent Your Spleen!," *Journal of Experimental Biology* 207 (2004): 390.

18 Darija Bakovi et al., "Spleen Volume and Blood Flow Response to Repeated Breath-Hold Apneas," *Journal of Applied Physiology* 95, no. 4 (2003).

19 For historical overview of altitude illness, see John West, *High Life: A History of High-Altitude Physiology and Medicine* (New York: Oxford University Press, 1998).

20 一九七九年，霍爾德・梅斯納的書《珠穆朗瑪峰：遠征無限》（*Everest: Expedition to the Ultimate*），除了描述自己和哈伯勒的攻頂經驗外，也有諾頓的相關描述。

21 "Climbing Mount Everest Is Work for Supermen," *New York Times*, March 18, 1923.

22 珠穆朗瑪峰的實際紀錄要看你採信誰的數據，本數字包含一九六〇年中國遠征隊的三名登山客（其攻頂一說在當時引發許多質疑），但未包含米可・

第七章

1 紐西蘭電視臺（TVNZ）轉播的潛水紀錄影片，可見：https://www.tvnz.co.nz/one-news/sport/other/full-dive- watch-kiwi-william-trubridge-set-new-free-diving-world-record. 另可參見 "Trubridge Breaks World Free Diving Record," *Radio New Zealand*, July 22, 2016.

2 Liam Hyslop, "Kiwi Freediver William Trubridge Fails Record Attempt," Stuff.co.nz, December 3, 2014.

3 Michele Hewitson, "Michele Hewitson Interview: Wil- liam Trubridge," *New Zealand Herald*, October 25, 2014; Nicolas Rossier, "One Breath: The Story of William Trubridge," *Huffington Post*, September 6, 2012.

4 引用自尼古拉斯・羅歇（Nicolas Rossier）於二〇一二年拍攝的影片，片名是《憋一口氣—威廉・楚布里吉的故事》（*One Breath–The Story of William Trubridge*）。

5 詹姆士・奈斯特（James Nestor）二〇一四年出版的書《深海：自由潛水與反傳統科學，還有大海幫助我們更瞭解人類》（*Deep: Freediving, Renegade Science, and What the Ocean Tells Us About Ourselves*），詳盡講述自由潛水的歷史文化與生理學知識。

6 布赫打賭潛水一事的細節皆來自奈斯特的《深海》一書。

7 譯者注　指在左輪手槍六個彈巢的其中一個裝入子彈，旋轉彈巢後，玩家在不知子彈在哪個彈巢的情況下，輪流對自己的腦袋開槍，是風險極高的致命遊戲。

8 Stephan Whelan, "Herbert Nitsch Talks About His Fateful Dive and Recovery," DeeperBlue.com, June 6, 2013.

9 Christophe Leray, "New World Record Static Apnea (STA)," Freedive-Earth, http://www.freedive-earth.com/blog/new-world-record- static-apnea-sta.

10 Stephan Whelan, "Incredible New Guinness World Record—24 Minute O2 Assisted Breath-Hold," DeeperBlue.com, March 3, 2016. 123 "*Mifsud trains like an endurance athlete*": Laura Maurice, "Stéphane Mifsud recordman du monde d'apnée: 'Là où la vie s'arrête," *Le Républicain Lorrain*, April 2, 2015; Guillaume

(1954); Alan J. McComas, "The Neuromuscular System," in *Exercise Physiology: People and Ideas*, ed. Charles Tipton (Oxford and New York: Oxford University Press, 2003); John Rothwell and Ian Glynn, "Patrick Anthony Merton. 8 October 1920–13 June 2: Elected FRS 1979," *Biographical Memoirs of Fellows of the Royal Society* 52 (2006): 189–201.

12 庫洛在自己的部落格（stephanecouleaud.blogspot.com）裡，講述了參加超級越野賽巨人之旅的不幸遭遇，標題為「超級越野賽巨人之旅——版本二——九月十一至十四日」，日期為二〇一一年，十月四日。二〇一五年九月，格雷瓜爾・米勒在肯特大學舉辦的耐力研究研討會裡發表，題目為「疲勞與超級耐力表現」，簡報裡除了分享自己參加超級越野賽巨人之旅的經驗，也有部分庫洛的資料，另有完整研究報告：Jonas Saugy et al., "Alterations of Neuromuscular Function after the World's Most Challenging Mountain Ultra-Marathon," PLoS One 8, no. 6 (2013).

13 Frøyd et al., "Central Regulation and Neuromuscular Fatigue During Exercise of Different Durations," *Medicine & Science in Sports & Exercise* 48, no. 6 (2016).

14 "Men's 800m: Anyone's Race and a Discussion of 800m Pacing Physiology," *Science of Sport*, August 22, 2008.

15 Simeon P. Cairns, "Lactic Acid and Exercise Performance," *Sports Medicine* 36, no. 4 (2006). 準確來說，全力運動三十到一百二十秒後，乳酸根離子的濃度會達到最高，並會維持數分鐘的時間，參見 Matthew Goodwin et al., "Blood Lactate Measurements and Analysis During Exercise: A Guide for Clinicians," *Journal of Diabetes Science and Technology* 1, no. 4 (2007). 但若以運動員的角度來說，只要是在賽後才出現的狀況，其實就沒差了。

16 Gina Kolata, "Lactic Acid Is Not Muscles' Foe, It's Fuel," *New York Times*, May 16, 2006.

17 K. A. Pollak et al., "Exogenously Applied Muscle Metabolites Synergistically Evoke Sensations of Muscle Fatigue and Pain in Human Subjects," *Experimental Physiology* 99, no. 2 (2014).

18 "Distance Runner Rhiannon Hull," *Sports Illustrated*, March 12, 2012.

第六章

1 Alexis Huicochea, "Man Lifts Car off Pinned Cyclist," *Arizona Daily Star,* July 28, 2006; further details in Jeff Wise, *Extreme Fear: The Science of Your Mind in Danger* (New York: Palgrave Macmillan, 2009).

2 For a historical review, see S. C. Gandevia, "Spinal and Supraspinal Factors in Human Muscle Fatigue," *Physiological Reviews* 81, no. 4 (2001).

3 Michio Ikai and Arthur Steinhaus, "Some Factors Modifying the Expression of Human Strength," *Journal of Applied Physiology* 16, no. 1 (1961).

4 Fabienne Hurst, "The German Granddaddy of Crystal Meth," *Der Spiegel*, May 30, 2013; Andreas Ulrich, "Hitler's Drugged Soldiers," *Der Spiegel*, May 6, 2005.

5 I. Halperin et al., "Pacing Strategies During Repeated Maximal Voluntary Contractions," *European Journal of Applied Physiology* 114, no. 7 (2014).

6 可見（一定看一下）一九八三年世界最強壯男人比賽的 YouTube 影片：https://www.youtube.com/watch?v= u8DECs72W4E.

7 有關像是拉力帶等配備的使用，各種紀錄都有不同的標準規定，不過馬吉硬舉起司塊規定全都不能採用。國際健力協會（International Powerlifting Federation）的既有紀錄是三百九十七・五公斤（八百七十六磅），另外在二〇一六年世界硬舉錦標賽（World Deadlift Championships），英國艾迪・霍爾（Eddie Hall）因頭部血管破裂倒地前，曾舉起五百公斤（一千一百零二磅）的重量。

8 一九六七年，第一輛大黃蜂跑車重達二千九百二十磅，到了二〇一〇年，光是淨重就飆到了三千七百三十七磅。Murilee Martin, "Model Bloat: How the Camaro Gained 827 Pounds Over 37 Model Years," *Jalopnik*, January 28, 2009.

9 V. M. Zatsiorsky, "Intensity of Strength Training Facts and Theory: Russian and Eastern European Approach," *National Strength and Conditioning Association Journal* 14, no. 5 (1992).

10 T. E. Hansen and J. Lindhard, "On the Maximum Work of Human Muscles Especially the Flexors of the Elbow," *Journal of Physiology* 57, no. 5 (1923).

11 P. A. Merton, "Voluntary Strength and Fatigue," *Journal of Physiology* 123, no. 3

Trial Cycling," *Journal of Applied Physiology* 108, no. 1 (2010).

13 Quoted in *The Economics of Professional Road Cycling*, ed. Daam Van Reeth and Daniel Joseph Larson (Cham: Springer Interna- tional, 2016).

14 Various versions of Rivière's tale circulate; see, for example, Nick Brownlee, *Vive le Tour! Amazing Tales of the Tour de France* (London: Portico, 2010).

15 M. Amann et al., "Opioid-Mediated Muscle Afferents Inhibit Central Motor Drive and Limit Peripheral Muscle Fatigue Development in Humans," *Journal of Physiology* 587, no. 1 (2009).

16 Frontiers in Physiology: "Fatigue is a pain—the use of novel neurophysiological techniques to understand the fatigue-pain relationship" (May 13, 2013).

17 A. H. Astokorki et al., "Transcutaneous Electrical Nerve Stimulation Reduces Exercise-Induced Perceived Pain and Improves Endurance Exercise Performance," *European Journal of Applied Physiology* 117, no. 3 (2017); A. H. Astokorki et al., "An Investigation into the Analgesic Effects of Transcutaneous Electrical Nerve Stimulation and Interferential Current on Exercise-Induced Pain and Performance," presented at Endurance Research Conference 2015 at the University of Kent.

18 W. Staiano et al., "The Sensory Limit to Exercise Tolerance: Pain or Effort?" presented at Endurance Research Conference 2015 at the University of Kent.

19 L. Angius et al., "The Effect of Transcranial Direct Current Stimulation of the Motor Cortex on Exercise-Induced Pain," *European Journal of Applied Physiology* 115, no. 11 (2015).

20 David Epstein, "The Truth About Pain: It's in Your Head," *Sports Illustrated*, August 8, 2011.

21 希拉斯・米契爾（Silas Weir Mitchell）在特殊醫院裡，醫治了多位士兵的「殘肢與神經疾病」，並觀察到幻肢症候群和神經相關疼痛的重大發現，案例可見美國生理學會（American Physiological Society）：http://www.the-aps.org/fm/presidents/SWMitchell.html。

第五章

1 Kenny Pryde, "Marcel Kittel Wins Opening Stage of Tour de France," *Cycling Weekly*, July 5, 2014; Mike Fogarty, "Now I Am Officially the Biggest Climber in the Tour de France'—Jens Voigt," firstendurance.com, July 6, 2014.

2 "The Origin of 'Shut Up, Legs!'," *Bicycling*, http://www.bicycling.com/video/origin-shut-legs.

3 Jens Voigt: The Man Behind the Hour Attempt," *Cycling Weekly*, September 17, 2014.

4 Wolfgang Freund et al., "Ultra-Marathon Runners Are Different: Investigations into Pain Tolerance and Personality Traits of Participants of the TransEurope FootRace 2009," *Pain Practice* 13, no. 7 (2013).

5 from Jens Voigt, *Shut Up, Legs!* (London: Ebury Press, 2016).

6 Michael Hutchinson, "Hour Record: The Tangled History of an Iconic Feat," *Cycling Weekly*, April 15, 2015. See also Michael Hutchinson, The Hour (London: Yellow Jersey, 2006), 講述自己破紀錄後體能崩潰的情形。

7 Owen Mulholland, "Eddy and the Hour," *Bicycle Guide*, March 1991; William Fotheringham, Merckx: *Half Man, Half Bike* (Chicago: Chi- cago Review Press, 2012); Patrick Brady, "The Greatest Season Ever," *Peloton*, February/ March 2011.

8 Simon Usborne, "As Sir Bradley Wiggins Attempts to Smash the Hour Record—Our Man Takes On the World's Toughest Track Challenge," *Independent*, May 30, 2015.

9 Vivien Scott and Karel Gijsbers, "Pain Perception in Competitive Swimmers," *British Medical Journal* 283 (1981): 91–93.

10 Martyn Morris et al., "Learning to Suffer: High- But Not Moderate-intensity Training Increases Pain Tolerance: Results from a Randomised Study," presented at the American College of Sports Medicine annual meeting in Denver, June 2, 2017.

11 Jesse Thomas, "Damage Control," *Triathlete*, August 12, 2015.

12 A. R. Mauger et al., "Influence of Acetaminophen on Performance During Time

Athletes: Does Receiving Dietary Counseling Make a Difference?," *International Journal of Sport Nutrition and Exercise Metabolism* 2, no. 1 (2017).

20 Walter Mischel et al., "Delay of Gratification in Children," *Science* 244, no. 4907 (1989); also B. J. Casey et al., "Behavioral and Neural Correlates of Delay of Gratification 40 Years Later," *PNAS* 108, no. 36 (2011).

21 B. Pageaux et al., "Response Inhibition Impairs Subsequent Self-Paced Endurance Performance," *European Journal of Applied Physiology* 114, no. 5 (2014).

22 K. Martin et al., "Superior Inhibitory Control and Resistance to Mental Fatigue in Professional Road Cyclists," *PLoS One* 11, no. 7 (2016).

兩小時

1 Breaking2 挑戰計畫的詳細報導標題為「射月計畫」（Moonshot），刊登於二〇一七年《跑者世界》六月號，其他有關紀錄片與報導，可見 www.runnersworld.com/2-hour-marathon.

2 該項研究的執行單位是羅傑・克萊姆的團隊：Wouter Hoogkamer et al., "New Running Shoe Reduces the En- ergetic Cost of Running," presented at the American College of Sports Medicine annual meeting in Denver, May 31, 2017.

3 C. T. Davies, "Effects of Wind Assistance and Resistance on the Forward Motion of a Runner," *Journal of Applied Physiology* 48, no. 4 (1980).

4 L.G.C.E. Pugh, "The Influence of Wind Resistance in Running and Walking and the Mechanical Efficiency of Work Against Horizontal or Vertical Forces," *Journal of Physiology* 213 (1971): 255–76.

5 David Epstein noted Flanagan and Hall's early exposure to high altitude in *The Sports Gene* (New York: Current, 2013).

6 國際田徑總會路跑手冊（IAAF Road Running Manual, www.iaaf.org）指出：「每隔約五公里的適宜距離就應該提供水分補給。」

9 一九〇四年的 *La Fatica* 譯本可見 https://archive.org/details/fatigue01drumgoog。進一步的背景資訊，可見Camillo Di Giulio et al., "Angelo Mosso and Muscular Fatigue: 116 years After the First Congress of Physiologists: IUPS Commemoration," *Advances in Physiology Education* 30, no. 2 (2006).

10 提姆・諾克斯指出莫索的想法，已經被阿奇博爾德・希爾的看法所取代："Fatigue Is a Brain-Derived Emotion That Regulates the Exercise Behavior to Ensure the Protection of Whole Body Homeostasis," *Frontiers in Physiology*, April 11, 2012.

11 Nick Joyce and David Baker, "The Early Days of Sports Psychology," *Monitor on Psychology*, July/August 2008.

12 "The Dyn- amogenic Factors in Pacemaking and Competition," *American Journal of Psychology* 9, no. 4 (1898).

13 Fritz Strack et al., "Inhibiting and Facilitating Conditions of the Human Smile: A Nonobtrusive Test of the Facial Feedback Hypothesis," *Journal of Personality and Social Psychology* 54, no. 5 (1988).

14 H. M. de Morree and S. M. Marcora, "The Face of Effort: Frowning Muscle Activity Reflects Effort During a Physical Task," *Biological Psychology* 85, no. 3 (2010), and "Frowning Muscle Activity and Perception of Effort During Constant-Workload Cycling," *European Journal of Applied Psychology* 112, no. 5 (2012).

15 D. H. Huang et al., "Frowning and Jaw Clenching Muscle Activity Reflects the Perception of Effort During Incremental Workload Cycling," *Journal of Sports Science and Medicine* 13, no. 4 (2014).

16 "It's Agony, Upsets and Hopes," *Sports Illustrated*, June 15, 1959.

17 A. Blanchfield et al., "Non-Conscious Visual Cues Related to Affect and Action Alter Perception of Effort and Endurance Performance," *Frontiers in Human Neuroscience*, December 11, 2014.

18 A. Blanchfield et al., "Talking Yourself Out of Exhaustion: The Effects of Self-Talk on Endurance Performance," *Medicine & Science in Sports & Exercise* 46, no. 5 (2014).

19 F. C. Wardenaar et al., "Nutritional Supplement Use by Dutch Elite and Sub-Elite

31 https://www.youtube.com/watch?v=L8SghDfyo-8; E. B. Fontes et al., "Brain Activity and Perceived Exertion During Cycling Exercise: An fMRI Study," *British Journal of Sports Medicine* 49, no. 8 (2015).

32 譯者注 美國漫畫家的名字，常繪製出極度複雜的機器，但只能完成極簡單的工作。

33 L. Hilty et al., "Fatigue-Induced Increase in Intracortical Communication Between Mid/Anterior Insular and Motor Cortex During Cycling Exercise," *European Journal of Neuroscience* 34, no. 12 (2011).

第四章

1 要聽馬科拉親自講述這段旅程故事的話，可到 https://adventureriderpodcast.libsyn.com/ 收聽二〇一五年五月十五日冒險騎士電臺之重機網路電臺（Adventure Rider Radio Motorcycle Podcast）。

2 譯者注 這是很嚴重的疾病，多見於女性，死亡率高達五成。

3 我有把這趟旅行，以及後續認識馬科拉大腦耐力訓練的經過寫成文章，刊登在二〇一三年十月號的《跑者世界》。

4 Nicholas Bakalar, "Behavior: Mental Fatigue Can Lead to Physical Kind," *New York Times*, March 9, 2009. The study was S. M. Marcora et al., "Mental Fatigue Impairs Physical Performance in Humans," *Journal of Applied Physiology* 106, no. 3 (2009).

5 Gunnar Borg, "Psychophysical Bases of Perceived Exertion," *Medicine & Science in Sports & Exercise* 14, no. 5 (1982).

6 "Money Versus Pain: Experimental Study of a Conflict in Humans," *Journal of the Experimental Analysis of Behavior* 46, no. 1 (1986).

7 S. M. Marcora and W. Staiano, "The Limits to Exercise Tolerance in Humans: Mind over Muscle?," *European Journal of Applied Physiology* 109, no. 4 (2010).

8 Chris Abbiss and Paul Laursen, "Models to Explain Fatigue During Prolonged Cycling," *Sports Medicine* 35, no. 10 (2005).

the Development of Fatigue During Prolonged Exercise in the Heat," *Journal of Applied Physiology* 86, no. 3 (1999).

19 R. Tucker et al., "Impaired Exercise Performance in the Heat Is Associated with an Anticipatory Reduction in Skeletal Muscle Recruitment," Pflügers Archiv 448, no. 4 (2004).

20 T. D. Noakes, "Evidence That Reduced Skeletal Muscle Recruitment Explains the Lactate Paradox During Exercise at High Altitude," *Journal of Applied Physiology* 106 (2009): 737–38.

21 J. M. Carter et al., "The Effect of Carbohydrate Mouth Rinse on 1-h Cycle Time Trial Performance," *Medicine & Science in Sports & Exercise* 36, no. 12 (2004).

22 Lukas Beis et al., "Drinking Behaviors of Elite Male Runners During Marathon Competition," *Clinical Journal of Sports Medicine* 22, no. 3.

23 A. R. Mauger et al., "Influence of Acetaminophen on Performance During Time Trial Cycling," *Journal of Applied Physiology* 108, no. 1 (2010).

24 R. Tucker et al., "An Analysis of Pacing Strategies During Men's World-Record Performances in Track Athletics," *International Journal of Sports Physiology and Performance* 1, no. 3 (2006).

25 所有細節皆來自米可瑞於二〇一五年九月，在肯特大學耐力研究中心的演講。

26 D. Micklewright et al., "Pacing Strategy in Schoolchildren Differs with Age and Cognitive Development," *Medicine & Science in Sports & Exercise* 44, no. 2 (2012).

27 Eric Allen et al., "Reference-Dependent Preferences: Evidence from Marathon Runners," *Management Science* 63, no. 6 (2016).

28 T. D. Noakes, "Testing for Maximum Oxygen Consumption Has Produced a Brainless Model of Hu- man Exercise Performance," *British Journal of Sports Medicine* 42, no. 7 (2008).

29 Roy Shephard, "The Author's Reply," *Sports Medicine* 40, no. 1 (2010).

30 Bill Gifford, "The Silencing of a Low-Carb Rebel," *Outside*, December 8, 2016.

7 該書共計有數個版本，第四版於二〇〇二年出版，計有九百四十四頁。

8 "Challenging Beliefs: Ex Africa Semper Aliquid Novi," *Medicine & Science in Sports & Exercise* 29, no. 5 (1997).

9 "Recovery from the Passage of an Iron Bar through the Head," *Publications of the Massachusetts Medical Society* 2, no. 3 (1868).

10 Quoted in Havey, "Running from the Seizures."

11 Quoted in "900+ Miles Later, Diane Van Deren Reaches Jockey's Ridge," greatoutdoorprovision.com, 2012.

12 Quoted in Kotb, *Ten Years Later*.

13 Quoted in Andrea Minarcek, "Going the Distance," *National Geographic*, December 2009/January 2010.

14 同志馬拉松賽開始於一九二一年，並於二〇一〇年創下金氏世界紀錄，計有一萬六千四百八十名跑者參賽，共有一萬四千三百四十三名跑者於十二小時時限內完賽。依據官網 www.comrades.com ，二〇〇〇年計有超過二萬人完賽，但當時沒有申請金氏世界紀錄認證。

15 "Maximal Oxygen Uptake: 'Classical' versus 'Contemporary' Viewpoints: A Rebuttal," *Medicine & Science in Sports & Exercise* 30, no. 9 (1998), 諾克斯寫道：「使出最大氣力運動時，為避免演變成心肌缺氧，進而造成骨骼肌無氧運動，中樞『調節』會負責管控骨骼肌的使用情形。」

16 See, for example, T. D. Noakes, A. St. Clair Gibson, and E. V. Lambert, "From Catastrophe to Complexity: A Novel Model of Integrative Central Neural Regulation of Effort and Fatigue During Exercise in Humans," *British Journal of Sports Medicine* 38, no. 4 (2004).

17 See, for example, "Anticipatory Regulation and Avoidance of Catastrophe During Exercise-Induced Hyperthermia," *Comparative Biochemistry and Physiology–Part B* 139, no. 4 (2004).

18 B. Nielsen et al., "Human Circulatory and Thermoregulatory Adaptations with Heat Acclimation and Exercise in a Hot, Dry Environment," *Journal of Physiology* 460 (1993): 467–85; J. González-Alonso et al., "Influence of Body Temperature on

41 Jill Homer, "Henry Worsley and the Psychology of Endurance in Life or Death Situations," *Guardian*, January 26, 2016.

42 Hill, *Muscular Movement in Man*.

43 引用自二〇一〇年前往開普敦訪問諾克斯之行。

第三章

1 山海步道的詳加解說：Mackenzie Lobby Havey, "Running from the Seizures," *Atlantic*, December 12, 2014; and Chris Gragtmans, "Diane Van Deren's Record-Setting MST Run," *Blue Ridge Outdoors*. Her background story is told in Bill Donahue, "Fixing Diane's Brain," *Runner's World*, February 2011; John Branch, "Brain Surgery Frees Runner, but Raises Barriers," *New York Times*, July 8, 2009; Hoda Kotb, *Ten Years Later* (New York: Simon & Schuster, 2013).

2 大部分的生平詳細資料來自我訪問諾克斯的內容，以及二〇一二年他與麥可・馬斯（Michael Vlismas）合著的自傳《挑戰信念》（*Challenging Beliefs*）。

3 "The Marathon: Physiological, Medical, Epidemiological, and Psychological Studies," whose pro- ceedings were published in volume 301 of the *Annals of the New York Academy of Sciences* in 1977.

4 諾克斯的初始報告 "Comrades Makes Medical History—Again" 於一九八一年九月刊登在 *SA Runner*，並於一九八五年首次刊登在科學期刊："A Possible Complication During Endurance Exercise," *Medicine & Science in Sports & Exercise* 17, no. 3 (1985).

5 耐力運動中，因低血鈉症喪命的實際數目難以明確說明，不過二〇〇七年有份研究記載了八個確定案例和四個懷疑病例：Mitchell Rosner and Justin Kirven, "Exercise-Associated Hyponatremia," *Clinical Journal of the American Society of Nephrology* 2, no. 1 (2007).

6 T. D. Noakes, "Implications of Exercise Testing for Prediction of Athletic Performance: A Contemporary Perspective," *Medicine & Science in Sports & Exercise* 20, no. 4 (1988).

Kinetics, 2014).

29 David Bassett Jr., "Scientific Contributions of A. V. Hill: Exercise Physiology Pioneer," *Journal of Applied Physiology* 93, no. 5 (2002).

30 Alison Wrynn, "The Athlete in the Making: The Scientific Study of American Athletic Performance, 1920–1932," *Sport in History* 30, no. 1 (2010).

31 S. Robinson et al., "New Records in Human Power," *Science* 85, no. 2208 (1937).

32 "The Power of Exercise and the Exercise of Power: The Harvard Fatigue Laboratory, Distance Running, and the Disappearance of Work, 1919–1947," *Journal of the History of Biology* 48 (2015): 391–423.

33 A. D. Hopkins, "Hoover Dam: The Legend Builders," Nevada, May/June 1985; Andrew Dunbar and Dennis McBride, *Building Hoover Dam: An Oral History of the Great Depression* (Las Vegas: University of Nevada Press, 2001).

34 Todd Tucker, *The Great Starvation Experiment* (Minneapolis: University of Minnesota Press, 2006).

35 Henry Longstreet Taylor et al., "Maximal Oxygen Intake as an Objective Measure of Cardio-Respiratory Performance," *Journal of Applied Physiology* 8, no. 1 (1955).

36 W. P. Leary and C. H. Wyndham, "The Capacity for Maximum Physical Effort of Caucasian and Bantu Athletes of International Class," *South African Medical Journal* 39, no. 29 (1965).

37 Hill, *Muscular Movement in Man*.

38 A. V. Hill, C.N.H. Long, and H. Lupton, "Muscular Exercise, Lactic Acid, and the Supply and Utilization of Oxygen—Parts IV–VI," *Proceedings of the Royal Society B* 97 (1924): 84–138.

39 擷取自邁克爾・喬伊納的訪問，另可見 Ed Caesar, *Two Hours* (New York: Penguin, 2015).

40 伍斯萊的遺孀喬安娜・伍斯萊（Joanna Worsley）指出，死因是突發性潰瘍引發感染：Tom Rowley, "Explorer Henry Worsley's Widow Plans Antarctic Voyage to Say a 'Final Goodbye,'" *Telegraph*, January 7, 2017.

17 A. V. Hill and Hartley Lupton, "Muscular Exercise, Lactic Acid, and the Supply and Utilization of Oxygen," *Quarterly Journal of Medicine* 16, no. 62 (1923). 後續段落裡的資訊皆出自本篇文章，另有標註說明者除外。

18 A. V. Hill, *Muscular Activity* (Baltimore: Williams & Wilkins, 1925).

19 一九二三年，希爾於《醫學季刊》（*Quarterly Journal of Medicine*，QMJ）發表的文章裡，描述實驗是在「周長約九十二・五碼（八十四・五公尺）的草地跑道」上舉行。休・龍（Hugh Long）是希爾在曼徹斯特研究的受試者，同時也是共同作者，他回憶道：「樓梯跑上跑下，或是在教授家的花園繞圈跑，此外每隔一段時間就會從我的手臂抽取血液樣品，抽的量算是合理」；引用於 "Archibald Vivian Hill. 26 September 1886–3 June 1977," *Biographical Memoirs of Fellows of the Royal Society* 24 (1978): 71–149.

20 Hill, *Muscular Activity*, p. 98.

21 A. V. Hill, "The Physiological Basis of Athletic Records," Nature, October 10, 1925. 有關希爾針對肌肉黏性的想法，可見 *Muscular Movement in Man* (New York: McGraw-Hill, 1927). 關於鋼鋸片計時系統的細節，可見希爾的文章 "Are Athletes Machines?," *Scientific American*, August 1927.

22 Stefano Hatfield, "This Is the Side of Antarctic Explorer Henry Worsley That the Media Shies Away From," *Independent*, January 31, 2016.

23 Edward Evans, *South with Scott* (London: Collins, 1921).

24 Lewis Halsey and Mike Stroud, "Could Scott Have Survived with Today's Physiological Knowledge?," *Current Biology* 21, no. 12 (2011).

25 亨利・伍斯萊的薛克頓獨自旅行細節，皆來自他本人自行上傳的影音日誌：https://soundcloud.com/shackleton solo（最後五個檔案已被刪除），其餘的背景資料則來自 shackletonsolo.org。

26 Hill, *Muscular Movement in Man*.

27 See author notes in A. V. Hill, C.N.H. Long, and H. Lupton, "Muscular Exercise, Lactic Acid, and the Supply and Utilization of Oxygen," *Proceedings of the Royal Society B* 96 (1924): 438–75.

28 Charles Tipton, ed., *History of Exercise Physiology* (Champaign, IL: Human

曼（Carl Lehmann）撰寫的教科書 *Lehrbuch der physiologischen Chemie* p.285，成為第一個把此發現歸功給貝吉里斯的論述。一八五九年，生理學家埃米爾・雷蒙（Emil du Bois-Reymond）寫信給萊曼要求提出此一論述的證據，萊曼回信說，貝吉里斯曾私下寫信跟他說被獵到的動物肌肉群裡面，乳酸含量比一般高，而且動物死亡前，先以夾板固定腿部無法運動的肌肉群裡面，乳酸含量比較少（*Journal für praktische Chemie*, 1859, p. 240; reprinted in the 1877 book *Gesammelte Abhandlungen zur allgemeinen Muskel- und Nervenphysik*, 註腳描述了這段信件往來的插曲）。

8 常見的分水嶺是斯凡特・阿瑞尼斯（Svante Arrhenius）提出對酸的解說，阿瑞尼斯還因此榮獲一九〇三年諾貝爾化學獎。

9 Bent Søren Jørgensen, "More on Berzelius and the Vital Force," *Journal of Chemical Education* 42, no. 7 (1965), 隨著時間過去，貝吉里斯的活力論觀點其實起了些微小的變化與演變。

10 Dorothy Needham, *Machina Carnis* (Cambridge: Cambridge University Press, 1972).

11 Linda Geddes, "Wearable Sweat Sensor Paves Way for Real-Time Analysis of Body Chemistry," *Nature*, January 27, 2016. 現階段尚無法確認汗液中的乳酸根離子含量，與血流或肌肉中的變化狀態，兩者之間的關聯。

12 Christopher Thorne, "Trinity Great Court Run: The Facts," *Track Stats* 27, no. 3 (1989). 學校裡對於何謂「正確」路徑有不同的說法，因此弗萊徹抄近路一說，不應牽扯到他本人的品行。

13 Leonard Hill, "Oxygen And Muscular Exercise as a Form of Treatment," *British Medical Journal* 2, no. 2492 (1908).

14 "Jabez Wolffe Dead: English Swim- mer, 66," *New York Times*, October 23, 1943.

15 T. S. Clouson, "Female Education from a Medical Point of View," *Popular Science Monthly*, December 1883, p. 215, cited by John Hoberman in *Athletic Enhancement, Human Nature, and Ethics* (New York: Springer, 2013), p. 263.

16 William Van der Kloot, "Mirrors and Smoke: A. V. Hill, His Brigands, and the Science of Anti-Aircraft Gunnery in World War I," *Notes & Records of the Royal Society* 65 (2011): 393–410.

14 https://www.youtube.com/watch?v=8dSLUVmK1Ik（別點去看，反正又不是我最出色的比賽鏡頭）。

15 Michael Heald, "It Should Be Mathematical," *Propeller,* Summer 2012.

第二章

1 另有備註說明者除外，本書關於二〇〇九年伍斯萊遠征行和一九〇九年薛克頓遠征行的細節，皆摘自薛克頓於二〇一一年出版的《追隨薛克頓的腳步》（*In Shackleton's Footsteps*）一書中。

2 該數字常被報成「九十七英里（約一百五十六公里）」，但薛克頓（還有伍斯萊）回報的數據是以海里計，所以大約比通用的法定里（按：即通用的「英里」）多出十五%。另有標註說明者除外，本書距離計算單位一律採用法定里。

3 From an archived interview broadcast on BBC *Newsnight* on January 26, 2016: https://www.youtube.com/watch?v=O3SMkxA08T8.

4 Timothy Noakes, "The Limits of Endurance Exercise," *Basic Research in Cardiology* 101 (2006): 408–17. See also Noakes in *Hypoxia and the Circulation*, ed. R. C. Roach et al. (New York: Springer, 2007).

5 W. M. Fletcher and F. G. Hopkins, "Lactic Acid in Amphibian Muscle," *Journal of Physiology* 35, no. 4 (1907).

6 L. B. Gladden, "Lactate Metabolism: A New Paradigm for the Third Millennium," *Journal of Physiology* 558, no. 1 (2004).

7 許多教科書裡（例：*The History of Exercise Physiology*, ed. Charles M. Tipton, 2014），都會說上這段小故事，但想驗證此事卻出乎意料地困難。貝吉里斯於一八〇八年，首次發表有關動物宰殺後，肌肉乳酸的觀察研究（刊於其瑞典文著作 *Föreläsningar i Djurkemien*, p. 176），但許多化學家都不採信此一論述。一八四六年，德國化學家尤斯圖斯・李比希（Justus von Liebig）聲稱此發現是歸他所有，貝吉里斯寫了封憤怒的信，定調說他自己是在一八〇七年就已觀察到了（*Jahres- bericht* über *die Fortschritte der Chemie und Mineralogie*, 1848, p. 586）。不過，貝吉里斯自己本身未曾發表或主張乳酸含量乃是取決於死前的運動激烈程度，但是到了一八四二年時，卡爾・萊

4 As quoted in Neal Bascomb, *The Perfect Mile* (London: CollinsWillow, 2004). 這句是給自己的最終判決，卻成了蘭迪後續比賽的故事開場。

5 譯者注 英文寫作中，常以斜體字用作強調、譬喻用途，本書改為標楷體。

6 Alfred Lansing, *Endurance* (New York: Basic Books, 1959).

7 馬科拉引用此定義來解說「付出努力的認知過程」，擷自於羅伊・鮑邁斯特（Roy Baumeister）編輯之"The Strength Model of Self-Control," *Current Directions in Psychological Science* 16, no. 6 (2007).

8 "LeBron James Has Played More Minutes Than Anyone in the NBA Since 2010, and It Isn't Even Close," *Business Insider*, June 4, 2015; Tom Withers, "LeBron James Pushes Himself to Total Exhaustion in Win Over Hawks," Associated Press, May 25, 2015; Chris Mannix, "Do LeBron, Cavaliers Have Enough Left in the Tank to Survive NBA Finals?," *Sports Illustrated*, June 12, 2015.

9 Jimson Lee, "From the Archives: Maximal Speed and Deceleration," March 17, 2010, and "Usain Bolt 200 Meter Splits, Speed Re- serve and Speed Endurance," August 21, 2009, SpeedEndurance.com; Rolf Graubner and Eberhard Nixdorf, "Biomechanical Analysis of the Sprint and Hurdles Events at the 2009 IAAF World Championships in Athletics," *New Studies in Athletics* 1, no. 2 (2011).

10 波特在比賽最後能夠成功拉開距離，部分原因是他的最快速度比較快，所以即便在最後二十公尺的相對降速和其他選手一樣，依舊能夠成功拉距。另外，專家也一致認同，波特在比賽尾聲時，「維持速度」的能力特別優異。

11 I. Halperin et al., "Pacing Strategies During Repeated Maximal Voluntary Contractions," *European Journal of Applied Physiology* 114, no. 7 (2014).

12 一英里四分鐘的比喻，請見 Claire Dorotik-Nana, "The Four Minute Mile, the Two Hour Marathon, and the Danger of Glass Ceilings," PsychCentral.com, May 5, 2017. 懷疑看法的部分，可見 Robert Johnson, "The Myth of the Sub-2-Hour Marathon," LetsRun.com, May 6, 2013; and Ross Tucker, "The 2-Hour Marathon and the 4-Min Mile," *Science of Sport*, December 16, 2014.

13 係依據英國國家田徑統計員協會（National Union of Track Statisticians）提供的排名數據（https://nuts.org.uk/sub-4/sub4-dat.htm）。

資料來源注釋

兩小時

1 觀眾統計數字全都是大概的數字罷了，此處的一千三百一十萬名觀眾是Nike的官方數據，加總在推特（Twitter）、臉書（Facebook）、YouTube 觀看比賽直播的人數。另外，賽後一週，計有六百七十萬名觀眾觀看影片，但未包含為數眾多但無從計算的中國觀眾。

2 "Modeling: Optimal Marathon Performance on the Basis of Physiological Factors," *Journal of Applied Physiology* 70, no. 2 (1991).

3 擷取自多次與喬伊納的談話內容，不過他也曾自行引用過：Michael Joyner, "Believe It: A Sub-2 Marathon Is Coming," Runnersworld.com, May 6, 2017.

4 Michael Joyner et al., "The Two-Hour Marathon: Who and When?," *Journal of Applied Physiology* 110 (2011): 275–77;後續收到計三十八則回應。

5 "What Will It Take to Run a 2-Hour Marathon?," *Runner's World*, November 2014.

6 富比士全球最具價值體育品牌（The Forbes Fab 40）認定Nike的品牌價值達一百五十億美元，大幅超過位居第二的美國娛樂與體育節目電視網（ESPN）。

第一章

1 From the poem "If—," by Rudyard Kipling, in *Rewards and Fairies* (London: Macmillan, 1910).

2 譯者注 全名為「大英帝國聯邦運動會」（British Empire and Commonwealth Games）。

3 Sebastian Coe, "Landy the Nearly Man," *Telegraph,* January 26, 2004.

極耐力 解密心智、身體與人類表現的極限彈性
ENDURE Mind, Body, and the Curiously Elastic Limits of Human Performance

作　　者：艾力克斯・哈欽森 Alex Hutchinson
譯　　者：林麗雪、吳盈慧
社　　長：陳蕙慧
副總編輯：李欣蓉
特約編輯：Lys Chen
封面設計：萬勝安
行銷企畫：陳雅雯、尹子麟、洪啟軒、余一霞
讀書共和國出版集團社長：郭重興
發行人兼出版總監：曾大福
出　　版：木馬文化事業股份有限公司
發　　行：遠足文化事業股份有限公司
地　　址：231新北市新店區民權路108-3號8樓
電　　話：(02) 2218-1417
傳　　真：(02) 2218-0727
E m a i l：service@bookrep.com.tw
郵撥帳號：19588272木馬文化事業股份有限公司
客服專線：0800221029
法律顧問：華洋國際專利商標事務所　蘇文生律師
印　　刷：成陽印刷股份有限公司
初　　版：2020年05月
定　　價：480元

國家圖書館出版品預行編目(CIP)資料

極耐力：解密心智、身體與人類表現的極限彈性 /
艾力克斯・哈欽森 (Alex Hutchinson) 著；林麗雪, 吳盈慧譯. -- 初版. --
新北市：木馬文化出版：遠足文化發行,
2020.05
　面；　公分
譯自：Endure : mind, body, and the curiously elastic limits of
　　human performance
ISBN 978-986-359-746-9(平裝)

1.運動生理學

528.9012　　　　108018308